L. TARSOT

LES ÉCOLES

ET

LES ÉCOLIERS

A TRAVERS LES AGES

Ouvrage orné de 85 gravures

PARIS

HENRI LAURENS, ÉDITEUR

6, RUE DE TOURNON, 6

LES ÉCOLES

ET

LES ÉCOLIERS

A TRAVERS LES AGES

1726-04. — CORBEIL. Imprimerie ÉD. CRÉTÉ.

LES ÉCOLES

ET

LES ÉCOLIERS

A TRAVERS LES AGES

PAR

L. TARSOT

SOUS-CHEF DE BUREAU AU MINISTÈRE DE L'INSTRUCTION PUBLIQUE

Avant-Propos de M. A. MÉZIÈRES

DE L'ACADÉMIE FRANÇAISE

Ouvrage orné de 84 gravures de L. LIBONIS, etc.

Nouvelle édition

PARIS

LIBRAIRIE RENOUARD

HENRI LAURENS, ÉDITEUR

6, RUE DE TOURNON, 6

A MON PETIT PAUL

En écrivant ces pages, mon désir était de t'apprendre à aimer un jour les hommes et les choses de ton temps, — sans dédain pour les traditions qui ont fait la gloire du passé.

Cette haute leçon morale, M. Mézières veut bien te la donner de sa voix plus autorisée que la mienne.

Que ce maître vénéré me permette de le remercier en ton nom et de lui offrir l'hommage de ce modeste volume en témoignage de ma reconnaissance et de mon respect.

AVANT-PROPOS

M. Louis Tarsot nous fait faire à travers les siècles un voyage très intéressant et très instructif. Depuis le jeune Spartiate, discipliné par Lycurgue, et le jeune Athénien dont Socrate aiguise l'esprit et forme la raison, jusqu'au lycéen, jusqu'à l'étudiant de nos jours, il fait passer devant nos yeux toute la jeunesse du monde civilisé. Spectacle infiniment curieux pour l'observateur, souvent amusant, souvent aussi douloureux et cruel.

J'engage les parents qui se plaignent de surmenage et les écoliers mécontents de leur sort, à lire ce que nous raconte M. Louis Tarsot des écoles du moyen âge, même de celles du xvi⁰ siècle, particulièrement du collège Montaigu. Comme les duretés de la règle d'alors effrayeraient la mollesse de nos jours! Que dirait notre jeunesse, s'il lui fallait garder un silence absolu pendant la plus grande partie du jour; porter, été comme hiver, une cape de gros drap brun, cousue devant et derrière, sans autre ouverture que celle par où l'on passait la tête dans le capuchon?

Et quelle abstinence, quelle austérité dans le régime! Ni vin, ni viande. Des pommes cuites, des pruneaux, des herbes, la moitié d'un hareng, un œuf et du fromage: voilà le menu peu substantiel auquel était condamnée cette pauvre jeunesse. Et cependant, lorsque arrivait le temps des concours, ces écoliers faméliques, aux coudes percés, aux souliers éculés, emportaient toutes les couronnes.

Dans nos vieilles écoles françaises, le désir de s'instruire, la passion de la science, ont soutenu le courage des étudiants. Pour apprendre, pour savoir, des milliers de jeunes gens supportaient chaque année le froid, la faim, toutes les duretés d'un régime inhumain et d'une discipline maintenue par le fouet. Pendant des siècles, le fouet a été l'instrument de prédilection des pédagogues. Les enfants qui sortaient de leurs mains meurtris et ensanglantés se raidissaient contre la douleur. Lorsque leurs mères leur proposaient de renoncer à l'étude pour échapper à un régime si dur, ils répondaient, avec un enthousiasme de jeunes martyrs, qu'ils aimaient mieux souffrir et apprendre.

Écoliers de nos jours, méditez cette leçon que vous donne l'histoire. Le livre de M. Louis Tarsot sera pour vous la meilleure, la plus profitable des lectures. Si vous êtes jamais tentés de vous plaindre, il vous réconciliera avec votre destinée. Vous saurez par lui qu'à aucun moment l'éducation n'a été plus douce qu'aujourd'hui. Elle était plus poétique lorsque Socrate causait avec ses disciples aux bords de l'Ilissus, sous un platane, parmi les senteurs parfumées d'une terre couverte de fleurs et les tièdes haleines du printemps. Je comprends que vous jetiez un regard d'envie sur le passé de la Grèce, que vous pensiez aux joies que devaient éprouver les jeunes Athéniens au milieu des enchantements de la nature, de la poésie et de l'art. Oui, si l'on pouvait choisir sa patrie et son siècle, peut-être eût-il mieux valu vivre au temps de Périclès, sous un ciel pur, dans le cadre d'un paysage merveilleux, au pied de l'Acropole, en face du golfe Saronique.

Mais si l'on en excepte ce moment unique de l'histoire de l'humanité, aucune jeunesse n'a jamais été plus favorisée que ne l'est aujourd'hui la jeunesse française. On ne lui impose ni privations douloureuses, ni efforts de travail extraordinaires. On se préoccupe surtout de la ménager, de couper la longueur des études par des repos et des haltes. C'est à qui demandera pour elle des tempéraments et des adoucissements. On réussirait même à l'amollir si elle n'était tenue en haleine par la poussée d'en bas, par l'énergique effort que font les enfants des pauvres pour arriver au premier rang.

Heureusement, il n'y a plus de collège Montaigu. Mais la soif de travail qu'éprouvent les écoliers sans ressources, l'émulation de ceux qui n'ont rien, subsistent encore comme une des forces, comme un des éléments de la vitalité française. Lisez la liste des élèves admis aux grandes écoles, à l'École normale supérieure, à l'École polytechnique, à Saint-Cyr, vous y verrez la marche en avant de la démocratie, l'ascension de plus en plus rapide des petits et des humbles vers les postes les plus élevés de l'État.

Il y aurait tout un livre à écrire sur l'influence que peuvent exercer les bourses d'enseignement dans une société démocratique. Je livre ce sujet aux méditations de M. Louis Tarsot. Personne ne serait plus en mesure de l'écrire et ne l'écrirait mieux que lui.

A. MÉZIÈRES.

LES
ÉCOLES ET LES ÉCOLIERS
A TRAVERS LES AGES

I

L'ANTIQUITÉ. — LA GRÈCE ET ROME

CHAPITRE I

L'ENFANT

L'enfant dans la famille. — Le pédagogue. — L'école ; les études ; les jeux.

Au début de cette histoire de l'enfance et de la jeunesse à travers les siècles, nous avons à faire une observation capitale sur le rôle de la famille dans l'éducation chez les anciens. A Athènes comme à Rome, le père était investi par les lois et par les mœurs d'une autorité presque sans bornes, qu'il n'eût jamais consenti à déléguer complètement. Tant qu'il le pouvait, il conservait l'enfant sous le toit familial, surveillait de près sa première éducation, et, le moment venu de le confier à un maître du dehors, il choisissait ce maître (au moins aux époques primitives) avec un soin scrupuleux ; même quand il commençait à fréquenter les écoles, l'enfant continuait à vivre la plus grande partie de sa vie au foyer paternel. Sauf de très rares exceptions, les anciens n'ont pas connu ce que nous appelons le régime de l'internat. Les collèges, au sens ordinaire de ce mot, sont une invention du moyen âge. Les écoles de la Grèce et de l'Italie recevaient les jeunes gens le matin, pour les rendre le soir à leurs parents.

Nous n'établirons pas ici de distinction entre les différents peuples de l'antiquité. Qu'il s'agisse de la Grèce ou de Rome, qu'importent, à deux mille ans de distance, quelques usages locaux qui sans doute établissaient des nuances, selon les divers pays, dans l'éducation de l'enfant ? Les grandes lignes restent partout identiques, et le régime pédagogique est à peu près le même partout, dans toutes les régions du monde grec et latin.

Après avoir passé ses premières années dans le gynécée, sous la direction de sa nourrice et de sa mère, l'enfant arrive à l'âge scolaire. Qui va le conduire à l'école ? Pour les enfants de la classe pauvre et aussi de la classe moyenne la question ne se pose même pas. Le gamin se couvre d'un grand manteau, il met sous son bras son petit bagage d'écolier, rejoint ses camarades ou est rejoint par eux, arrive seul à l'école et en revient de même. Pour les enfants de la classe riche ou de la noblesse, on voulait une surveillance constante, et cette surveillance était exercée, à Athènes par le pédagogue, à Rome par le précepteur.

Quel était au juste le rôle du pédagogue ? Il avait surtout à exercer une surveillance matérielle. Peut-être, dans certains cas, remplissait-il les fonctions d'un répétiteur. Mais ces cas devaient être rares. Pédagogues et précepteurs étaient des gens de petite instruction, et d'éducation sommaire. Invariablement ils avaient mission d'accompagner l'enfant partout où il allait, et de lui apprendre ce que nous appellerions aujourd'hui la civilité puérile et honnête. L'enfant ne devait ni croiser ses jambes, ni appuyer son menton sur sa main ; il ne lui était pas permis de lever les yeux dans la rue ; il devait observer, à table, certaines convenances qui faisaient reconnaître un homme bien élevé. Le pédagogue enseignait ces règles et veillait à ce qu'elles fussent suivies. Quand le disciple était indocile, le maître usait de la verge et même en abusait quelquefois. On lui confiait un pouvoir discrétionnaire, toujours dangereux entre les mains de gens sans éducation.

A Athènes, l'enfant avait à suivre chaque jour les leçons de trois maîtres et dans trois locaux différents. On allait de l'école de grammaire à l'école de gymnastique ou *palestre*, et ensuite à l'école de musique. Chez le grammairien, on recevait ce que nous appelons aujourd'hui l'enseignement primaire élémentaire, on apprenait à lire, à écrire et à compter, on commençait l'étude des poètes nationaux. Les programmes d'alors étaient, on le voit, moins chargés que les

nôtres, et la question du surmenage ne se posait pas. On n'envoyait
les enfants à l'école qu'à l'âge de sept ans, et on s'estimait heureux
s'ils savaient lire et écrire à dix ans. Les méthodes brillaient par une
extrême simplicité, et l'on ignorait ces ingénieux systèmes, qui, de
nos jours, abrègent, au profit de l'enfance, les préliminaires toujours
rebutants de l'étude.

On apprenait à écrire sur des tablettes de cire, ou, parfois, sur du
papyrus que l'on réglait soi-même. Un poinçon ou *style* sur la cire, un
roseau taillé sur le papyrus, remplissaient le rôle de nos plumes
modernes. L'encre du temps ressemblait à l'encre de Chine. Il fallait,
pour s'en servir, la broyer et la délayer. A part la différence des ins-

ÉPHÈBES SE PRÉPARANT A LA COURSE EN CHAR
(D'APRÈS UNE PEINTURE DE CORNETO).

truments, les écoliers d'Athènes et de Rome apprenaient à écrire à
peu près comme les nôtres, mais ils y mettaient plus de temps.

Quand l'enfant savait lire et écrire, on lui enseignait le calcul, mais
par des procédés tout à fait primitifs. Tantôt on lui montrait à compter
sur ses doigts, tantôt à l'aide de cailloux. Puis on lui donnait à
apprendre par cœur la table de multiplication. Les jeunes Romains
faisaient de nombreux exercices de calcul pratique. Horace se moque
bien finement de l'esprit trop positif de ses petits concitoyens : « Les
Muses, dit-il, prodiguèrent le génie et les charmes de l'élocution aux
Grecs, qui jamais ne furent avides que de gloire. Mais la jeunesse
romaine, qu'apprend-elle? à diviser, après de longs calculs, un as en
cent parties. — Parlez, fils d'Albinus ; de cinq onces, ôtez-en
une, que reste-t-il ? — Belle question[1] ! un tiers de livre. — Au mieux !
votre fortune est en bonnes mains. A cinq onces j'en ajoute une ; quelle
somme ai-je ? — Une demi-livre. — Et les esprits, une fois infectés de

1. Il y avait douze onces à la livre.

cette rouille honteuse, de ce sordide intérêt, nous espérons voir éclore des vers dignes d'être parfumés d'huile de cèdre et conservés dans des tablettes de cyprès ? »

En artiste qu'il était, Horace préférait, pour la jeunesse, le commerce des poètes à celui des mathématiciens. Athènes lui eût donné pleine satisfaction sur ce point. L'enfant était littéralement nourri de poésie. On pensait que les poètes avaient condensé dans leurs œuvres toute la substance de la sagesse humaine, sous une forme sublime et propre à se graver facilement dans les esprits. Dans toutes les écoles, on commentait les grands poètes, surtout Homère, Hésiode et Pindare ; on les apprenait par cœur, quelquefois en entier, plus souvent par fragments. Un maître qui n'aurait pas fait étudier Homère à ses élèves aurait vu bientôt son école désertée. Qui ne connaît ce trait de la jeunesse d'Alcibiade : « Un jour, étant encore presque enfant, il entra dans une école de grammaire, et demanda au maître un exemplaire des poèmes d'Homère. Le maître lui répondit qu'il n'en avait pas un. Alcibiade lui donna un soufflet et s'en alla[1]. » La leçon était dure : aucun Grec ne l'eût trouvée imméritée. Après Homère, se plaçaient, dans l'estime des Grecs, Hésiode et Pindare, tous deux pleins de sentences et de symboles ; puis les grands tragiques, surtout le grave Eschyle, qu'Aristophane eût volontiers institué l'éducateur suprême de la jeunesse. Venaient enfin des recueils de maximes versifiées, qui formaient comme le code des devoirs et des droits, et que tout homme instruit devait avoir appris par cœur dès son enfance. A Rome, le vieil Ennius, et, plus tard, Virgile furent associés à Hésiode et à Homère ;

ÉPHÈBE SUIVI DE SON PÉDAGOGUE SE RENDANT CHEZ LE PROFESSEUR DE MUSIQUE (D'APRÈS UN VASE PEINT).

1. Plutarque, *Vie d'Alcibiade*, VII.

car on ne doit pas oublier qu'un jeune Romain de bonne famille devait parler le grec comme sa langue maternelle, et que les auteurs grecs, dans l'éducation romaine, remplissaient déjà le rôle qu'ils partageaient

USTENSILES EMPLOYÉS PAR LES GRECS POUR ÉCRIRE.

encore tout récemment avec les auteurs latins dans notre enseignement secondaire classique.

Quand l'écolier d'Athènes avait récité ses leçons et écouté les explications du maître, il quittait l'école de grammaire et se rendait à la palestre, où il délassait son esprit en assouplissant son corps par les

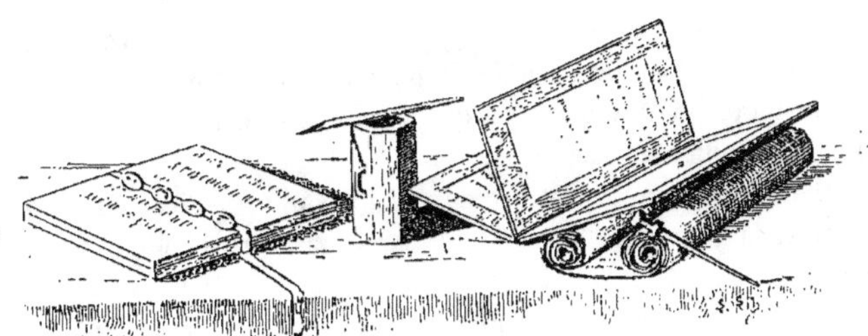

USTENSILES EMPLOYÉS PAR LES ROMAINS POUR ÉCRIRE.

exercices d'une gymnastique savante et raisonnée. Les jeux en honneur dans la palestre n'étaient ni si compliqués ni si périlleux que ceux du gymnase, plus spécialement réservé aux jeunes gens et aux hommes faits. Le directeur de la palestre — le *pédotribe* — enseignait à ses disciples la lutte, la course, le saut, le jet du disque et du javelot. Ces différents exercices passionnaient la jeunesse. Les jeunes garçons brûlaient de s'y distinguer. Inutile d'insister sur la lutte, la course et le saut. Sauf quelques procédés nationaux, on pratique ces jeux partout de la même manière. Mais le jet du disque et du javelot ne sont plus dans nos mœurs, et, à ce titre, ils méritent d'attirer un moment notre attention. Le disque était en bronze massif; sa grandeur et son poids étaient proportionnés à la force des enfants. On le lançait indifféremment de la main droite ou de la main gauche, en hauteur, ou, plus souvent, dans le sens horizontal. Dans ce dernier cas, les enfants luttaient à qui le lancerait le plus loin, et mettaient en œuvre, pour être vainqueurs, toutes les ressources de leur adresse et de leur vigueur.

Le jet du javelot exigeait plus d'adresse encore, sinon plus de vigueur que celui du disque. On traçait sur un mur, à l'aide d'un compas, une circonférence au centre de laquelle il fallait ficher la pointe du javelot. Peut-être des cercles concentriques servaient-ils, comme dans nos cibles, à distinguer ceux qui avaient approché le plus

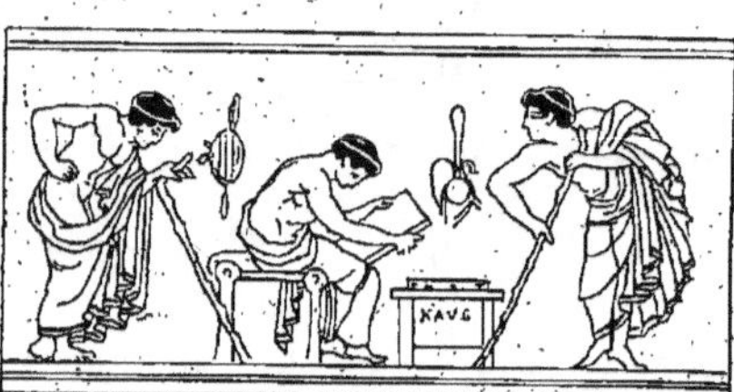

ENFANT LISANT UNE POÉSIE (D'APRÈS UN VASE PEINT DU MUSÉE DE BERLIN).

près du but. Les javelots de la palestre étaient de simples bâtons, munis d'une pointe émoussée qui ne pouvait faire, en cas d'accident, que d'insignifiantes blessures.

Au milieu de la troupe ardente et bruyante, le directeur de la palestre se promenait sa baguette en main, distribuant l'éloge et le blâme, prodiguant ses conseils et ses exemples, encourageant ses élèves à se redresser et à s'instruire mutuellement. Ainsi se pratiquait dans la palestre un véritable enseignement mutuel, et l'on peut dire que les *moniteurs* jouaient un rôle aussi efficace que celui du maître luimême, qui surveillait cette jeunesse dans ses jeux, sans affecter les allures et le ton d'autorité d'un officier commandant à des soldats.

Le troisième maître auquel le jeune Grec avait affaire était le *citha- riste* ou professeur de musique qui lui enseignait à se servir de la lyre à sept cordes et de la flûte. La musique occupait une place d'honneur dans l'éducation, en Grèce sinon à Rome. C'était un art national, soumis à des lois presque sacrées, auquel on attribuait une influence salutaire sur les mœurs.

Quel était le but de cet enseignement musical que tous les écrivains

ÉPHÈBES LUTTANT.

grecs, et, en particulier, les philosophes, ont considéré comme nécessaire ? « Nous avons, dit **Platon**, donné le nom de musique à l'art qui, réglant la voix, va jusqu'à l'âme et lui inspire le goût de la vertu[1]. » Mais, pour inspirer le goût de la vertu, il faut que la musique

ÉPHÈBES S'EXERÇANT AU PUGILAT.

renonce aux rythmes amollissants ou plaintifs, qu'elle se restreigne à une mélodie sévère, à une harmonie simple, en un mot qu'elle fasse naître, chez les jeunes gens, le sentiment de l'ordre et de la mesure, et prévienne le trouble des passions. Pour Platon — comme pour Aristote — la musique moralise les hommes, parce qu'elle les instruit

1. Platon, *les Lois*.

en les charmant ; elle procure des émotions, mais des émotions généreuses, elle ébranle le cœur par les sens, mais par les sens épurés et domptés. A ce titre on doit lui réserver une place dans l'éducation d'un homme libre.

En dehors de ces considérations élevées que tous les Grecs sentaient confusément, même lorsqu'ils ne s'en rendaient pas compte entièrement, il faut aussi se persuader que la musique était regardée comme une distraction noble, et que le fait d'ignorer le maniement de la lyre eût jeté une sorte de discrédit sur un citoyen bien né et bien élevé. Il

CONCOURS DE MUSIQUE.

était de bon goût, à la fin d'un festin ou dans une réunion d'amis, de réciter des vers ou de les chanter en s'accompagnant sur l'instrument national. La lyre passait de mains en mains, et ses accords, mariés aux vers d'Homère ou de Pindare, marquaient la place laissée à la poésie au milieu des assemblées les plus profanes et les plus tumultueuses.

Nous avons jusqu'ici suivi le jeune homme dans ses premiers pas hors de la maison paternelle. Le voici maintenant parvenu à sa quatorzième ou quinzième année. L'éducation sérieuse, celle qui doit le mener jusqu'à la virilité et l'y préparer, va commencer pour lui et se continuer pendant cinq ou six ans. Que fait-il, quel est-il, pendant cette période intermédiaire entre sa vie d'enfant et sa vie de citoyen ? Nous allons essayer de nous le représenter, non seulement dans ses occupations journalières, mais encore dans son caractère et dans ses goûts.

Deux peuples, dans l'antiquité, ont combiné et pratiqué un système d'éducation typique et original : les Grecs et les Romains. Rendons-nous donc, tour à tour, à Athènes et à Rome, et voyons comment a vécu le jeune homme dans chacune de ces deux cités.

CHAPITRE II

LE JEUNE ATHÉNIEN

Les *Dialogues* de Platon. — Alcibiade.

Ce que nous avons dit de la vie de l'enfant, à Athènes, nous a nécessairement laissé deviner ce que devait être la vie du jeune homme. En passant dans les rangs des éphèbes, l'Athénien ne rompait pas avec son existence passée ; il continuait les exercices qui avaient occupé son enfance, et ses études devenaient plus élevées sans changer de nature. Toutefois il quittait ses premiers maîtres. Seul le cithariste recevait à la fois dans son école les jeunes gens et les enfants. Mais la palestre, mais l'école de grammaire n'étaient ouvertes qu'à ceux-ci. Le jeune homme abandonnait l'une pour le gymnase, l'autre pour le cours de philologie, de rhétorique et de philosophie. Pour employer un terme autrefois usité dans notre langage scolaire, il faisait ses humanités.

Nous ne reviendrons pas, à propos des gymnases et des écoles de musique, sur ce que nous avons déjà dit plus haut. Qu'importent quelques exercices plus violents ou plus compliqués! Il est probable que le cithariste mettait tout en œuvre pour faire des virtuoses de ses jeunes élèves, que le directeur du gymnase aimait à former des athlètes en état de remporter des prix dans les grands concours nationaux. Nous connaissons tout ce qui pouvait nous intéresser sur ce sujet. Occupons-nous des études nouvelles par lesquelles l'Athénien complétait son éducation intellectuelle[1].

C'est surtout dans les *Dialogues* de Platon que nous apprenons à connaître la jeunesse athénienne et ses occupations. Le grand philosophe a eu l'art de faire vivre les innombrables personnages qu'il introduit dans ses compositions, autour de son maître Socrate. Ces personnages

---

1. Il y a sur *Les jeunes gens de Platon*, un charmant article de M. Taine, auquel nous avons emprunté quelques passages.

sont des jeunes gens, pour la plupart, et par eux nous pouvons deviner ce qu'ont dû être ces beaux adolescents qui se pressaient dans les écoles de rhétorique et de philosophie. Que leur vie différait de celle de nos étudiants modernes ! Il ne s'agissait pas pour eux de fréquenter des cours officiels et réguliers, avec registre d'inscription à l'entrée et examen à la fin de l'année scolaire. « On les laissait, comme de jeunes chevaux consacrés aux dieux, paître et errer au hasard, pour voir s'ils trouveraient la sagesse et la vertu. » Ils prenaient leur leçon partout où ils pouvaient rencontrer le maître, sous les portiques, dans les palestres, à l'agora, quelquefois au bord de l'Ilissus. Nulle raideur, nulle étiquette dans les relations entre Socrate et ses jeunes disciples. Dans le *Lysis*, nous saisissons sur le fait comment se nouaient ces causeries improvisées dont le charme exquis se fait sentir, même à travers une traduction. « Entrés dans le gymnase, — c'est Socrate qui parle, — nous trouvâmes que les jeunes garçons avaient déjà sacrifié, et que les cérémonies étaient déjà presque achevées. Ils jouaient aux osselets et étaient tous parés ; la plupart s'amusaient au dehors, dans la cour ; quelques-uns, dans un coin du vestiaire, jouaient à pair impair avec un grand nombre d'osselets qu'ils prenaient dans des corbeilles. D'autres, alentour, les regardaient, et parmi eux Lysis, qui se tenait debout dans un groupe de jeunes gens et d'enfants, la couronne sur la tête, d'une figure vraiment rare, et digne d'être appelé non seulement beau, mais beau et bon. Pour nous, nous allâmes nous asseoir du côté opposé, où tout était tranquille, et nous commençâmes à nous entretenir sur quelque sujet. Lysis se retournait souvent pour nous regarder, et on voyait bien qu'il désirait venir auprès de nous ; mais il était embarrassé et n'osait approcher tout seul. En ce moment, Ménéxène, qui revenait de la cour, entra tout en jouant et vint s'asseoir auprès de moi ; Lysis le suivit, et se plaça à côté de lui, les autres s'approchèrent aussi. Alors je levai les yeux vers Ménéxène et je lui dis : « O fils de Démophon, lequel de vous deux est le plus âgé ? — Nous ne sommes pas d'accord là-dessus, répondit-il. — Et si je demandais lequel est le plus brave, vous contesteriez aussi ? — Certainement. — Et lequel est le plus beau ? — Encore de même. » Tous deux se mirent à rire. « Je ne vous demande pas lequel est le plus riche, car vous êtes amis, n'est-ce pas ? — Très grands amis, dirent-ils. —

En effet, on dit que tout est commun entre amis, de sorte qu'en fait
de richesse, il n'y a pas de différence entre vous, si vous êtes amis
comme vous le dites. » Ils l'accordèrent. »

Ce petit tableau est d'un naturel exquis. Ces éphèbes qui jouent aux
osselets ; ce Lysis, le plus beau d'entre eux, qui préfère aux jeux de
ses camarades la docte compagnie de Socrate ; qui, trop timide pour
aborder seul le maître, se retourne pour le regarder, et montre ingé-
nument son désir de l'entendre ; ce Ménéxène, plus hardi, qui vient,
tout en jouant, s'asseoir dans le cercle des gens d'âge et écouter avidement leurs discours, toute cette jeunesse d'une époque passionnément éprise d'idéal a des
grâces incomparables en
sa naïveté. Lysis est aussi
franc qu'il est beau. Socrate
lui demande si son père
lui défend beaucoup de
choses, s'il l'oblige à obéir
à son gouverneur et à tous
ses maîtres : « Lorsque tu
reviens à la maison auprès
de ta mère, te laisse-t-elle,

COURSE À PIED.

pour te faire plaisir, manier comme il te plaît sa laine ou son métier,
si elle travaille ? ou bien t'empêche-t-elle de toucher à la navette
et aux autres instruments de tissage ? — Par Jupiter ! dit-il en
riant, Socrate, non seulement elle m'en empêche, mais je serais
battu si j'y touchais ! » Que dirait de cette soumission facile aux
volontés maternelles, un collégien de nos jours, avide d'indépendance
et impatient de toute contrainte ? Il hausserait les épaules et n'aurait
pas d'expressions assez méprisantes pour qualifier la candeur de
Lysis !

Il est un nom qui évoque pour nous le type de l'éphèbe athénien.
Ce nom est celui d'Alcibiade. Beauté, esprit, activité, éloquence, mais
aussi ambition, mobilité, amour effréné du luxe et des plaisirs, Alcibiade réunit en lui tous les défauts comme toutes les qualités de sa
race. Grâce à Plutarque et à Platon, nous connaissons tous les détails
de sa vie, tous les traits de son caractère, de son enfance à sa matu-
rité. Arrêtons-nous donc un instant devant cet être brillant et sédui-

sant, qui resta, en dépit de ses défauts et de ses trahisons, l'idole de ses concitoyens.

Dès sa première jeunesse, Alcibiade est déjà lui-même, c'est-à-dire un étonnant mélange de courage et de passion. Il lutte avec un camarade : sur le point d'être renversé, il le mord violemment au doigt : « Tu mords comme une femme ! lui dit son ami. — Non, répond Alcibiade, mais comme un lion ! » Il joue aux osselets dans la rue. Arrive un charretier. L'enfant lui crie de s'arrêter. L'homme hausse les épaules et veut continuer sa route. Alcibiade se jette alors par terre, presque sous les pieds des chevaux : « Passe maintenant, si tu veux ! » dit-il au charretier. L'homme épouvanté fait reculer son attelage, et les spectateurs courent à l'enfant en jetant de grands cris[1].

Un tel sujet, lorsqu'il fréquenta les écoles, ne pouvait manquer d'attirer l'attention de Socrate. Le philosophe entreprit de former ce jeune homme, qui pouvait devenir l'honneur ou le fléau de sa patrie ; il réussit à lui inspirer un attachement profond. Ce prince de la jeunesse athénienne soupait et luttait tous les jours avec Socrate, logeait à l'armée sous la même tente que lui, se montrait jaloux de ses autres disciples. Le maître et l'élève rivalisaient de dévouement l'un envers l'autre. Dans un combat, Alcibiade blessé était resté couché sur le sol. Socrate se mit devant lui et le défendit avec tant de courage, qu'il empêcha les ennemis de se rendre maîtres de sa personne et de ses armes. Dans une autre occasion, après une défaite, Socrate se retirait à pied avec quelques soldats. Alcibiade à cheval ne voulut pas s'éloigner de lui, se tint à ses côtés, et le protégea contre les ennemis qui poursuivaient les fuyards.

Par malheur, l'influence de Socrate était atténuée par celle des innombrables flatteurs qui entouraient le jeune homme. Le disciple souvent échappait à son guide, auquel il revenait ensuite repentant et soumis. Socrate alors lui disait, sans le rudoyer. « Tu penses, Alcibiade, n'avoir besoin de personne ; tu es très beau, très grand, très puissant et très riche. Mais ton ambition n'a pas de bornes. Si quelqu'un des dieux te disait : O Alcibiade, lequel aimes-tu mieux, ou bien de vivre avec les avantages que tu as à présent, ou bien de

1. Pour tout ce qui est dit ici d'Alcibiade, voy. Plutarque, *Vie d'Alcibiade*, et Platon, *Protagoras, le Banquet*, etc.

mourir à l'instant, s'il ne t'est pas permis d'en acquérir de plus grands ? je crois que tu aimerais mieux mourir. » Et Alcibiade, s'adressant alors aux amis qui entouraient le maître : « Quand j'écoute Socrate, disait-il, le cœur me bat, je verse des larmes, je sens toute l'indignité de ma vie ; il me contraint d'avouer mes fautes ; j'éprouve devant lui une chose dont personne ne me croirait capable, la honte. Je rougis devant lui seul. C'est pourquoi je l'évite parfois comme un esclave fugitif. Souvent je crois désirer qu'il ne soit plus parmi les hommes. Mais je sais bien que, si cela arrivait, je serais mortellement fâché : de sorte que je ne sais comment faire avec lui ! »

Ainsi Alcibiade restait aimable, jusqu'en ses pires égarements, par

la grâce et la spontanéité de ses aveux. Il savait même gagner le cœur de ceux qu'il avait outragés. A la suite d'une gageure, faite avec des camarades, il donne un jour froidement un soufflet à Hipponicus, noble et puissant citoyen. Cette insolence excite l'indignation générale. Le lendemain, dès la pointe du jour, Alcibiade va chez Hipponicus, frappe à la porte, entre, se dépouille de ses habits et implore le châtiment qu'il a mérité. Hipponicus pardonna et prit tant d'affection pour ce jeune homme étourdi mais généreux, qu'il lui donna plus tard sa fille en mariage.

Lorsqu'à la suite d'une série de folies, le scandale devenait trop grand dans Athènes, Alcibiade avait l'art de détourner l'attention publique. On connaît l'anecdote de son chien, auquel il fit un jour couper la queue. A ses amis qui s'étonnaient, Alcibiade répondit en riant : « Tant que les Athéniens s'entretiendront de cela, ils ne diront rien de pis sur mon compte ! »

Tel fut Alcibiade, le dernier et le plus brillant des jeunes Athéniens

de la grande époque. Le peignant une dernière fois d'après nature,
Platon dit de lui : « Il vit au jour le jour, contentant le désir qui se
présente ; tantôt il s'enivre au son des flûtes, puis il boit de l'eau et
fait abstinence ; tantôt il s'exerce au gymnase ; quelquefois il est oisif
et n'a souci de rien. D'autres fois il est philosophe. Souvent il redevient
homme d'État, et, s'élançant tout à coup, il va dire et faire la première chose qui s'offrira à son esprit. S'il porte envie aux hommes de
guerre, il va de ce côté ; si c'est aux hommes d'argent, il va de cet
autre. Il n'y a ni ordre ni loi dans sa vie ; il appelle cela une vie douce,
heureuse et la mène jusqu'au bout. »

CHAPITRE III

Le rôle des mères. — L'influence grecque. — Éducation de l'orateur. —
Les philosophes.

« Nos ancêtres, dit Cicéron dans sa *République*, n'ont établi, pour
les enfants de naissance libre, aucune éducation fixe ni déterminée par
les lois, publique, ni uniforme. » Les premières écoles communes ne
furent ouvertes qu'à la fin du iiie siècle avant Jésus-Christ, et l'enseignement qu'on y donnait resta longtemps réduit à la lecture, à
l'écriture et surtout au calcul. Ainsi, pendant quatre cents ans, les
jeunes Romains n'eurent d'autres maîtres que leurs parents; et peut-
être des esclaves grecs, que l'on achetait, dans les grandes familles,
pour remplir les fonctions du précepteur. Malgré cette indifférence à
toute culture intellectuelle, il y eut, à Rome, au beau temps de la
république, des légions de grands généraux, d'habiles politiques et
même d'orateurs éloquents. La vie civile et militaire, à laquelle les
jeunes Romains étaient appelés à participer activement, les formait
aussi vite, et peut-être mieux, que n'auraient fait les plus habiles
pédagogues.

Il faut tenir compte, en outre, d'une influence qui ne s'exerça jamais
en Grèce, et dont les jeunes Romains éprouvèrent les effets bien-
faisants : celle de la mère de famille. A Rome, la mère — ou plutôt la
matrone — tenait dans la famille un rang presque égal à celui du père.
Elle élevait ses enfants et s'acquittait noblement de cette grande
tâche. La fameuse Cornélie, fille de Scipion l'Africain et veuve
de Tibérius Gracchus, fut l'institutrice de ses deux fils Tibérius et Caïus,
et s'enorgueillissait de leurs progrès. Une de ses amies, très riche,
et encore plus fastueuse, vint un jour lui rendre visite. Elle lui fit
admirer les pierreries dont elle était couverte, et la pria de lui montrer
les siennes. Cornélie éluda quelque temps la question. Mais soudain,
Tibérius et Caïus étant entrés dans la pièce où se tenait leur mère,

celle-ci les présenta à son amie en disant : « Voilà mes bijoux et mes ornements. » Aucune femme grecque n'aurait pu prononcer cette parole mémorable.

Le père, de son côté, surveillait l'éducation de son fils. Caton le Censeur quittait tout pour être auprès de sa femme, quand elle lavait et emmaillotait leur enfant. Plus tard il voulut lui enseigner lui-même les belles-lettres. Il n'aurait pas souffert que son fils dût à un mercenaire un aussi grand bien que l'éducation. Il se fit donc tour à tour professeur de grammaire et de rhétorique, maître de gymnastique, d'équitation et de natation. Il rapporte qu'il avait transcrit de sa propre main, en gros caractères, de beaux traits d'histoire romaine ; on suspendait aux murs de la maison ces sortes d'inscriptions, et l'enfant les avait sans cesse sous les yeux. Caton s'abstenait devant son fils de tout propos un peu libre, avec autant de soin qu'il l'aurait fait devant les Vestales. C'est à lui que Juvénal emprunte la maxime célèbre : « On doit à l'enfance le plus grand respect. » Mais ce même Caton, dont l'avarice est restée légendaire, enseignait à son fils les avantages et les plus odieuses combinaisons de l'usure ; il lui répétait sans cesse que l'homme incomparable est celui qui peut prouver par ses comptes qu'il a augmenté son patrimoine. Voilà un idéal assurément peu relevé.

En face de l'influence grecque, qui se fait déjà sentir de son temps, Caton apparaît dans l'histoire comme le dernier représentant autorisé des vieilles traditions républicaines. Il était déjà vieux quand les deux philosophes Carnéade et Diogène firent le voyage d'Athènes à Rome, et, à peine arrivés, attirèrent autour d'eux toute la jeunesse latine. La vogue de ces étrangers beaux parleurs fut instantanée. On disait partout que des Grecs étaient venus, d'un savoir merveilleux, qui inspiraient aux jeunes gens un tel amour de la science, qu'ils oubliaient leurs plaisirs et leurs occupations, et ne songaient plus qu'à la philosophie. Tous les Romains en étaient dans l'enchantement, et voyaient avec plaisir leurs enfants s'appliquer à l'étude des lettres grecques et rechercher avec avidité les leçons de Carnéade et de Diogène.

Cet enthousiasme chagrina Caton. Il craignit que la jeunesse romaine n'en vînt à préférer la gloire du bien dire à celle de la vertu et du courage. Comme les deux Grecs avaient été envoyés à Rome en ambassadeurs pour régler une affaire, il se rendit au Sénat, et

reprocha aux magistrats de ne leur avoir pas encore donné audience.
« Ce sont, dit-il, des hommes capables de persuader tout ce qu'ils
veulent. Il faut donc connaître au plus tôt leur affaire et la décider,
afin qu'ils retournent à leurs écoles pour y instruire les enfants des
Grecs, et que les jeunes Romains n'obéissent, comme auparavant,
qu'aux magistrats et aux lois. »

Ainsi Caton redoutait les Grecs et leurs présents. Pour lui Socrate
n'était qu'un babillard et qu'un frondeur. Il se moquait des écoles
d'éloquence tenues par les rhéteurs, et disait que les disciples y
vieillissaient, comme s'ils devaient exercer leur art et leur talent pour
plaider dans les Enfers. Rome, à son avis, courait à sa perte en
empruntant à la Grèce ses sciences et ses arts. Il n'y avait pour un
citoyen que trois écoles : la famille, le forum et l'armée. Il avait raison,
le vieux Romain. Rome en se policant se corrompit. Le passage fut
trop rapide de l'extrême rudesse à l'extrême civilisation. Dans son
commerce avec la Grèce, la jeunesse des bords du Tibre gagna
beaucoup de vices, elle n'acquit jamais la grâce, l'amabilité, la
politesse de la jeunesse athénienne. Mais il était écrit que la Grèce
soumettrait ses superbes vainqueurs. Caton fit chasser Carnéade et
Diogène : suprême et inutile victoire. Dans ses dernières années, il
put voir des écoles grecques ouvertes dans Rome, et la plupart des
fils de chevaliers et de patriciens confiés à ces sophistes et à ces
rhéteurs qu'il avait écrasés de son mépris. Les plus illustres citoyens
de cette époque, les Paul-Émile, les Scipion, toute la noblesse s'aban-
donnent au charme de la civilisation hellénique, même lorsqu'ils en
pressentent le péril. L'un d'eux, Scipion-Emilien, se plaint que la
jeunesse oublie la gravité romaine : « Lorsque j'entrai, dit-il, dans
une des écoles où les nobles envoient leurs fils, grands dieux ! j'y
trouvai plus de cinq cents jeunes filles et garçons qui recevaient, au
milieu d'histrions et de gens infâmes, des leçons de lyre, de chant et
d'attitudes. Et je vis un enfant âgé de douze ans, le fils d'un candidat [1],
exécutant une danse digne d'un esclave impudique. » Tels étaient déjà
les ravages du mal. En une vingtaine d'années, la jeune génération
s'était transformée, et dans cette Rome nouvelle, dont ils voyaient
avec stupeur l'avènement, les vieux Romains ne reconnaissaient plus

1. C'est-à-dire le fils d'un candidat au consulat, d'un citoyen du premier rang.

l'austère cité latine dont ils défendaient en vain les traditions.

C'en est donc fait maintenant. Rome est à l'école de la Grèce, et de la Grèce dégénérée. Maîtres d'école, précepteurs, gouverneurs, grammairiens, philosophes, rhéteurs, tout vient d'Athènes ou de Rhodes. La jeunesse romaine suit le même cours d'études que les disciples de Socrate et de Platon. Mais comme, après tout, la forte race latine est incapable de perdre son caractère original, Rome va donner au système d'éducation qu'elle adopte, un but pratique très nettement défini. L'enseignement, à Athènes, avait surtout pour objet le développement de la culture générale de l'esprit ; à Rome, dans cette cité où tout dépendait du peuple et de l'action qu'on exerçait sur le peuple par la parole ; où même après la chute de la république et dans le silence du Forum, l'éloquence resta le talent le plus envié d'un homme bien né, tout l'enseignement fut combiné pour former des orateurs. Grammaire, sciences, poésie, histoire, philosophie ne furent considérées que comme des matières accessoires propres à former et à nourrir l'éloquence. La rhétorique absorba tout. On reste confondu de la minutie des préceptes donnés par Cicéron et par Quintilien pour l'éducation d'un bon orateur. A les entendre, il faut prendre l'enfant au berceau, et, d'après Quintilien, c'est un devoir pour les parents de choisir une nourrice incapable de gâter à sa source, par son patois incorrect et trivial, le vocabulaire et la syntaxe du futur orateur.

Suivons maintenant le jeune Romain dans la série d'établissements où il doit passer pour accomplir son cycle d'études.

Voici l'école. On en trouve plusieurs dans chaque quartier de Rome. Les maîtres qui les dirigent enseignent la lecture, l'écriture, quelques éléments de la grammaire et du calcul. Ce sont, pour la plupart, de plaisants personnages, pédants et cousus de ridicules. Leur argument favori est la férule dont ils caressent avec amour l'échine de leurs disciples. Témoin cet Orbilius, « grand donneur de coups », dont Horace avait fréquenté l'établissement, au grand dommage de ses épaules. Ils exigent de leurs disciples une petite rétribution mensuelle, qui n'est pas toujours exactement acquittée. Leur enseignement n'est pas très perfectionné. Il en est qui récitent et font apprendre par cœur aux enfants la suite des lettres de l'alphabet, avant de leur en montrer la forme. D'autres, plus ingénieux, se servent de petites plaques d'ivoire sur lesquelles sont gravés les caractères, et que l'en-

fant manie comme un jouet. Les livres scolaires n'existent pas. Pour
faire lire ses élèves, le brave magister se sert de volumes de rebut,
achetés à vil prix. Horace prédit plaisamment à un mauvais poète
que son œuvre échouera chez les bouquinistes de carrefour et sera
épelée par les écoliers des faubourgs de Rome.

L'écriture est enseignée d'une façon plus mécanique encore que la
lecture. Le maître prend la main de l'enfant qu'il promène sur des
tablettes de bois, où les lettres sont gravées en creux. Après quelques leçons, il lui permet de répéter le même exercice seul et *style*
en main. Plus tard, l'enfant reçoit des tablettes de cire, sur lesquelles
il reproduit, en caractères de plus en plus fins, des modèles savam-
ment calligraphiés, qui sont parfois des maximes morales, mais plus
souvent des préceptes de civilité puérile et honnête.

Beaucoup d'enfants cessent de fréquenter l'école quand ils savent
lire et écrire. Ceux qui continuent commencent l'étude simultanée
de la grammaire latine et de la grammaire grecque. Ainsi jadis on
apprenait chez nous le latin presque en même temps que le français.
A Rome, — comme à Paris, — quand on avait acquis quelque tein-
ture de la syntaxe, on passait à l'explication des auteurs et surtout
des poètes. Virgile et Homère étaient les deux « classiques »
par excellence. Après l'explication venait l'imitation. L'enfant faisait de petites narrations — en prose ou en vers — sur des sujets
plus ou moins bien choisis, puis des dissertations qu'il apprenait
par cœur et récitait, aux jours de fête, devant sa famille émer-
veillée.

Ce n'était pas toujours à l'école publique que l'enfant recevait ces
premiers enseignements. Les familles riches préféraient souvent
l'éducation privée à l'éducation en commun. Dans ce cas, le père
achetait un pédagogue grec et lui confiait son rejeton. Le pédagogue
avait la vie dure à Rome comme à Athènes. Il battait son élève qui lui
rendait ses coups. Dans une de ses comédies, Plaute nous montre un
pauvre vieux professeur qui vient, la tête en sang, se plaindre au père
des sévices de son élève, auquel il a tiré les oreilles : « Bien, dit le
père, je reconnais mon sang ; c'est ainsi, mon fils, que tu dois repous-
ser l'injure ! » Et s'adressant au pédagogue : « Et toi, vieux vaurien,
garde-toi de toucher cet enfant parce qu'il a montré du cœur ! » Ce
trait de mœurs est la condamnation d'un système qui consistait à

investir de l'autorité paternelle un misérable esclave, dont l'élève ne pouvait manquer de faire son jouet.

Le jeune homme qui a quitté la robe prétexte est admis à commencer son cours de hautes études. Il va d'abord chez le rhéteur. Celui-ci l'initie à tous les secrets de l'éloquence artificielle, lui apprend les divisions du discours, le catalogue des innombrables figures de rhétorique, l'art de mêler la plaisanterie au pathétique, l'ironie à la gravité; aux poètes, l'étudiant emprunte le secret de leurs rythmes; aux historiens, la force des exemples; aux auteurs dramatiques, la science des passions. Le plus habile orateur de nos parlements ou de nos tribunaux ignore les deux tiers des règles que connaissait par cœur le plus faible disciple de Quintilien ou de Sénèque le Rhéteur. Le triomphe de cet enseignement, minutieux jusqu'à la puérilité, c'était la composition des élèves sur des sujets dont la bizarrerie confond : tels que l'éloge de la puce et du perroquet, par lesquels débuta le philosophe Dion Chrysostome. Parfois, l'écolier avait à faire parler des personnages historiques, comme Alexandre le Grand délibérant pour savoir s'il s'embarquera sur l'Océan, ou Léonidas examinant avec ses Spartiates si l'on doit rester aux Thermopyles. Plus souvent, on lui donnait à développer une matière de pure imagination : telle que l'immolation d'une victime réclamée par un oracle; une ville affamée réduite à dévorer des cadavres; un tyran forçant un fils à décapiter son père. On dédaignait les sujets empruntés à la vie réelle; on faussait les jeunes esprits par ce commerce avec un monde fantaisiste et vague; on leur donnait le goût de la déclamation à vide, qui devint peu à peu dominant, et finit par gâter les plus beaux ouvrages du second âge de la littérature latine.

Heureusement le jeune Romain n'apprenait pas l'éloquence que chez le rhéteur. On avait soin, sous la république, de le faire admettre chez un homme politique en renom qu'il suivait partout; sous l'empire, chez un jurisconsulte fameux qu'il accompagnait devant les tribunaux. Tacite regrettait, pour les jeunes Romains, l'incomparable apprentissage du Forum : « Autrefois le jeune homme était conduit par son père et ses proches à l'orateur qui tenait alors le rang le plus distingué. Il fréquentait sa maison, le suivait, assistait à tous ses discours, soit devant les juges, soit à la tribune aux harangues, présent aux luttes animées de la parole, et apprenant, pour ainsi dire, la guerre sur le champ de bataille. Sous l'influence de tels enseignements, le jeune homme, disciple des orateurs, élève du Forum, auditeur des tribunaux, aguerri et formé par les épreuves d'autrui, connaissant les lois pour les entendre expliquer chaque jour, familiarisé d'avance avec la figure des juges, habitué au spectacle des assemblées populaires, pouvait hardiment accuser et défendre ; seul et sans secours, il suffisait d'abord à la cause la plus importante. Crassus avait dix-neuf ans, César vingt et un, Asinius Pollion vingt-deux, lorsqu'ils prononcèrent leurs premiers discours, que nous lisons aujourd'hui encore avec admiration. »

Tacite avait raison. Mais enfin, la fréquentation des avocats et du barreau remplaçait, dans une certaine mesure, le commerce avec les grands orateurs populaires, et corrigeait les défauts inhérents aux écoles des rhéteurs. Et puis il y avait les leçons des philosophes qui venaient élargir l'horizon de cette jeunesse trop asservie à l'étude des mots et de la forme. Parmi les philosophes, quelques-uns ont laissé mauvaise réputation. Il y eut des boutiques de scepticisme et d'épicurisme. Plus d'un jeune esprit s'y égara et s'y perdit. Mais les vrais maîtres de la jeunesse romaine furent ces philosophes, peu originaux mais honnêtes, qui tempéraient la rudesse et l'excès du stoïcisme par la sage tolérance de l'Académie. Ils ne se lançaient pas dans les hautes spéculations métaphysiques, mais ils enseignaient à leur jeune auditoire une morale pratique qui a pu être comparée, sur certains points, aux doctrines du christianisme naissant. Ils luttaient contre la corruption effrontée des roués de l'époque, et formaient cette masse silencieuse de bons citoyens, un peu effacés, qui apparaissent au second plan de l'histoire, jusque dans les livres de Tacite, et surtout dans la correspondance de Pline le Jeune ; braves gens qu'on oublie trop pour ne voir que les héros du vice, les Caligula et les Néron, les Antoine ou les Trimalcion, peints par les historiens avec une complaisance injuste pour les honnêtes gens qui se taisaient.

II

LE MOYEN AGE ET LA RENAISSANCE

CHAPITRE IV

LES PREMIERS TEMPS DU MOYEN ÂGE

Écoles des cathédrales, des couvents et des paroisses.

La société antique a disparu, au moment où le christianisme venait
de la conquérir pour la transformer. Les hordes des barbares parcourent les provinces de l'empire, incertaines du lieu où elles s'arrêteront. Lettres, sciences et arts, semblent à jamais évanouis en
Occident. Que de siècles, que d'efforts pour ramener l'humanité
refoulée en arrière jusqu'à l'étape où l'avaient conduite les grands
penseurs de la Grèce et de Rome ! Longue sera la route. Les peuples
et ceux qui les guident s'arrêteront souvent, désespérés de la lenteur
de leur marche, défaillants devant le but incertain et lointain. C'est la
voie douloureuse du genre humain.

Quand on aborde l'histoire du moyen âge, quelle que soit la question spéciale dont on ait à s'occuper, on éprouve un étrange serrement
de cœur. Tout, pendant ces huit ou neuf siècles, — même l'art, même
la science, — reflète une pensée mélancolique, se revêt d'une teinte
sombre, prend une allure roide ou tourmentée. La gaieté même est
amère ou violente. Le mysticisme devient l'ascétisme, il ignore la tendresse et ne connaît que l'austérité. Ce sentiment de tristesse, qui
s'exhale de toutes choses, même des splendeurs des cathédrales, même
des poèmes, même des romans, même des fabliaux, nous saisit, plus
poignant, plus intime, quand on étudie l'histoire de la jeunesse, de la
chute de Rome jusque bien avant dans le xviᵉ siècle. Cette rude époque
fut particulièrement rude aux petits et aux faibles. Ils connurent un
enseignement sec et sans attrait, ils subirent une discipline impitoyable.
Ils vécurent dans la crainte et dans les larmes. Le maître a été pour

eux un tyran, l'école une prison. Nous allons essayer de revivre
auprès d'eux, et peut-être, après avoir compati à leurs souffrances et
à leurs misères, apprécierons-nous mieux ce que notre siècle a fait
pour ceux qui viennent chercher la science dans les écoles, dans les
collèges et dans les universités.

C'est surtout au vi⁰ et au vii⁰ siècle que la nuit est profonde pour
l'esprit humain. A cette époque s'étei-
gnent les derniers foyers de la civilisation antique dans le monde latin.
Les barbares sont définitivement les
maîtres. Ils envahissent l'Église même.
Un grand nombre d'entre eux sont
évêques, et ils ignorent ou mécon-
naissent l'influence et les bienfaits de
l'étude. Malgré tout, le clergé lutte
pour la bonne cause ; il conserve les
derniers vestiges de la culture antique,
et, pour les faire fructifier, il fonde
et entretient les premiers établissements d'instruction que l'on rencontre
en ces âges reculés. Ces établissements sont les écoles cathédrales et
les écoles claustrales, qui ont subsisté,
sous leur forme primitive, jusqu'au
milieu du xii⁰ siècle.

Le nom de ces écoles en indique
la nature. Les unes étaient établies

MOINE AUGUSTIN.

au centre de chaque diocèse, dans le palais de l'évêque ou dans les
bâtiments annexes de l'église métropolitaine. Les autres se trouvaient dans les monastères : les moines y professaient sous la direction des abbés. Les écoles cathédrales sont un peu plus anciennes que
les écoles claustrales. On attribue au pape saint Grégoire leur fondation ou plutôt leur organisation. Dès le vii⁰ siècle, elles faisaient
partie des institutions régulières de chaque diocèse. Quelques-unes
devinrent célèbres et attirèrent des étudiants étrangers. Citons celles
d'Arles, de Poitiers, de Tours, de Lyon, de Reims, de Sens, de Trèves,
d'Utrecht. Parfois l'évêque en personne remplissait les fonctions de

professeur. Ainsi en usèrent, paraît-il, saint Césaire d'Arles, saint Remi de Reims, saint Grégoire de Tours, et aussi Fortunat le poète, évêque de Poitiers. Plus souvent l'évêque déléguait l'un des membres de son chapitre pour gérer les écoles épiscopales. Ce délégué s'appelait ordinairement *écolâtre*, et joignait les fonctions de chantre à celles de préfet des études. On prétend qu'à l'origine, les leçons avaient lieu dans la basilique même, à la partie inférieure de la nef ou dans le vestibule. De là viendrait le nom de *parvis* donné, dans quelques villes et notamment à Paris, à l'espace qui précède immédiatement le portail principal des églises cathédrales[1].

Les écoles claustrales ou monastiques luttaient de leur côté contre la barbarie grandissante. L'ordre de Saint-Benoît, si célèbre par les services qu'il a rendus à la littérature, fut le premier qui institua dans les couvents des écoles pour l'instruction de ceux qu'ils renfermaient. Cet usage se répandit bientôt dans tous les monastères, et la *Règle du maître* ordonne que le moine le plus instruit devra chaque jour donner des leçons à la jeunesse pendant trois heures. Les écoles claustrales les plus célèbres furent celles de Lérins en Provence, de Luxeuil en Austrasie, de Saint-Médard à Soissons, de Fontenelle en Neustrie. On compta, dans cette dernière, jusqu'à trois cents étudiants réunis. Mais la prospérité des écoles claustrales dépendait principalement de l'abbé. Les études étaient florissantes sous un abbé savant et distingué, et dépérissaient lorsqu'un homme ignorant gouvernait la communauté.

Mais quel était l'enseignement donné dans les couvents et dans les cathédrales ? Il comprenait, à peu près partout, la grammaire, l'arithmétique, la géométrie, le comput[2], la musique, la rhétorique et la philosophie ou dialectique. Quelques hommes influents dans l'Église trouvaient ces études trop profanes et n'admettaient que la grammaire, l'arithmétique et la théologie. Cette dernière science était d'ailleurs la pierre angulaire de tout l'enseignement, et elle se bornait, en ces temps, à un commentaire historique, allégorique et moral des livres saints.

Les écoles cathédrales étaient aussi bien des séminaires pour le clergé

---

1. Place du parvis signifierait, place réservée *aux enfants (parvis)*, mais cette étymologie est contestée.

2. Le comput est le calcul des temps pour régler le calendrier ecclésiastique.

que des collèges pour les laïques. Il est même probable qu'à l'origine
la plupart de ces écoles recevaient seulement les jeunes gens destinés
au sacerdoce. De même, les écoles claustrales ne furent d'abord ouvertes qu'aux novices. Mais la nécessité les rendit bientôt publiques et
force fut d'en permettre l'accès à tout venant. La seule chose que l'on
put faire fut de séparer les écoliers, de telle sorte que la discipline
monastique ne souffrît pas de la présence des élèves séculiers. A quelle

époque et comment cette distinction s'opéra-t-elle, c'est ce que
nous ne saurions préciser ; mais
il est de fait que, vers la fin de
la période mérovingienne, il
existait des écoles d'externes,
placées en dehors des cloîtres,
tenues par des moines et dont
la porte était ouverte à des écoliers de tout âge et se destinant
aux professions les plus diverses.

En dehors de ces grands établissements, il y avait des écoles de campagne, tenues par les
curés, sous l'autorité des évêques.
On y donnait gratuitement l'instruction élémentaire, en même
temps qu'on y enseignait ce que
nous appelons aujourd'hui le catéchisme.

MOINE TRAVAILLANT.

Il serait intéressant de connaître comment vivait ce monde d'écoliers
et de professeurs à cette époque primitive du moyen âge. Mais les
renseignements font défaut. Sans doute les élèves étaient soumis à
peu près aux mêmes règles que les maîtres. La prière, l'étude, et,
dans les couvents, de rudes travaux manuels occupaient la plus grande
partie du temps. On sait que les moines, surtout ceux de l'ordre de
Saint-Benoît, ont été les défricheurs de l'Europe. En guise de récréations, les écoliers, — au moins les novices, — aidaient leurs professeurs dans les travaux du jardin et des champs. Ils collaboraient
aussi à la copie de manuscrits sacrés et profanes, occupation com-

mune à tous les moines et dont nous ne saurions leur être assez reconnaissants. Des désordres naissaient parfois de la présence simultanée des laïcs et des novices ou des jeunes clercs dans une même enceinte. Mais l'évêque ou l'abbé apaisait facilement le tumulte : ce petit monde, profondément religieux, ne méconnaissait pas volontiers le principe d'autorité. En général la paix régnait, et à l'ombre des cathédrales, et dans les cloîtres des monastères. Les fêtes religieuses, célébrées avec une pompe splendide, étaient les grands événements de l'année. Les élèves y paraissaient comme choristes ou comme figurants, surtout dans ces belles cérémonies, d'un caractère presque théâtral, qui ont donné naissance aux drames liturgiques et, par ceux-ci, aux mystères. Quelle joie devait causer dans cette jeunesse l'approche de cette *fête des Fous* ou de l'*Ane* qui remplissait l'église de rumeurs et de cris ! De quel cœur on devait entonner la fameuse prose de l'âne :

> Orientis partibus,
> Adventavit asinus,
> Pulcher et fortissimus,
> Sarcinis aptissimus.
> Hez, Sire Asne ! Hez [1] !

Dans ces établissements purement ecclésiastiques, la discipline était relativement douce. C'est seulement à partir du xie siècle, que les mœurs scolaires prirent cette sévérité barbare dont se plaignaient encore Montaigne et Rabelais au xvie siècle. Dans les couvents et dans les cathédrales, une sorte de familiarité régnait entre les élèves et les maîtres. Ceux-ci fouettaient ceux-là, — conçoit-on une école du moyen âge sans la verge et sans la férule ! — mais ils y mettaient quelque modération, et savaient, à l'occasion, se dérider et plaisanter. Un jour, au monastère de Saint-Gall, les petits écoliers jouaient dans leur salle de récréation. La porte s'ouvre : entre l'abbé du couvent qui vient d'être sacré évêque. Aussitôt les plus espiègles se réunissent ; on se concerte, on discute, car la coutume du couvent permettait aux élèves de s'emparer de tout étranger entrant chez eux, et de le garder prisonnier jusqu'à ce qu'il se rachetât. Les plus hardis veulent faire valoir ce droit. Mais le prélat est-il un étranger puisqu'il est encore abbé du monastère ? On tourne la difficulté. Prenons l'é-

---

1. Des contrées de l'Orient, il est venu un âne, beau et très vigoureux, très propre aux fardeaux. Hez, Sire Asne ! Hez !

vêque, disent les écoliers, et laissons notre seigneur l'abbé. Celui-ci consent au jeu, et, sur l'ordre des enfants, il s'assied dans la chaire du maître.

L'évêque se laisse faire, puis s'adressant aux enfants : « Puisque je suis assis à la place du maître, j'ai le droit d'user de ses privilèges. Dépouillez-vous, donc de tous vos vêtements, ne gardez que votre tunique de lin. » Les élèves sont stupéfaits, mais ils obéissent en demandant à leur tour à se racheter comme ils avaient coutume de faire à l'égard de leur professeur. « Et comment? » demanda le bon abbé. Là-dessus les petits se mettent à lui parler latin comme ils peuvent ; les moyens s'adressent à lui en langage rythmique ; les grands en vers. Chaque classe se défend de son mieux. L'abbé se lève, les embrasse tous, puis leur dit en riant : « Tant que je vivrai, je me rachèterai. » Et il décide qu'à l'avenir, aux jours de congé, les écoliers seraient nourris de viande, mangeraient les mêmes mets que l'abbé, et boiraient du vin de son cellier.

Ce naïf récit jette quelque lumière sur la vie des enfants dans ces écoles si peu connues. Notons la

MOINE DE L'ORDRE DE CITEAUX
(XIe SIÈCLE).

division des écoliers en trois catégories : les petits, les moyens et les grands. C'est le système encore en usage dans nos collèges. Remarquons aussi la gradation des études : les petits apprenaient à parler le latin : les moyens faisaient des compositions rythmiques ; les grands composaient des vers. Constatons enfin qu'il y avait des jours de congé et que l'on permettait à l'enfance le repos, les jeux et l'allégresse.

CHAPITRE V

CHARLEMAGNE

Avant d'arriver à l'époque des grandes institutions scolaires du moyen âge, c'est-à-dire à la fondation de l'Université de Paris, il nous reste à parler des efforts tentés par Charlemagne pour mettre l'enseignement sous le haut contrôle de l'État. L'insuccès de cette tentative prématurée ne lui enlève rien de son originalité et de son intérêt.

Charlemagne aimait les arts et les sciences. Son rêve était de ressusciter l'empire romain avec ses institutions et sa civilisation. Pour le réaliser, il résolut de répandre l'instruction chez ses peuples et de fonder des écoles dans toutes les régions de son empire. Quelques-uns de ses *Capitulaires* renferment, à cet égard, des prescriptions bien remarquables. Il veut « que les évêques et les abbés ne se bornent pas aux habitudes d'une vie régulière et aux pratiques de la sainte religion, mais qu'ils s'appliquent à l'enseignement réfléchi des lettres pour en faire profiter ceux qui, avec la grâce de Dieu, peuvent apprendre, chacun suivant sa capacité. »

« Il faut, est-il dit autre part, que les ministres de Dieu appellent auprès d'eux, non seulement les enfants de condition servile, mais encore les fils des hommes libres. »

Ailleurs, l'empereur ordonne qu'on établisse des écoles « où l'on forme les enfants à la lecture; que dans chaque monastère, dans chaque évêché, il y ait des élèves qui apprennent le *Psautier*, le comput, le chant et l'écriture; qu'ils aient entre les mains des livres catholiques bien corrects. »

Pour donner l'exemple, Charlemagne établit à sa cour l'*école du palais*. Il y étudiait, sous la direction de Pierre de Pise et du Saxon Alcuin, la grammaire, la rhétorique et l'astronomie. Il essaya même

d'écrire, et avait habituellement, sous le chevet de son lit, des
tablettes et des exemples, pour s'exercer à former les lettres quand il
ne dormait pas. Mais il réussit peu dans cette étude commencée trop
tard. Il se piquait de bien chanter au lutrin, et remarquait impi-
toyablement les clercs qui s'acquit-
taient mal de cet office. « A une certaine
fête, dit le moine de Saint-Gall, comme
un jeune homme parent de l'empereur
chantait fort bien *Alleluia*, le roi dit
à un évêque qui se trouvait là : « Il a
bien chanté, notre clerc! » L'autre
sot, ignorant que le jeune homme fût
parent de l'empereur, prit cela pour
une plaisanterie, et de répondre :
« Les rustres en chantent autant à
« leurs bœufs ! » A cette impertinente
réponse, l'empereur lui lança un regard
terrible dont il tomba foudroyé. »

Quiconque avait quelque savoir
trouvait auprès de Charlemagne accueil
et protection. « Il advint qu'aux rivages
de Gaule débarquèrent, avec des mar-
chands bretons, deux Scots d'Hibernie,
hommes d'une science incomparable
dans les écritures profanes et sacrées.
Ils n'étalaient aucune marchandise, et
se mirent à crier à la foule qui venait
pour acheter : « Si quelqu'un veut la
« science, qu'il vienne à nous et qu'il
« la reçoive, nous l'avons à vendre! »
Enfin ils crièrent si longtemps que les
gens, étonnés ou les croyant fous, ra-

CHARLEMAGNE (D'APRÈS UNE MINIA-
TURE DES REGISTRES DE LA NATION
D'ALLEMAGNE).

contèrent la chose à l'empereur Charles, amateur toujours insatiable
de la science. Il les fit venir en toute hâte, et leur demanda s'il était vrai,
comme le publiait la renommée, qu'ils eussent la science avec eux. Ils
répondirent : « Nous la possédons et la donnons à ceux qui la recherchent
« dignement et pour la gloire de Dieu. » Charles s'enquit alors du salaire

qu'ils demandaient : « Un lieu commode, dirent-ils, des créatures
« intelligentes, la nourriture et le vêtement, sans lesquels nous ne pour-
« rions accomplir notre pèlerinage ici-bas. » Charles, plein d'allégresse,
les garda quelque temps avec lui, mais bientôt après, forcé de partir
au loin, il enjoignit à l'un d'eux, nommé Clément, de rester en Gaule,
et lui confia, pour les instruire, un grand nombre d'enfants de haute,
moyenne et basse condition. Il fournit aux maîtres et aux élèves les
aliments nécessaires et un logis convenable. Quant à l'autre Écossais,
Charles l'emmena en Italie, et lui donna le monastère de Saint-Augus-
tin, près de Pavie, pour y réunir tous ceux qui voudraient venir
prendre ses leçons...

« Lorsqu'après une longue absence, le victorieux Charles revint en
Gaule, il se fit amener les enfants qu'il avait confiés à Clément, et
voulut qu'ils lui montrassent leurs lettres et leurs vers. Ceux de
moyenne et basse condition présentaient des œuvres au-dessus de
toute espérance, confites dans tous les assaisonnements de la sagesse ;
les nobles, d'insipides sottises. Alors le sage roi, imitant la justice du
juge éternel, fit passer à sa droite ceux qui avaient bien fait et leur
parla en ces termes : « Mille grâces, mes fils, de ce que vous vous
« êtes appliqués de tout votre pouvoir à travailler selon mes ordres et
« pour votre bien. Maintenant efforcez-vous d'atteindre à la perfection,
« et je vous donnerai de magnifiques évêchés et des abbayes, et vous
« serez toujours honorables à mes yeux. » Ensuite, il tourna vers ceux
de gauche un front irrité, et, troublant leur conscience d'un regard
flamboyant, il leur lança avec ironie, tonnant plutôt qu'il ne parlait,
cette terrible apostrophe : « Vous autres nobles, fils de grands, délicats
« et jolis mignons, fiers de votre naissance et de vos richesses, vous
« vous êtes livrés à la mollesse, au jeu, à la paresse, ou à de frivoles
« exercices. » Après ce préambule, levant vers le ciel sa tête auguste
et son bras invincible, il fulmina son serment ordinaire : « Par le Roi
« des cieux, je ne me soucie guère de votre noblesse et de votre
« beauté, quelque admiration que d'autres aient pour vous ; et tenez
« ceci pour dit, que, si vous ne réparez par un zèle vigilant votre
« négligence passée, vous n'obtiendrez jamais rien de Charles... »

« Un de ces pauvres dont j'ai parlé, fort habile à dicter et à écrire,
fut placé par Charles dans la chapelle du palais. Un jour qu'on annonça au roi la mort d'un évêque, il demanda si le prélat avait envoyé

devant lui, dans l'autre monde, quelque chose de ses biens et du fruit de ses travaux. Et comme le messager répondit : « Seigneur, pas « plus de deux livres d'argent ! » notre jeune clerc soupira, et, ne pouvant contenir dans son sein sa vivacité, il laissa, malgré lui, échapper devant le roi cette exclamation : « Pauvre viatique pour un si long « voyage ! » Charles, le plus modéré des hommes, après avoir réfléchi quelques instants, lui dit : « Qu'en penses-tu ? Si tu avais cet évêché, « ferais-tu de plus grandes provisions pour cette longue route ? » Le clerc, la bouche béante à ces paroles, comme à des raisins de primeur qui lui tombaient d'eux-mêmes, se jeta à ses pieds et s'écria : « Sei- « gneur, je m'en remets là-dessus à la volonté de Dieu et à votre pou- « voir. » Et le roi lui dit : « Tiens-toi sous ce rideau qui pend là, derrière « moi, tu vas entendre combien tu as de protecteurs. » En effet, à la nouvelle de la mort de l'évêque, les gens du palais, toujours à l'affût des malheurs ou de la mort d'autrui, s'efforcèrent, tous impatients et envieux les uns des autres, d'obtenir pour eux la place par les familiers de l'empereur. Mais lui, ferme dans sa résolution, refusait à tout le monde, disant qu'il ne voulait pas manquer de parole à ce jeune homme. Enfin, la reine Hildegarde envoya d'abord les grands du royaume, puis vint elle-même prier le roi, afin d'avoir l'évêché pour son propre clerc. Comme Charles accueillait sa démarche d'un air gracieux, disant qu'il ne voulait ni ne pouvait rien lui refuser, mais qu'il ne se pardonnerait pas de tromper le jeune clerc, elle fit comme font toutes les femmes quand elles veulent plier à leur caprice la volonté de leur mari. Dissimulant sa colère, adoucissant sa grosse voix, elle s'efforçait de fléchir par ses minauderies l'âme inébranlable de l'empereur, lui disant : « Cher prince, mon seigneur, pourquoi placer « l'évêché aux mains de cet enfant ? Je vous en supplie, mon très doux « seigneur, ma gloire et mon appui, donnez-le plutôt à mon clerc, « votre serviteur fidèle. » Alors le jeune homme que Charles avait placé derrière le rideau, près de son siège, pour écouter les sollicitations de tous les suppliants, embrassant le roi lui-même avec le rideau, s'écria d'un ton lamentable : « Tiens ferme, seigneur roi ! et ne « laisse pas arracher de tes mains la puissance que Dieu t'a confiée. » Alors ce courageux ami de la vérité lui ordonna de se montrer, et lui dit : « Reçois cet évêché, et aie bien soin d'envoyer dans l'autre monde, « et devant moi et devant toi-même, de plus grandes aumônes et un

« meilleur viatique pour ce long voyage dont on ne revient pas[1]. »

Ainsi Charlemagne ne se contenta pas d'être le législateur de l'enseignement public. Il l'a surveillé de près, entrant dans les écoles, s'informant des progrès des écoliers, les récompensant suivant leurs mérites et leurs aptitudes. Il a mérité l'honneur qu'on lui conféra au xviie siècle en l'instituant le patron des collégiens. D'après Éginhardt, il aurait fait commencer une grammaire de la langue nationale, et recueillir les antiques poèmes des Germains et des Francs.

Dans ses efforts persévérants pour répandre l'instruction parmi ses peuples, il fut surtout secondé par le célèbre Alcuin, homme d'une érudition prodigieuse pour l'époque. Alcuin dirigeait, outre l'école du palais, celle du couvent de Saint-Martin de Tours dont il était l'abbé. De plus, il semble avoir exercé une sorte de contrôle supérieur sur tous les établissements d'enseignement de l'empire. C'était un homme d'une activité considérable, sachant voir les choses de haut, et descendant aussi aux plus petits détails. Il composait des traités de théologie et de philosophie, et même, à l'occasion, des manuels scolaires. Il aimait fort l'arithmétique et se plaisait à combiner des problèmes. Ses œuvres en renferment plusieurs. Quelques-uns nous paraissent aujourd'hui bien bizarres, celui-ci entres autres : « Une limace, invitée à dîner par une hirondelle à une lieue de distance, ne peut faire par jour qu'une once de pied. Qu'on dise en combien de temps elle arriva. » Nous préférons aujourd'hui des données moins fantaisistes. Mais les efforts d'Alcuin, si divers, si persévérants, méritent d'être rappelés et appréciés avec sympathie. Grâce à lui, Charlemagne put croire qu'il avait sauvé le monde de la barbarie. Ce fut une illusion. L'œuvre commune de ces deux grands esprits fut éphémère, parce qu'elle était factice. Avant de s'éveiller, l'esprit moderne avait encore à traverser près de trois siècles d'ignorance et de léthargie. Il ne prend conscience de lui-même qu'au xiie siècle, à la voix d'Abailard, au cœur de la cité de Paris, que n'ombrageaient pas encore les tours massives de Notre-Dame.

1. Le Moine de Saint-Gall, cité par Michelet.

CHAPITRE VI

L'UNIVERSITÉ DE PARIS

Guillaume de Champeaux et Abailard. — Constitution de l'Université : Facultés,
nations. — Priviléges de l'Université.

« Depuis un temps immémorial, a dit M. Paulin Paris, nous avons
une grande corporation plus ou moins officielle, chargée de l'éducation scientifique et littéraire de tous ceux qui veulent occuper les nombreux emplois de l'administration publique, suivre ou devancer le
courant des sciences acquises. L'Université de Paris a rempli ce rôle
en France, dès le xiiᵉ siècle. Elle distribuait des grades, faisait des
bacheliers, des maîtres ès lois, ès arts, ès théologie, ès médecine. Elle
dirigeait l'intelligence d'une foule innombrable, rassemblée de toutes
les contrées, même de la Grèce schismatique et de l'Espagne musul-
mane ; elle répandait à pleines mains la science que lui avait léguée
l'antiquité latine, en se croyant obligée de l'ajuster assez violemment
au lit de Procuste appelé la théologie. Aristote ouvrait les portes
de la physique, de la métaphysique et de la logique ; Euclide présidait à la géométrie ; Priscien, Macrobe, Martianus Capella donnaient l'intelligence des poètes et des prosateurs profanes. Les Pères
de l'Église, Origène et Tertullien, saint Augustin et saint Jérôme,
étaient l'objet de commentaires sans fin ; Gallien et Hippocrate
régentaient les apprentis médecins ; le code de Justinien, le Digeste
et les Pandectes étaient la loi des futurs légistes. De l'Université de
Paris procédait toute science. Par elle et par ses filles établies en
Allemagne, en Angleterre, en Italie et dans nos provinces françaises, le monde chrétien était abondamment fourni de tous ses
prêtres, de tous ses médecins, légistes, avocats, et même de tabellions,
de copistes et de libraires. On lit dans les *Grandes Chroniques de
Saint-Denis* : « La fontaine de clergie, par qui sainte Église est
soutenue et enluminée, fleurit à Paris. Et comme aucuns veulent dire,
clergé et chevalerie sont toujours si d'un accord que l'une ne peut être

sans l'autre. En trois régions ont habité en divers temps. En la cité d'Athènes fut jadis le puits de philosophie, et en Grèce la fleur de chevalerie. De Grèce vinrent à Rome, de Rome sont à Paris venues, et Dieu, par sa grâce, veuille que longtemps y soient maintenues. »

Les origines de l'Université de Paris sont d'ailleurs assez obscures. Mentionnons, pour mémoire, la tradition qui attribuait à Charlemagne la fondation de cette grande corporation. Il a fallu, devant l'évidence des dates et des faits, renoncer à cette flatteuse légende. Ce qui n'est pas douteux, c'est que l'Université existait au début du xiii* siècle, avec les principaux éléments de son organisation définitive, ses facultés et ses nations, son chancelier, son recteur et ses doyens. Tout permet donc d'en placer la constitution de fait, sinon la reconnaissance officielle, aux environs de l'an 1200. Mais, avant cette date, les écoles de Paris, encore indépendantes les unes des autres, jouissaient déjà d'une célébrité européenne dont l'Université profita dès le début de son institution.

Jusqu'à la fin du xi* siècle, la réputation de l'enseignement parisien n'a rien de particulier. Paris n'est qu'une ville comme une autre, moins peuplée, moins florissante que d'autres, capitale d'un roi nominal et sans autorité. Louis le Gros monte sur le trône ; il cherche à prévaloir sur ses vassaux ; il les combat et souvent avec succès. Le peuple s'habitue à le considérer comme supérieur en droit et en puissance aux seigneurs qui l'entourent. Sa résidence profite de ce changement d'idées. Paris devient le centre de la monarchie naissante. Les hommes célèbres y viennent et y demeurent. Ils enseignent au cloître Notre-Dame, ouvrent de nouvelles écoles. Les écoliers affluent de tous les points de l'Europe. C'est une vogue étonnante qui se perpétue jusqu'à nos jours, à travers les transformations de la science, des méthodes et des institutions.

Vers l'an 1100, Guillaume de Champeaux attirait beaucoup d'étudiants à l'école cathédrale de Paris, par l'enseignement de la dialectique. On le surnommait l'Aristote de France. Nul n'aurait osé contester sa doctrine. A ses cours parut soudain, comme écolier, un jeune homme de vingt ans à peine, un Breton audacieux et éloquent, d'un charme irrésistible. C'était Pierre Abailard. Ses talents, son inconcevable mémoire, la force de sa logique, la supériorité de sa raison n'en faisaient pas un élève ordinaire, et bientôt il devint le rival de son maître. Les succès d'Abailard lui attirèrent de terribles persécutions.

ABAILARD ET SON ÉCOLE SUR LA MONTAGNE SAINTE-GENEVIÈVE, XII° SIÈCLE (FRESQUE DE M. FRANÇOIS FLAMENG, DANS L'ESCALIER
DE LA NOUVELLE SORBONNE).

Toutefois, avec alternatives diverses, malgré des retraites à Melun, à Corbeil, à Provins, — où ses disciples le suivaient, — il professa à Paris, pendant près de trente-six ans, tantôt à l'école cathédrale, tantôt sur la montagne Sainte-Geneviève, où ses cours amenaient tout un peuple d'étudiants enthousiasmés. On prétend qu'il eut jusqu'à trois mille-disciples, et qu'à certaines époques, le nombre de ses auditeurs dépassa celui des habitants de Paris. Aucune salle n'était assez grande pour contenir cette multitude. Le maître professait en plein air, dans les espaces déserts du haut de la colline, peut-être sur l'emplacement actuel du Panthéon et de la bibliothèque Sainte-Geneviève. De là, on embrassait d'un coup d'œil toute la ville, et Abailard pouvait croire que sa voix portait bien au delà du cercle de ses disciples et de ses amis, jusque dans les cœurs de ces gens du peuple et de la bourgeoisie, ignorants mais avides de la bonne parole, qu'il eût rêvé de convertir à ses doctrines indépendantes et généreuses.

Non loin du cloître Notre-Dame et à côté des cours de la montagne Sainte-Geneviève, dans un coin du vaste espace aujourd'hui occupé par la Halle aux Vins, Guillaume de Champeaux ouvrait une nouvelle école, où il espérait rétablir son prestige, ruiné par ses luttes malheureuses contre Abailard. La concurrence fut ardente entre ces deux illustres rivaux. Les cours de l'abbaye de Saint-Victor réunirent de nombreux élèves. On y enseignait la théologie avec des tendances vers le mysticisme. Quoique cet établissement ait fait beaucoup parler de lui au XIIe siècle, il ne réussit pas plus à maintenir sa réputation qu'à faire prévaloir sa méthode. Il disparut sans avoir laissé de trace.

Il existait donc à Paris, de 1100 à 1140, trois centres d'enseignement indépendants les uns des autres. Celui de la montagne Sainte-Geneviève était tout particulièrement vivant et original. Là, quiconque avait de l'ambition, du savoir et de l'éloquence pouvait ouvrir un cours et s'intituler professeur. « Abailard semble avoir inspiré à ses disciples sa passion pour l'indépendance. On avait à peine étudié qu'on se hâtait d'enseigner. Tous les jeunes gens ambitionnaient ce glorieux titre de maître qu'Abailard avait environné de tant d'éclat. Encore imberbes, ils montaient dans la chaire doctorale. On commença à craindre que cette liberté illimitée de l'enseignement ne menaçât la pureté de la foi. Tous ces maîtres rivaux cherchaient à se distinguer par des doctrines nouvelles, que les disciples recherchaient

et adoptaient avec l'enthousiasme de la jeunesse [1]. » Il était temps
d'aviser. Dans la seconde moitié du XIIe siècle, ceux qui voulurent
enseigner furent obligés d'en demander l'autorisation préalable au
pouvoir ecclésiastique. C'est ce qu'on appela *la licence* [2].

Le droit de conférer la licence fut d'abord attribué au chanoine
directeur de l'école épiscopale, qui reçut alors le nom d'*écolâtre*. Ce
droit fut contesté dès l'origine. Cependant le concile de Latran (1179)
le reconnaît implicitement aux écolâtres; il leur interdit simplement

SCEAU ET CONTRE-SCEAU DE L'UNIVERSITÉ DE PARIS (XIIIe SIÈCLE).

de vendre la licence à des aspirants indignes, ou de la refuser à ceux
qui méritent de l'obtenir.

A Paris, les fonctions de directeur de l'école épiscopale étaient
souvent exercées par le chancelier du chapitre de Notre-Dame. Il
arriva que ce dignitaire finit par retenir d'une façon permanente le
droit de collation pour toutes les écoles de Paris. Son pouvoir fut
encore augmenté par Philippe-Auguste. En 1200, ce roi exempta les
maîtres et les étudiants de Paris de la juridiction du prévôt [3] pour
les soumettre à l'officialité, c'est-à-dire à un tribunal ecclésiastique

1. Charles Thurot, *De l'organisation de l'enseignement dans l'ancienne Université
de Paris au moyen âge.*
2. *Licentia docendi* : permission d'enseigner.
3. Chef supérieur de la justice municipale et civile.

relevant de l'évêque et de son chapitre, et où le chancelier occupait une place prépondérante. La puissance du chancelier sur les professeurs et les étudiants devint dès lors exorbitante. Il avait sur eux l'ascendant moral que lui donnait son caractère sacré ; il était maître de leur donner ou de leur refuser l'autorisation d'enseigner ; il pouvait excommunier les rebelles ; enfin il les jugeait au civil et au criminel. Il ne tarda pas à abuser de cette situation ; dans les premières années du xiiie siècle, le chancelier ne tenait aucun compte des recommandations des maîtres dans la collation de la licence ; il ne l'accordait qu'en imposant des serments conformes à ses intérêts personnels ; il faisait emprisonner arbitrairement ses justiciables ; il les ruinait par des exactions et des amendes. Il eut même pendant quelque temps un cachot à lui [1].

Cette autorité despotique finit par exaspérer le corps enseignant. Des réclamations furent adressées au pape Innocent III. En 1208, ce pontife permit aux maîtres de Paris de s'associer et d'élire un syndic défenseur de leurs intérêts ; en 1209, de se donner des règlements obligatoires pour tous les membres admis dans l'association. L'Université de Paris était dès lors constituée. La nouvelle corporation commence aussitôt la lutte contre le chancelier, son tyran. En 1213, elle obtient des tempéraments à son vasselage judiciaire ; le droit de présenter des candidats à la licence, auxquels le chancelier ne pouvait refuser l'investiture ; enfin l'approbation papale pour ses règlements et ses programmes. En 1219, il est interdit au chancelier d'excommunier un membre de l'Université sans l'autorisation du Saint-Siège. En 1231, Grégoire IX arme l'Université du droit de suspendre ses cours et ses leçons si le pouvoir civil ou diocésain attente à ses privilèges ; enfin, le 30 mai 1252, Innocent IV lui accorde un sceau particulier, et, par suite, la reconnaît complètement indépendante du chancelier définitivement vaincu. La lutte avait duré quarante et un ans.

Dès cette période primitive, l'Université apparaît organisée comme elle le sera jusqu'en 1792. Sept corporations fortement unies, mais distinctes, en forment les éléments : ce sont les Facultés et les Nations.

1. Ch. Thurot, *loc. cit.*

Les Facultés étaient au nombre de quatre : *Arts, Théologie, Droit* ou *Décret,* et *Médecine.* La première était de beaucoup la plus nombreuse, la seconde la plus importante. Les Facultés de droit et de médecine furent toujours, au moyen âge, éclipsées par les deux autres.

La Faculté des arts comprenait quatre corporations, appelées *Nations.* Les maîtres et les étudiants de cette Faculté formaient la majorité de la population du quartier latin. On a été jusqu'à parler de 25 000 étudiants[1]! Tous les peuples de l'Europe étaient représentés parmi eux. Naturellement, cette foule, composée de personnes presque toutes étrangères à Paris, se groupait suivant les affinités de langue, de patois et d'origine. Il est probable que, dès le xiie siècle, les maîtres et les étudiants venus d'un même pays habitaient la même maison ou la même rue.

SCEAU ET CONTRE-SCEAU DE LA NATION
DE FRANCE (XIVᵉ SIÈCLE).

Ces associations spontanées ne tardèrent pas à prendre une forme plus régulière, pour la sauvegarde des intérêts communs.

Il y avait quatre nations : *France, Angleterre, Normandie, Picardie.*

La nation de *France* se composait de cinq tribus qui comprenaient les évêchés ou provinces métropolitaines de Paris, Sens, Tours, Reims, Bourges et tout le midi de l'Europe. Ainsi un écolier espagnol, italien ou grec, était de la nation de France.

La nation d'*Angleterre* embrassait toutes les nations du nord et de l'est étrangères à la France actuelle. Elle se subdivisait en deux tribus, les insulaires et les continentaux. En 1436, pendant la guerre de Cent

1. Ce chiffre est évidemment exagéré. Mais M. Thurot, qui ne croit pas qu'aux époques les plus florissantes le nombre des étudiants ait été supérieur à 1500, n'exagère-t-il pas en sens contraire?

ans, le nom d'Angleterre étant devenu odieux à tous les Français, on y substitua le nom d'*Allemagne*, qui prévalut.

La nation de *Normandie* n'avait qu'une tribu, correspondant à la province de ce nom.

La nation de *Picardie* en avait deux, composées chacune de cinq diocèses ; d'une part Beauvais, Amiens, Noyon, Arras, Térouanne ; d'autre part Cambrai, Laon, Tournai, Liège, Utrecht.

Nous parlerons plus loin, en détail, de l'organisation de la Faculté

AMBROISE PARÉ AU SIÈGE DE METZ (FRESQUE DE M. CHARTRAN, DANS L'ESCALIER DE LA NOUVELLE SORBONNE).

des arts, à propos de la fondation et du régime des collèges, qui attirèrent la plupart des membres de cette Faculté, professeurs et élèves. Qu'il nous suffise de dire ici qu'elle enseignait les *arts libéraux*, qui, dans notre division actuelle des études, correspondent à toutes les matières du programme de notre enseignement secondaire classique, sciences et lettres. On reconnaissait deux divisions très marquées, le *trivium* et le *quadrivium*. Le *trivium* embrassait la grammaire, la rhétorique et la dialectique ; le *quadrivium*, l'arithmétique, la géométrie, la musique et l'astronomie. Ajoutons que les élèves de la Faculté des arts pouvaient commencer leurs études avant onze ans, et les terminer à quatorze en recevant le grade de *bachelier* [1].

1. *Bachelier* vient du mot latin *baculus*, bâton. Le candidat au baccalauréat tenait en main un bâton lorsqu'il montait en chaire pour soutenir sa thèse.

La Faculté de théologie comprenait des étudiants, des bacheliers et des maîtres. Reçus bacheliers, les étudiants devenaient les répétiteurs de leurs camarades moins avancés. A trente-cinq ans, ils pouvaient passer maîtres ou docteurs après un examen non public, et une enquête minutieuse sur leur moralité et leur aptitude.

Les étudiants et les maîtres de la Faculté de théologie appartenaient soit à des collèges réguliers, soit à des collèges séculiers organisés sur le type des réguliers. Les collèges réguliers étaient de véritables noviciats pour les ordres religieux qui les entretenaient. Ceux des dominicains et des bernardins étaient surtout célèbres. Le premier compta parmi ses professeurs le célèbre philosophe Albert le Grand[1], qui fut, en 1254, chargé de plaider à Rome la cause des ordres mendiants que l'Université de Paris voulait exclure de ses rangs.

RECTEUR ET DOCTEUR DE L'UNIVERSITÉ DE PARIS (D'APRÈS UNE MINIATURE).

En 1253, un chapelain de saint Louis, Robert Sorbon, pour imiter la puissante organisation des ordres mendiants, fonde un établissement exclusivement destiné aux séculiers. Il réunit dans une même habitation quelques étudiants en théologie. Il leur assurait la nourriture. Ils durent manger à la même heure, dans une salle commune, remplir ensemble leurs devoirs religieux, et s'exercer entre eux à la dispute et à la prédication. Les étudiants de la maison de Robert de Sorbon ou, comme on l'appela depuis, de la Sorbonne portaient avec fierté le titre de *pauvres maîtres de Sorbonne*. Cet établissement devint avec le temps le centre de la Faculté de théologie. On

---

1. La place Maubert fut, à l'origine, la place Maître-Albert; ce nom Maître-Albert est d'ailleurs resté à une vieille rue du quartier Latin.

sait que le cardinal de Richelieu le reconstruisit avec magnificence et le dota généreusement.

La Sorbonne avait pour rival le collège de Navarre, situé sur l'emplacement de notre École polytechnique. Fondé par la reine Jeanne de Navarre, en 1304, il fut agrandi par Louis XI, en 1464. Le roi en était le premier boursier, et le revenu de sa bourse était affecté à l'achat de verges, destinées à la correction des écoliers. Soixante-dix boursiers étaient reçus dans ce collège, moins spécial que la Sorbonne, et où l'on pouvait faire un cours d'études complet. Néanmoins, la section des théologiens était de beaucoup la plus renommée, et la plupart des élèves avaient la ferme intention d'en faire un jour partie.

L'accord était souvent troublé entre les communautés régulières et séculières qui formaient la Faculté de théologie. Rabelais s'est joyeusement gaussé des disputes qui s'élevaient entre les docteurs de Sorbonne, et souvent pour des sujets futiles. Il s'agit de maître Janotus, envoyé auprès de Gargantua pour obtenir restitution des cloches de Notre-Dame de Paris. On lui a promis, si sa mission réussit, « une paire de chausses, et dix paires de saulcisses ». Le brave docteur a gain de cause, grâce à une mirifique harangue. « Le bon fut quand le tousseux, glorieusement, en plein acte de Sorbonne, requit ses chausses et saulcisses. Car péremptoirement lui furent déniées, par autant qu'il les avait eues de Garguantua, selon les informations sur ce faictes. Il leur remontra qué ce avoit esté *de gratis* et de sa libéralité, par laquelle ils n'estoient mie absouds de leurs promesses.

« Ce non obstant luy fut répondu qu'il se contentast de raison, et que autre bribe n'en auroit. — Raison ? dist Janotus. — Nous n'en usons point céans. — Traistres malheureux, vous ne valez rien. La terre ne porte gens plus meschans que vous estes. Je le sçay bien : ne clochez pas devant les boiteux. J'ay exercé la meschanceté avec vous. Par la rate Dieu ! j'advertirai le Roy des énormes abus que sont forgés céans, et par vos mains et menées. Et que je sois ladre, s'il ne vous fait tous vifz brusler comme bougies, traistres, hérétiques et séducteurs, ennemis de Dieu et de vertu.

« A ces mots prindrent articles contre luy ; luy, de l'autre côté, les fist adjourner. Somme, le procès fut retenu par la court et y est encore. Les Sorbonicoles, sur ce point, firent veu de ne se moucher, jusqu'à ce qu'il en fust dit par arrêt définitif. Par ces veuz, sont jusques à présent demeurés et croteux et morveux : car la court n'a pas encore bien grabelé toutes les pièces. L'arrest sera donnés ès prochaines calendes grecques. C'est à dire jamais[1].»

N'en déplaise à Rabelais et à son impitoyable caricature, la réconciliation finissait toujours par s'opérer, parce que, réguliers comme séculiers, ils avaient besoin les uns des autres. L'association était avantageuse à toutes les communautés : l'émulation des étudiants et des bacheliers était excitée par le désir qu'ils avaient de briller dans les actes publics de la Faculté, et de faire honneur à l'ordre et au collège auxquels ils appartenaient. La participation aux actes de la Faculté était d'ailleurs pour eux une occasion de se mesurer avec leurs rivaux, et un moyen de constater et de soutenir parmi eux le niveau des études[2].

Comme nous l'avons dit, les Facultés de droit

BEDEAUX ET SERGENTS DE FACULTÉS DE THÉOLOGIES, DE JURISPRUDENCE ET DE MÉDECINE DE L'UNIVERSITÉ DE PONT-A-MOUSSON (D'APRÈS UNE ESTAMPE).

et de médecine, si florissantes à Paris de nos jours, n'ont fait qu'y végéter au moyen âge. La ville de Bologne, en Italie, avait le monopole de l'enseignement du droit civil et du droit canon[3]. Toutefois, quelques professeurs se fixèrent à Paris vers la fin du XIIe siècle, et, en 1213, ils étaient considérés comme faisant partie du corps des maîtres de l'Université de Paris. Mais une décrétale du pape Honorius, rendue

1. *Gargantua*, I, 20.
2. Ch. Thurot, *Ouv. cité.*
3. Le droit canonique ou ecclésiastique est fondé sur les canons des conciles ou les décrétales des papes. Il régit encore aujourd'hui l'Église.

en 1219, limita leur enseignement au droit canon, et leur interdit celui du droit civil. La Faculté de droit était considérée comme une annexe inférieure de la Faculté de théologie. Les théologiens regardaient de haut leurs collègues, confinés dans des études trop terrestres, trop relatives à des intérêts humains.

Plus dédaignés encore étaient les médecins, dont la science incertaine et contestée semblait à bien des gens une manière de sorcellerie, une inspiration de l'esprit malin. Étudiants et professeurs étaient peu nombreux à Paris. Quiconque aspirait à guérir ses semblables allait à Salerne ou à Montpellier, où des Facultés, célèbres dans toute l'Europe, passaient pour enseigner aux adeptes des recettes et des trai-

ARMES DE L'UNIVERSITÉ
DE PARIS.

tements infaillibles contre tous les maux. Au xvie siècle seulement, la grande renommée d'Ambroise Paré donna quelque lustre à l'enseignement médical de Paris.

L'obligation du célibat fut longtemps commune à tous les membres de l'Université. En 1452 un docteur en médecine se vit contester ses droits de professeur comme ayant épousé récemment une veuve. Il y eut procès. L'affaire fut portée devant le roi Charles VII, qui reconnut aux membres de la Faculté de médecine le droit de contracter mariage. Ce fut une grande victoire pour le bon sens, mais dont ne profitèrent pas les membres des autres Facultés.

L'Université était une république essentiellement fédérative. Facultés et nations avaient leur vie propre, leur sceau, leurs finances, leurs règlements intérieurs. Chaque Faculté était administrée ou représentée par un doyen, chaque nation par un procureur. Le recteur de l'Université n'était élu que par les maîtres de la Faculté des arts, et il devait être choisi parmi eux. Il ne restait en charge que trois mois[1] et ses fonctions lui donnaient plus d'honneurs que de pouvoir. Il convoquait les assemblées des sept compagnies, — nations et Facultés, — et les présidait. C'était là tout son rôle effectif. Mais que de prérogatives honorifiques ! Jusqu'à la fin de la monarchie le recteur de l'Université fut un grand personnage. « Son entrée en fonctions, dit

____

[1] Au xve siècle les fonctions de recteur devinrent annuelles.

Chéruel, était marquée par une procession solennelle, où il paraissait accompagné des procureurs des quatre nations et des doyens des quatre Facultés[1], tous revêtus de leur costume. Le recteur lui-même portait son

SÉANCE DES DOCTEURS DE L'UNIVERSITÉ DE PARIS (D'APRÈS UNE MINIATURE DES CHANTS ROYAUX).

costume de cérémonie, qui était une robe d'écarlate violette à manches froncées, une ceinture de soie de même couleur avec des glands soie et or, un fort ruban passé en baudrier de gauche à droite d'où pendait une bourse à l'antique appelée escarcelle, en velours violet, garnie de

1. La Faculté des arts avait un doyen unique pour les quatre nations.

boutons et de galons d'or, avec un mantelet d'hermine sur les épaules
et un bonnet carré sur la tête. Des massiers ou bedeaux le précé-
daient, portant des masses d'argent. Lorsqu'un recteur mourait dans
l'exercice de ses fonctions, on lui rendait les mêmes honneurs qu'aux
princes du sang. » Il restait huit jours sur le lit de parade et le parlement venait lui donner l'eau bénite. Au-dessous du recteur, se plaçaient le syndic, le trésorier, le greffier, les bedeaux et les massiers.
Ces derniers n'étaient que des subalternes, presque des domestiques,
bons surtout à figurer dans les cérémonies publiques.

On appelait *grands messagers* certains bourgeois notables, établis
dans la capitale, qui servaient de correspondants aux nombreux écoliers venus de tous les pays de l'Europe. Accrédités par les familles,
assermentés près l'Université, ils étaient exempts du droit de garde
urbaine et partageaient les autres immunités universitaires. Ils devaient fournir aux étudiants, moyennant caution, l'argent dont ceux-
ci avaient besoin, et veiller à leurs nécessités. Le nombre des *grands
messagers* était limité à un seul par diocèse. Ils avaient sous leurs
ordres et sans nombre *petits messagers* ou simples *facteurs*, qui,
sans cesse en route, portaient et reportaient continuellement de Paris à
l'extérieur et de l'extérieur à Paris, les lettres, missives et autres
envois intéressant les professeurs et les élèves[1].

L'Université réglementait souverainement et sans contrôle toutes
les industries qui se rattachaient à la librairie, et qui n'avaient à Paris
d'autre débouché que cette population de maîtres et d'étudiants. Mais,
d'autre part, les clients de l'Université — libraires, parcheminiers,
papetiers, relieurs, enlumineurs — étaient admis à la jouissance
de ses privilèges en matière d'impôts et de charges municipales. Les
libraires n'étaient considérés que comme les entrepositaires des
volumes qu'ils vendaient. Les copistes déposaient leurs livres chez eux.
Les titres et les prix devaient être affichés sur la boutique. Le libraire
prélevait un droit de 4 deniers pour livre parisis sur le prix de vente:
il n'avait droit d'acheter un ouvrage pour son compte qu'après l'avoir
gardé un mois à la disposition des maîtres et des écoliers. Le commerce du parchemin était particulièrement surveillé. Il ne pouvait
en être vendu qu'à la foire du Lendit, près Saint-Denis, où les éco-

1. Vallet de Viriville, *le Moyen âge et la Renaissance : Universités, collèges,
écoliers.*

tous la même résistance à ce qu'on n'y mît aucune entrave[1]. Tous les efforts qu'on fit à cet égard demeurèrent infructueux. Le principal de Sainte-Barbe ayant voulu l'interdire dans son collège, ses ordres furent méprisés par les régents, qui, à la tête de leurs élèves, forcèrent les portes de la maison pour célébrer la solennité accoutumée. Il fallut bien des règlements, bien des arrêts, avant que l'Université pût se déterminer à l'abandonner.

Ces privilèges exorbitants conférés à l'Université ont-ils été compensés par les services qu'elle a rendus ? Cela n'est pas douteux. Ce grand corps a contribué plus que tout autre à la renaissance de la civilisation. Il a aimé l'étude, il en a propagé le goût. Il a représenté la cause de l'esprit, et il a soutenu cette cause, au milieu d'une société que la force brutale dominait et terrorisait. Mais il a eu de grands défauts. Forcé de s'appuyer sur la tradition pour assurer son existence, il s'y est attaché trop servilement. Constitué pour assurer l'indépendance de la pensée, il a enchaîné la pensée au dogme de l'autorité en littérature, en sciences, en philosophie. Il a érigé Aristote en tyran des esprits, et, de ce grand philosophe, il n'a connu et compris qu'un traité accessoire, une œuvre de pure logique, une méthode formelle, ingénieuse mais stérile, l'*Organon*, devenu le *Credo* laïque et impératif. L'Université de Paris a été un corps fermé, hostile au progrès, inhospitalier à la foule. Elle s'est créé une langue à part, une sorte de latin barbare et hérissé, qu'elle a imposé à tous ses sujets, se séparant et les séparant ainsi du reste des hommes. Elle a été punie par sa décadence. Après avoir conduit le mouvement des esprits, elle l'a suivi, puis contrarié. Elle n'est plus, au xvie siècle, qu'une institution surannée, objet des moqueries méritées des Érasme, des Montaigne et des Rabelais. Quand nous la retrouvons au xviie siècle, elle a perdu son caractère d'école suprême d'enseignement supérieur. Elle n'est plus qu'une réunion de régents de collège, honnêtes mais médiocres, parmi lesquels le bon Rollin paraît un aigle, tous incapables d'une œuvre originale ou d'une initiative hardie.

Malgré tant de vices inhérents à son institution même, l'Université de Paris a brillé d'un incomparable éclat, et cet éclat a rejailli sur

1. Dubarle, *Histoire de l'Université de Paris*. — Les *monômes* fameux des candidats à Polytechnique et à Saint-Cyr ne sont-ils pas comme une réminiscence de la procession du Lendit?

Paris et sur la France. Notre patrie doit à cette corporation célèbre la
gloire d'avoir marché, pendant tout le moyen âge, à la tête des nations
civilisées, d'avoir sans rivalité, pendant trois siècles, exercé sur elles
un ascendant intellectuel reconnu par tous les contemporains. Même
quand des institutions rivales se furent établies en France et dans les
autres contrées de l'Europe, l'Université de Paris garda sa préséance
et sa force d'attraction. On l'admirait tant qu'on l'imita partout, dans
l'organisation de ses cours et de ses examens, dans la hiérarchie de
ses grades et de ses dignitaires. Quelles qu'aient été plus tard la
gloire et l'originalité des Universités rivales, elles n'ont été, à l'origine, que les satellites de l'Uni-
versité de Paris, créées d'abord
pour la suppléer, ensuite pour
lui faire concurrence en la co-
piant. Au xiiie siècle, c'est Toulouse, Montpellier, Oxford, Cam-
bridge, Salamanque, Padoue ;
au xive siècle, Avignon, Cahors,
Grenoble, Angers, Orange, Pise,
Florence, Prague, Sienne, Hei-
delberg, Genève ; au xve siècle,
Bâle, Poitiers, Caen, Bordeaux,
Valence, Nantes, Bourges, Leip-
zig, Louvain, Saragosse, Upsal,

DOCTEURS DE L'UNIVERSITÉ D'OXFORD
(XVIIe SIÈCLE).

Alcala ; au xvie siècle enfin, Reims, Douai, Pont-à-Mousson, Wittenberg,
Séville, Kœnigsberg, Iéna, Leyde, Édimbourg.

« Au xiiie siècle, dit M. Thurot, la papauté et l'Université étaient
considérées comme deux institutions corrélatives. Un seul pape pour
maintenir l'unité de l'autorité religieuse ; — une seule Université pour
maintenir l'unité en matière de doctrine : telle était l'opinion du
temps. » Pendant le grand schisme d'Occident, lorsque l'Université de
Paris se fut prononcée pour les papes d'Avignon, les papes de Rome
furent bien aises de lui créer des rivales à leur dévotion, dans les pays
soumis à leur domination spirituelle. De là naquirent les grandes
Universités d'Allemagne et d'Angleterre, qui finirent par enlever à
celle de Paris toute une partie de sa clientèle.

Mais si les Universités étrangères purent se déclarer entièrement et justement indépendantes de la grande corporation parisienne, il n'en fut pas de même des Universités françaises. Sauf Montpellier, dont la Faculté de médecine éclipsait celle de Paris, jamais nos institutions provinciales ne purent songer à se mettre sur le rang de la « Fille des Roys ». Toutes eurent leur moment de prospérité et d'éclat, moment bientôt passé. On en vint, au xviiie siècle, à contester leur utilité. On les accusait de donner trop facilement les grades pour attirer les étudiants, et de vendre les diplômes aux plus offrants. Ces reproches étaient malheureusement trop fondés. A la fin de l'ancien régime, l'Université de Paris, même surannée, même caduque, paraissait encore le dernier refuge en France des bonnes traditions de l'enseignement. Ses collèges, ses cours supérieurs de théologie et de droit, attiraient l'élite de la jeunesse provinciale. En somme Napoléon fit-il autre chose que la ressusciter en l'agrandissant ?

CHAPITRE VII

LES ÉTUDIANTS LIBRES

Rudesse du régime imposé aux étudiants: les cours de la rue du Fouarre. —
Privilèges exorbitants. — Luttes continuelles entre l'Université et les Prévôts.

L'étudiant du moyen âge, comme celui de nos jours, avait à Paris un
quartier nettement circonscrit. L'Université ou Pays latin comprenait
tout l'espace qui s'étend aujourd'hui, sur la rive gauche de la Seine,
entre le palais de l'Institut, l'Odéon, la place du Panthéon, l'École
polytechnique et la halle aux vins. En dehors de ce domaine urbain,
l'étudiant était encore chez lui dans le *Pré-aux-Clercs*, longue bande
de prairies et de jardins, agrémentés de guinguettes, qui allait de la
rue Bonaparte à l'esplanade des Invalides. Le centre des études fut
d'abord la rue du Fouarre [1], qui existe encore, mais tronquée et déna-
turée, non loin de la place Maubert. Là se trouvaient les écoles, ou
plutôt les salles de cours, pauvres réduits étroits et malpropres,
dont on payait fort cher le loyer, et où les écoliers s'entassaient sans
souci des lois les plus élémentaires de l'hygiène. Ces salles étaient
louées par les nations. Le mobilier était rudimentaire : une chaire
à estrade et un pupitre pour le maître. Les écoliers s'asseyaient à
terre, l'été sur le sol nu, l'hiver sur une jonchée de paille pourrie
qu'on ne renouvelait pas souvent dans la saison. Vers le xvᵉ siècle
on parla d'introduire des bancs. Mais ce luxe corrupteur fut repoussé
par les autorités scolaires et ecclésiastiques. On maintint les écoliers
accroupis sur le sol, pour leur éviter toute tentation d'orgueil. Il
fallait, dans cette posture, prendre des notes sur la leçon orale du
maître. On ne se levait que pour répondre à une question ou pour
argumenter.

N'oublions pas cependant une condescendance extraordinaire du

1. Le nom de cette rue vient du mot *feurre*, paille. Nous rappelons plus loin que
l'hiver, les salles de classe étaient jonchées de paille.

pouvoir pour la commodité des étudiants. En 1403, l'Université est autorisée à clore la rue du Fouarre par une barrière, pour que le bruit des voitures ne troublât par les exercices. Un porte-clefs, fonctionnaire officiel, ouvrait et fermait cette barrière.

Ces pauvres jeunes gens — ces enfants, car il y en avait de douze et treize ans ! — arrivaient là, dans ces taudis, les yeux gonflés de sommeil, car les cours commençaient à l'heure où se lèvent, de nos jours, dans les internats, les grands collégiens. Passe encore l'été; mais l'hiver, trempés de neige ou de pluie, les mains et les pieds glacés, ils étaient obligés d'écouter — immobiles — de longues leçons sur les sujets les plus arides et les plus abstraits. Nous verrons tout à l'heure ce que fut l'enseignement dans les collèges, héritiers des écoles de la rue du Fouarre; nous n'en parlerons donc pas ici. Qu'il nous suffise de dire que les programmes, que la durée des leçons font frémir. On s'indigne des fatigues imposées à cette jeunesse, pour laquelle on n'avait pas de pitié. Et ce qui passe l'imagination, c'est que la soif d'apprendre fut plus forte que les dégoûts sans nombre dont on entourait la science; que plus on rudoyait les écoliers, plus ils affluaient; que ni les coups, ni les privations, ni les études rebutantes ne lassaient la patience de cette jeunesse résolue au martyre pour la conquête du savoir. Mais qui nous dira les victimes de ce régime inhumain, ceux qui moururent de faim, de froid ou de consomption dans ces hideux galetas où ils couraient s'enfermer au sortir des cours, pour repasser la leçon du jour et préparer celle du lendemain? Les bourgeois du quartier les logeaient et les entassaient à plusieurs dans des chambrées infectes, sans air et sans lumière, et leur demandaient des prix excessifs. Le pape Innocent IV entreprit de taxer les loyers. Il obtint de saint Louis (1244) que quatre arbitres fixeraient le prix des logements. La décision des arbitres était imposée aux propriétaires. Toute contravention entraînait l'interdiction de la maison. Mais on ne manquait pas d'expédients pour tourner le règlement. Certains maîtres, honte de la corporation, accaparaient des logements sous un prête-nom, et les sous-louaient à un taux plus élevé. Jamais on ne put réussir à extirper ces abus abominables.

Les maîtres de cette espèce n'existaient, empressons-nous de le dire, qu'à l'état d'exception. Généralement les relations entre les professeurs et leurs disciples étaient familières et cordiales. Les étudiants s'attachaient ordinairement à un maître de leur pays, qui devenait, en dehors des cours, leur directeur et leur répétiteur. Ils logeaient dans la même maison que lui, mangeaient à la même table, se faisaient parfois ses serviteurs. Le maître avait de l'affection pour ses jeunes commensaux, ses compatriotes. Il les soignait dans leurs maladies, et, parfois, les surveillait dans leur conduite. On prétend souvent qu'il prenait part aux désordres de ceux qu'il aurait dû retenir. Pas trop de sévérité à cet égard ! La différence d'âge, de condition, était bien légère entre disciples et maîtres. Combien, parmi ceux-ci, atteignaient

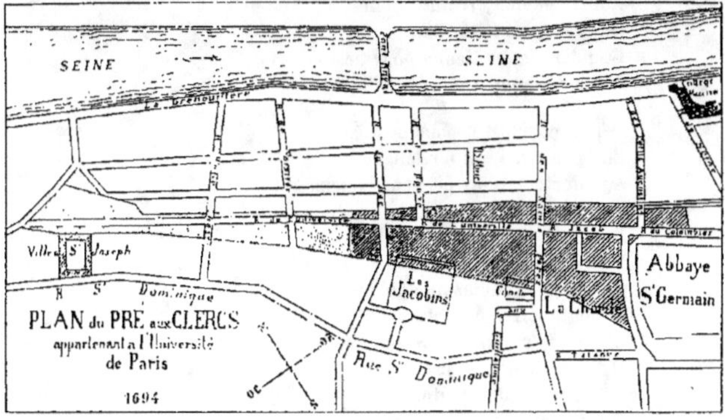

PLAN DU PRÉ-AUX-CLERCS (XVIIᵉ SIÈCLE).

tout juste les vingt et un ans réglementaires ? Leur était-il aisé de garder les distances, avec des jeunes gens à peine moins âgés qu'eux, se destinant à la même carrière ?

Les riches étaient rares dans ce petit monde. Quelques heureux recevaient de leur famille une maigre pension. Ceux-là pratiquaient, au besoin, l'art d'attendrir leurs parents récalcitrants, et d'en tirer quelque argent sous de fallacieux prétextes. Écoutez ces vers d'Eustache Deschamps [1], élève de l'Université d'Orléans, qui dut avoir de nombreux émules à l'Université de Paris :

> Très cher père, je n'ai denier,
> Et si fait à l'étude cher.

____
1. Poète du XIVᵉ siècle.

Je ne saurais étudier
Dans mon *Code*, dans mon *Digeste*,
Caduques sont. Je dois, de reste,
De ma prévôté, dix écus,
Et ne trouve homme qui me preste,
Je vous mande argent et salus.

Trop faut[1], qui est étudiens,
Et son fait veut bien avancer.
Il faut que son père et les siens,
Lui baillent argent sans danger.
Pourquoi cause n'ait d'engager
Ses livres. Ait finance preste,
Robes, pannes, vesture honneste,
Ou il sera un malotrus.
Et qu'on ne me tienne pour beste,
Je vous mande argent et salus.

Très cher père, pour m'alléger
En la taverne, au boulanger,
Aux docteurs, aux bedeaux conclus,
Vins sont chers, hôtels, autres biens.
Je dois partout. J'ai grand métier
D'être mis hors de tels liens.
Cher père, veuillez-moi aider.
Je doute l'excommunier,
Cité suis; n'ai os ni areste.
D'argent n'ai devant cette feste
De Pasques, du moutier exclus
Serai : octroyez ma requeste.
Je vous mande argent et salus.

Et pour mes collectes payer
A la burresse et au barbier.
Je vous mande argent et salus.

Les pauvres parents se ruinaient à payer les folies de leurs fils. Le poète Rutebeuf[2] les plaint amèrement : « Eh quoi ! un pauvre paysan vendra le peu qu'il possède, se condamnera même à la misère afin d'envoyer son fils à Paris, dans l'espoir qu'il y gagnera gloire et bénéfices; et loin de suivre les vœux de sa famille, l'enfant se mêlera de faire le guerrier, s'enivrera et passera le reste du temps à guetter dans la rue les femmes folles; puis, quelques vauriens feront battre quatre

1. Il faut entendre : Trop de choses font défaut à celui qui est étudiant, etc...
2. Dans le *Diz de l'Université de Paris*.

cents écoliers; mais si les plus sages veulent travailler, il leur sera
défendu de rien écouter, et ils finiront par faire avec les mauvais cause
commune. Ainsi les écoles, au lieu de réformer les mœurs, seront un
nouvel élément de perdition. »

Les écoliers à leur aise, comme ceux dont parlent Eustache
Deschamps et Rutebeuf, n'abondaient pas au quartier Latin. Les habitants de cette région savante étaient pauvres, mais pauvres à faire
pitié aux truands de la cour des Miracles. Beaucoup mendiaient leur
pain, sans croire déroger pour si peu. En ces temps lointains, la
mendicité n'était pas interdite. On voyait de faméliques écoliers
s'attrouper aux portes des collèges, où, chaque jour, on leur distribuait les restes de la table des boursiers. Que pouvaient bien être ces
restes? C'est un problème insoluble pour quiconque connaît le régime
de *Montaigu* et des autres maisons universitaires. Enfin de pauvres
diables vivaient de ces misérables débris. C'étaient sans doute aussi
ceux-là, qui se couvraient des vieux habits de leurs maîtres, et se
chaussaient de leurs souliers de rebut : ceux-là qui, pour gagner de
quoi vivre et étudier, se faisaient copistes aux gages des libraires,
balayeurs, ramasseurs de miettes et d'ordures, porteurs d'eau bénite
dans les maisons particulières. C'est l'un d'eux, qui, sur le point de
mourir, voulant laisser à son camarade de quoi faire au moins une
aumône pour le salut de son âme, ne trouve à lui donner que sa
chaussure. Les plus heureux entraient au service d'un collège, d'un
étudiant ou d'un professeur. Honneur à ces héros anonymes, prêts à
toute souffrance pour recueillir une bribe de latin ou quelque argument
subtil. Ils furent légion. Leur sacrifice étonne quand on songe au
néant de cette science qu'ils mettaient à si haut prix.

Mais qu'on ne vienne pas s'indigner des désordres qu'ils commet-
taient aux jours de fête et de ripaille, quand chômaient les cours de
la rue du Fouarre, et qu'ils se répandaient, oublieux des misères de la
veille et du lendemain, à travers les rues tortueuses du Pays latin.
Gare aux bourgeois, race ennemie, qu'ils rencontraient sur leur chemin! C'était pour eux plaisir et justes représailles d'inventer quelque mauvais tour contre l'exploiteur qui les rançonnait, leur vendait
le plus cher possible une nourriture équivoque et un abri probléma-
tique. Le faire trébucher, lutiner sa femme et sa fille, le réveiller après
le couvre-feu, parfois même le rouer de coups, passe-temps délicieux

pour un étudiant en congé ! Mais attendait-on les jours de congé pour inaugurer ces jeux malfaisants ? La tradition prétend que non. Les étudiants pratiquaient l'école buissonnière, couraient les cabarets, les tripots, de plus mauvais lieux encore; faisaient-ils pis que nos jeunes contemporains? On a le droit d'en douter. Mais ils avaient affaire à des juges moins indulgents qui s'indignaient de ce qui nous fait sourire. La moindre peccadille faisait rougir les graves docteurs, moines ou théologiens, qui ont écrit la chronique de ces temps lointains.

L'étudiant du moyen âge allait loin cependant en ses jours de liesse ! Ce mendiant se faisait voleur à l'occasion et même assassin. Des bandes de mauvais garçons (ainsi nommait-on ces irréguliers du Pays latin) se postaient le soir sous les auvents des boutiques, dans les recoins des culs-de-sac ténébreux, et, de là, sautaient à la gorge des passants attardés. Sans aller jusqu'à jouer du couteau, le poète Villon fut souvent mêlé à cette société peu édifiante. Il y faillit gagner (comme il dit) une cravate de chanvre, et ses rêves furent troublés par la vision sinistre du gibet de Montfaucon. Il s'en tira, peu importe comment. Le danger le fit réfléchir. Il se repentit sincèrement de ses égarements passés.

> Bien sçay si j'eusse étudié
> Au temps de ma jeunesse folle,
> Et à bonnes mœurs dedié,
> J'eusse maison et couche molle !
> Mais quoy ? Je fuyoye l'escolle,
> Comme faict le mauvays enfant...
> En escrivant cette parolle,
> A peu que le cueur ne me fend.

> Où sont les gratieux gallans
> Que je suyvoye au temps jadis,
> Si bien chantans, si bien parlans,
> Si plaisans en faicts et en dicts?
> Les aucuns sont morts et roydiz;
> D'eux n'est-il plus rien maintenant.
> Respit ils ayent en paradis,
> Et Dieu sauve le remenant.

Ce fin poète, peu scrupuleux, avait le grade de maître ès arts, qui ne lui valait pas ferme en Beauce. Aussi, dans son *Petit Testament,*

ÉDUCATION DE SAINT LOUIS (FRESQUE DE CABANEL, AU PANTHÉON).

le lègue-t-il à ses anciens camarades de jeunesse et compagnons de
misère :

> Item ma nomination,
> Que j'ay de l'Université,
> Laisse par résignation,
> Pour forclore [1] d'adversité
> Paouvres clercs de ceste cité;
> Soubz cest *intendit* contenuz:
> Charité m'y a incité,
> Et Nature, les voyant nudz.

Ce qui aggravait les désordres des écoliers, c'était la protection que
leur accordait toujours l'Université, forte des privilèges accordés par
Philippe-Auguste, voici dans quelles circonstances [2]. En 1200, un gentilhomme allemand, étudiant à Paris, envoya son domestique acheter
du vin dans un cabaret. Ce domestique y fut maltraité. Pour le venger,
quelques étudiants allemands frappèrent si bien le cabaretier, qu'ils
le laissèrent pour mort. Les bourgeois du quartier s'assemblent pour
venger leur voisin, attaquent le gentilhomme allemand et ses compatriotes, et le tuent dans une rixe, lui et cinq écoliers. Le prévôt de
Paris avait encouragé les bourgeois. L'Université s'en plaignit au roi
Philippe-Auguste, qui, sans autre information, fit arrêter le prévôt
et ses suppôts, raser leurs maisons, arracher leurs vignes et leurs
arbres fruitiers. Le prévôt fut en outre condamné à une prison perpétuelle, malgré l'intervention des écoliers eux-mêmes, qui, pour
toute peine, demandaient que les coupables fussent fustigés dans les
écoles.

Cet événement porta Philippe-Auguste à témoigner ses dispositions
bienveillantes envers les étudiants. Par une ordonnance de 1200, ce
roi étendit aux écoliers le privilège dont jouissait déjà l'Église, d'être
soustraits à la justice séculière dans les causes criminelles. « Il enjoignit à tous les bourgeois de dénoncer et même d'arrêter tous ceux
qui frapperaient un écolier ; la demeure de ceux-ci fut déclarée
inviolable par la justice civile; le même privilège fut accordé à leurs
serviteurs, et on priva ceux qui seraient accusés par eux du droit de
se défendre ou par l'épreuve de l'eau, ou par le combat judiciaire;

1. *Forclore*, délivrer.
2. La plupart des récits qui terminent ce chapitre sont empruntés à l'*Histoire de
Paris*, de Dulaure.

enfin, pour assurer l'exécution de cette fameuse ordonnance, il fut prescrit à tous les prévôts de jurer, lors de leur entrée en charge, en présence de l'Université elle-même, l'observation de ces privilèges. Longtemps ces privilèges et cet usage subsistèrent ; mais ils finirent par avoir le sort de toutes les institutions qui ne sont pas fondées sur une justice réciproque, et qui tendent à rompre l'égalité qui doit exister entre tous les citoyens ; ils tombèrent en désuétude, et en 1592, M. de Villeroi fut le dernier prévôt qui prêta le serment[1]. »

Ces immunités véritablement exorbitantes eurent les conséquences les plus funestes, et pour la bonne discipline de l'Université, et pour la tranquillité des Parisiens. Du XIIIᵉ au XVIᵉ siècle, les chroniques sont remplies du récit des désordres commis par les écoliers. Ce qui choque surtout, c'est l'indulgence des maîtres pour les méfaits de leurs disciples : ils les soutiennent dans leurs pires excès, et, quand ils veulent bien les punir, les châtiments infligés sont dérisoires. Les écoliers reçoivent le fouet, quand ils auraient mérité la corde. On aurait l'intention de les encourager qu'on ne s'y prendrait pas autrement. Quelques faits plus saillants que les autres attesteront et l'audace des délinquants, et la tolérance des autorités universitaires.

En 1221, ont lieu quelques désordres sans importance. En 1223, les choses tournent au tragique. A la suite d'une querelle entre les étudiants et les habitants de leur quartier, trois cent vingt étudiants furent tués et jetés en Seine. L'Université porta ses doléances jusqu'au pape, et, pour la première fois, elle ferma les écoles en attendant d'avoir obtenu une éclatante réparation.

En 1225, les écoliers assiègent et pillent la maison du légat, qui avait rompu le sceau que le recteur avait osé employer, au mépris des prétendus droits du chancelier de Notre-Dame.

En 1229, deux écoliers entrent dans un cabaret du faubourg Saint-Marceau, se font servir le meilleur vin, et refusent de payer. De là disputes, injures et coups. Les gens du quartier interviennent, frappent et blessent les écoliers. Ceux-ci, le lendemain, reviennent accompagnés de leurs camarades, envahissent le cabaret, brisent tout, répandent dans les ruisseaux le vin qu'ils n'ont pas pu boire. Excités par l'ivresse, ils parcourent les rues voisines, s'en prenant à

---

1. Dubarle, *Histoire de l'Université de Paris*. D'après d'autres historiens ce serment aurait été prêté jusqu'en 1643.

tous les passants. Quelques paisibles bourgeois y laissèrent la vie. On prévient le prévôt. Ses archers fondent sur les écoliers et en tuent quelques-uns. L'Université alors interrompit ses exercices ordinaires, demanda réparation, ne l'obtint pas, et cessa entièrement ses cours. Deux années entières s'écoulèrent, et les écoles ne se rouvrirent qu'en 1231.

En 1251, en 1252, nouvelles rixes, également suivies de la suspension des leçons. En 1278, Gérard de Moret, abbé de Saint-Germain des Prés, fait bâtir quelques murailles le long du chemin qui conduit au Pré-aux-Clercs. Les écoliers les démolissent, sous prétexte qu'on a rétréci la route. L'abbé fait sonner le tocsin, rassemble les domestiques et les tenanciers de l'abbaye, leur ordonne d'attaquer les démolisseurs. La mêlée fut sanglante. Quelques écoliers furent emprisonnés dans les cachots de l'abbaye, d'autres blessés à mort, d'autres estropiés pour la vie. L'abbé et les religieux de Saint-Germain durent faire amende honorable à l'Université. Ce n'est là qu'un épisode des interminables débats entre l'Université et la puissante abbaye, débats causés par la mitoyenneté du Pré-aux-Clercs et des domaines du couvent.

En 1304, un clerc ou étudiant, nommé Pierre le Barbier, convaincu d'assassinat, fut arrêté, jugé et pendu par les ordres du prévôt de Paris. Cet acte de justice causa un soulèvement général dans l'Université. Par une sentence du 7 septembre, l'official de Paris, devant qui aurait dû être déféré le coupable, ordonna, sous peine d'excommunication, à tous les curés de Paris, archiprêtres, chanoines, de se trouver le lendemain à l'église de Saint-Barthélemy. Là se forme une procession. Le clergé, l'Université investissent la maison du prévôt. Une grêle de pierres frappe les portes et les fenêtres. Un anathème est lancé : « Retire-toi, retire-toi, maudit Satan, fais réparation d'honneur à ta mère l'Église, que tu as déshonorée et blessée dans ses privilèges ; puisses-tu, si tu ne répares pas ton crime, être enseveli tout vivant avec Dathan et Abiron ! » La formule d'excommunication suit cet anathème. Puis on va demander au roi la mort du prévôt. Philippe le Bel dut transiger. Il fut convenu que le prévôt perdrait sa place, irait à pied demander au pape l'absolution de son excommunication ; qu'il baiserait la bouche de l'écolier pendu, fonderait deux chapelles, et payerait de fortes amendes. A ces condi-

ALBERT LE GRAND AU COUVENT DE SAINT-JACQUES,
D'APRÈS LA FRESQUE DE M. LEROLLE, A LA NOUVELLE SORBONNE.

tions, l'Université voulut bien consentir à laisser vivre le prévôt, et à reprendre ses cours.

Cette lutte contre les prévôts se renouvelle sans cesse. Ceux-ci n'hésitent jamais à harceler leur redoutable ennemie. L'un d'eux, Hugues Aubriot, avait fait creuser dans la prison de la ville, au Petit-Châtelet, deux cachots qu'il appelait par dérision l'un, le clos Bruneau [1], l'autre, la rue du Fouarre. L'Université saisit le premier prétexte venu pour l'accuser devant l'official d'impiété, d'hérésie et de débauche. Aubriot fut condamné à la prison perpétuelle. Mais le peuple le délivra pendant la sédition des Maillotins, et lui permit de s'enfuir en Bourgogne.

La cause des querelles est presque toujours la même : quelque rixe des écoliers avec les habitants ou les gens du prévôt. Cependant, en 1404, les adversaires sont les pages de Charles de Savoisy, chambellan du roi. Ils ont maltraité les étudiants pendant une procession. Les cours cessent. Gerson se plaint au parlement, le roi étant malade : « La Fille du Roy [2], dit-il, ne peut, de présent, avoir accez à sa royale personne ; elle est comme orpheline, » il faut donc s'adresser à « cette cour très honorable de parlement, ce sénat de pères conscripts, où repose, sans muer et défaillir, la royale authorité. » Savoisy, qui avait pris fait et cause pour ses pages, vit sa maison démolie et paya d'énormes amendes. Les pages furent exilés après avoir été fouettés de la main du bourreau. L'Université, personne rancunière, n'autorisa la reconstruction de la maison que *cent douze ans* après la condamnation. Encore le nouvel édifice dut-il porter l'inscription suivante : « Cette maison de Savoisy, en l'an 1404, fut démolie et abattue par arrêt, pour certains forfaits et excès commis par messire Charles de Savoisy, chevalier, pour lors seigneur et propriétaire d'icelle maison, et ses serviteurs, à aucuns suppôts et escholiers de l'Université de Paris, et a demeuré démolie et abattue l'espace de cent douze ans, jusque ce que ladite Université, de grâce spéciale et pour certaines causes, a permis la réédification d'icelle en l'an 1517. »

Trois ans après, le prévôt de Paris, Guillaume de Tignonville, fait

1. Le clos Bruneau, quartier bâti sur la place d'anciennes vignes situées aux environs de la place Maubert, était rempli d'hôtels et de pensions pour les étudiants.

2. C'était le surnom officiel de l'Université.

arrêter et pendre deux écoliers ou plutôt deux bandits. L'Université ferma pendant quatre mois toutes ses maisons. Le parlement dut céder. Tignonville, destitué de ses fonctions, alla en personne détacher du gibet les deux écoliers, et les baisa sur la bouche ; on les plaça ensuite dans une charrette ; le bourreau revêtu d'un surplis la conduisait, le prévôt la suivait ; tous deux vinrent ainsi restituer les cadavres à l'Université, qui les fit inhumer solennellement. Une épitaphe, placée sur leur tombeau, affirmait une fois de plus les droits de l'Université[1] :

« Ci-dessous gisent Léger du Moussel et Olivier Bourgeois, jadis clercs escholiers étudiant en l'Université de Paris, exécutés à la justice du roy, nostre syre, par le prevost de Paris, l'an 1407, le vingt-sixiesme jour d'octobre. Lesquels, à la poursuite de l'Université, furent restitués et amenés au parvis Nostre-Dame, et rendus à l'évesque de Paris, comme clercs, et au recteur de l'Université, comme supposts d'icelle... Et furent lesdits prevost et son lieutenant démis de leurs offices. »

Après les prévôts, les grands ennemis de l'Université furent les moines de l'abbaye de Saint-Germain des Prés. Nous connaissons déjà

POÈTE ALLEMAND DU XIIIe SIÈCLE.

un épisode de la lutte et des procès sans issue, qu'entraînait la mitoyenneté du Pré-aux-Clercs, possession de l'Université, et des domaines de l'abbaye. Les dernières batailles, et les plus violentes, eurent lieu au XVIe siècle, lorsque l'Université se décida à vendre ces terrains du Pré-aux-Clercs. A cette époque, il y eut encore des contestations pour le bornage. Les religieux perdirent leurs procès, mais

1. Alfred Franklin, *Écoles et colléges*.

obtinrent cependant quelques coins de terre, sur lesquels ils firent
bâtir des maisons ayant vue sur le fameux Pré. Ces maisons offus-
quaient le Pays latin. Des coups de fusil partis un soir (1557) de l'une
d'elles, vinrent frapper un écolier et un avocat qui se promenaient.
Toute la jeunesse des écoles s'émut de ce forfait ou de ce malheur;
elle s'arma, et, malgré la présence des archers, incendia les maisons,
premier objet de sa colère.

Le parlement n'hésita pas, fit élever une potence au milieu du
Pré, et pendre un écolier nommé Coquastre dont le corps fut ensuite
brûlé.

L'irritation des étudiants se manifesta par des placards menaçants.
Le parlement répondit en défendant les attroupements et le port des
armes, sous peine de la pendaison *sans figure de procès*. Les portes des
collèges durent être fermées à six heures; toutes les fenêtres donnant
sur la rue murées. L'Université ne tint compte de l'arrêt. Le parlement
s'entêta. Le lieutenant criminel et le lieutenant civil furent chargés
de réduire les rebelles. Il y eut dans la rue de La Harpe une collision
sanglante et malheureuse pour les gens de justice, qui durent
s'enfuir après avoir perdu une partie de leur escorte. Henri II,
alors en Picardie, s'émut de tout ce bruit; il menaça l'Université
d'envoyer des troupes contre elle, et lui annonça, en cas de
résistance, un châtiment de « perdurable mémoire ». En outre, il
mit le Pré-aux-Clercs sous séquestre, et en interdit l'entrée à tout
membre de l'Université. Il ordonna l'internement de tous les écoliers
français dans les collèges, et le départ des écoliers étrangers. Après
une dernière résistance, l'Université s'humilia, et obtint du roi la
révocation des ordres sévères qu'il avait donnés.

Ici s'arrête l'interminable série des séditions universitaires. Nous en
avons passé un grand nombre. Elles nous font connaître ce que fut,
en dehors des collèges, la vie des étudiants parisiens, vie d'étude, de
misère et de turbulence, vie joyeuse cependant et chère à la mémoire
de ceux qui l'avaient menée. On aime les lieux où l'on a été jeune, et
le Pays latin, avec ses bouges infects, ses rues sans air, ses collèges
misérables, devenait un Eldorado pour ceux qui l'avaient quitté et qui
vivaient au loin, au fond de l'Écosse, du Brandebourg ou de la Hon-
grie. Quand plus tard d'anciens camarades se rencontraient loin des
bords de la Seine, ils évoquaient les bons tours d'autrefois, et leur

mot d'ordre était : *Nos fuimus simul in Garlandia!* « nous avons été ensemble dans le clos Garlande[1] ». Tous, même les plus illustres, aimaient à rendre justice à la science et à la vertu des maîtres qu'ils avaient connus. C'est ainsi que Dante, qui vint à Paris vers 1301 — étudiant amateur plutôt qu'écolier, — place en bon lieu dans son *Paradis* (ch. X) « l'éternelle lumière de Siger, qui, rue du Fouarre, par des syllogismes, excita l'envie de ses contemporains ».

1. C'est sur l'emplacement de ce clos que fut tracée la rue Galande actuelle, un des rares débris, maintenant tronqué, du vieux Paris universitaire.

CHAPITRE VIII

LES COLLÉGES

I. — Fondation des collèges et des pédagogies. — Disparition des cours de la rue du Fouarre.

Le désir de soustraire les étudiants aux misères et aux dangers de la vie libre à Paris, à la rapacité des bourgeois, aux séductions de toutes sortes, inspira à quelques personnes charitables l'heureuse idée de réunir ceux d'une même province ou d'un même diocèse dans de petites communautés, où, par des donations et des legs, elles leur assuraient le logement et la nourriture[1]. Ces groupements d'étudiants, appelés collèges, ne ressemblaient en rien aux établissements qui portent maintenant ce nom. C'étaient de véritables hospices, destinés à recevoir les étudiants comme on recevait les pèlerins dans certaines maisons de charité. Un maître gouvernait la communauté, élu par elle, et prenait le titre de régent ou principal. Tous les élèves étaient boursiers. Mais que les bourses étaient maigres ! Les fondateurs, pauvres eux-mêmes, ou ne sachant pas calculer leurs munificences, n'assuraient pas même le nécessaire à leurs protégés.

Tel ce Pierre Fortet d'Aurillac, fondateur du collège qui portait son nom, et dont il subsiste encore de curieux débris en haut de la rue des Sept-Voies. Voici les clauses principales du testament par lequel il faisait connaître ses volontés : «... En outre je veux et j'ordonne qu'on fonde un collège pour huit boursiers dans une des trois maisons que je possède à Paris, dans la rue des Cordeliers, près des

---

1. La plus ancienne de ces communautés, celle des *Daces* ou Danois, remontait au xi° siècle. Vinrent ensuite les collèges de Saint-Thomas du Louvre et de Saint-Nicolas du Louvre (xii° siècle), des Dix-Huit (1180), des Bons-Enfants-Saint-Honoré (1208), des Bons-Enfants--Saint-Victor (1250), etc. Nous omettons à dessein le collège de Sorbonne, conçu sur un tout autre plan, et dont il a été parlé plus haut, à propos de la Faculté de théologie.

frères prêcheurs, dans la rue du Clos-Bruneau et dans la rue Saint-
Victor, au choix de mes exécuteurs testamentaires. Chacun des boursiers aura cinq sous parisis par semaine ; quatre d'entre eux devront
être d'Aurillac et appartenir à ma
famille, s'il est possible, sinon on
les choisira dans l'évêché de Saint-
Flour. Les quatre autres devront être
de pauvres jeunes gens de Paris
n'ayant pas plus de douze livres parisis de revenu, de patrimoine ou de
bénéfice. Ces écoliers appartiendront
à la Faculté des arts... » Suivent
quelques prescriptions relatives à la
durée des bourses, au temps laissé
aux étudiants pour obtenir leurs
grades. Puis le testateur fait connaître
ses intentions au sujet du directeur
de son collège : « Ce sera un prêtre
qui célébrera trois messes, et recevra
huit sous parisis par semaine. » Vient
enfin l'énumération des biens qui
formeront la dotation, parmi lesquels
trois arpents de pré attenant à un
verger et à une maison situés rue
de la Calandre, avec les vignobles et
les terres qui en dépendent. A ces
générosités, Pierre Fortet ajoute le
don de tous ses ornements sacerdo-
taux, calice, autel portatif, chasuble
blanche, chasuble verte dont l'envers
noir peut servir pour l'office des

RESTES DE L'ANCIEN COLLÈGE DE
FORTET (XIIᵉ SIÈCLE) EN HAUT DE
LA RUE DES SEPT-VOIES A PARIS.

morts, trois nappes d'autel et un morceau de soie. Et malgré tout il
est à croire que les écoliers du collège de Fortet ne devaient pas vivre
dans l'abondance.

Plus pauvres encore étaient ceux du collège des Dix-Huit. Un
écrivain du xviiᵉ siècle va nous renseigner sur leur fortune. « Devant
la porte de l'Hostel Dieu de Paris, proche du parvis Nostre Dame, il

y a une grande maison où souloient estre logez, nourris, entretenus
et instruits aux lettres dix-huict pauvres escolliers, qui pour cela est
encore appelée la maison des Dix-Huict... Iceux pauvres enfants,
quand ils sortoient de l'escolle, avoient de coustume d'aller jetter,
de l'eau bénite et de dire quelque briefve oraison sur les corps des
trespassez, qui se présentoient à la porte de l'Hostel Dieu. Ce qu'une
fois voyant deux Flamands, récentement venus de Hiérusalem, meus
de compassion, ils donnèrent ausdits pauvres escolliers *vingt-cinq
livres de rente* qu'ils ont sur le domaine du Roy[1]. » Un collège entre-
tenu pour vingt-cinq livres par an! Que l'on s'étonne, après cela, si
l'on voyait chaque jour de faméliques écoliers errer dans la cité, et
mendier de porte en porte quelques morceaux de pain :

> Les *Bons-Enfants* orrez crier :
> *Du pain!* n'es veuil pas oublier[2]...

Cela fait pitié, quand on songe surtout que ces pauvres affamés devaient aller, à cinq heures du matin, entendre les premiers cours de
la rue du Fouarre. Car aucune leçon n'avait lieu dans ces collèges primitifs, la plupart destinés, ne l'oublions pas, aux étudiants de la
Faculté des arts, et surtout de la Faculté de théologie. Les étudiants
n'y demeuraient que le temps de dormir, de manger et de préparer
leurs cours. Ils étaient astreints à prendre leur nourriture ensemble
dans la salle commune, à ne pas découcher, à ne pas s'absenter de
Paris pendant plus de trois mois. Au moment de leur admission, ils
juraient sur l'Évangile d'observer le règlement. Ils prononçaient pour
ainsi dire des vœux temporaires, qui les engageaient étroitement à la
petite communauté dont ils faisaient partie.

A côté des collèges, et dans une autre intention, ne tardèrent pas à
s'établir d'autres pensionnats destinés aux tout jeunes gens qui se
préparaient à suivre un jour les cours de la Faculté des arts. On les
appela *pédagogies*. Elles étaient dirigées par un maître, ou *pédagogue*,
assisté par un sous-maître qu'il logeait et nourrissait. Les enfants —
qui payaient tous pension — devaient être soumis à une surveillance
très exacte nuit et jour, recevoir matin et soir des leçons de grammaire
et de logique, remplir exactement leurs devoirs religieux. Telle était

---

1. Claude Malingre, *les Antiquités de la ville de Paris.*
2. *Le Dict. des crieries de Paris* (xiii° siècle).

la règle. On ne l'observait pas toujours. Gerson se plaint vivement des pédagogues de son temps, de leur ignorance, de leur négligence, de leur immoralité. Ils ne punissaient pas leurs élèves, de peur de les perdre. Ils regardaient comme indigne d'eux de les former à la piété. Leurs écoliers étaient aussi étrangers que des païens aux notions essentielles du christianisme. Leur tenue au sermon était scandaleusement indécente; ils troublaient les prédicateurs par des sifflets et des murmures. Les pédagogues ne valaient pas mieux au XVIe siècle. Ils spéculaient sur la nourriture de leurs élèves; ils allaient les recruter dans les hôtels et les cabarets, les laissaient sortir pendant la nuit. Ils prenaient part à leurs désordres; ils étaient quelquefois les chefs et les promoteurs de leurs querelles. Malgré ces vices reconnus, les *pédagogies* prospéraient et se multipliaient si bien, que les principaux collèges, par exemple ceux de Navarre et d'Harcourt, leur firent concurrence, et créèrent des divisions inférieures où étaient admis les enfants payants, et qui devinrent une pépinière pour

SCEAU DE LA FACULTÉ DES ARTS OU DES QUATRE NATIONS (XVIe SIÈCLE).

leurs cours supérieurs. Parfois aussi, les pédagogues s'entendaient avec l'administration des collèges, s'installaient en vertu d'un contrat et en payant un loyer, dans une partie des bâtiments trop vastes pour les boursiers, et des divisions inférieures se trouvaient ainsi organisées, sans engager la responsabilité du collège, et pour son plus grand profit. Mais ces arrangements mixtes restèrent exceptionnels. Au XIVe et au XVe siècle, tous les collèges se mirent à admettre de jeunes enfants boursiers ou payants. Les cours de la rue du Fouarre ne reçurent plus que des élèves libres, appelés *martinets* quand ils étaient jeunes, *galoches* quand ils dépassaient vingt-cinq ou trente ans. Ce public n'étant pas suffisant, les écoles se fermèrent une à une. Ramus raconte qu'il a connu le dernier maître qui ait enseigné en ces lieux légendaires. *Martinets* et *galoches* devinrent externes des collèges. A la fin du xv⁰ siècle, tous les élèves de la *Faculté des arts* étaient répartis entre les collèges et les pédagogies, où l'on recevait, à des conditions diverses, avec le logement, le pain du corps et de l'esprit. Ils n'en sortaient que pour passer leurs examens, et se faire recevoir bacheliers par les maîtres appartenant à leur nation, licenciés et maîtres par le corps des maîtres de la Faculté des arts.

Dès lors, le collège moderne est fondé, avec ses divisions et son cycle d'études. Il se transformera sans renier ses origines. Tel il est au xiv⁰ siècle, tel nous le retrouvons à la fin de l'ancien régime, tel, au sortir de la Révolution, le reconstituera Napoléon.

II. — Régime intérieur des collèges. — Montaigu. — Les châtiments corporels.

Pénétrons maintenant dans ces établissements de mine renfrognée. Initions-nous au régime intellectuel, physique et moral, à la discipline des collèges de l'ancien temps.

Il en est un, mal famé entre tous, qui pourra nous servir de type. Il s'élevait en haut de la montagne Sainte-Geneviève, en l'endroit où la rue des Sept-Voies débouche sur la place du Panthéon. Nos pères ont pu contempler encore ses noires murailles, ses portes rares et étroites, ses fenêtres en meurtrière, ses pignons branlants. C'était le collège de Montaigu, ou, pour parler l'argot des écoliers de l'ancienne Université, *collège des Haricots*[1].

Le but de Gille Aiscelin, archevêque de Rouen, qui fonda, en 1314, le collège Montaigu, de Pierre de Montaigu, évêque de Laon, qui le réforma en 1388, de Jean Standouth, qui en rédigea, en 1502, les fantastiques règlements, n'avait pas été de faire de ce collège une maison de bien-être, loin de là, mais bien plutôt une maison de rigoureuse doctrine, de discipline inflexible, un séminaire de docteurs intrépides, préparés aux luttes de l'esprit et du corps, par une étude constante et par un jeûne perpétuel. Un mépris absolu, non seulement du *confortable*, mais de l'hygiène, mais de la propreté, avait inspiré ces graves personnages. Si l'on n'avait encore les statuts rédigés par Jean Stan-

---

1. Dans son *Paris démoli*, Edouard Fournier a consacré une bien jolie étude au collège Montaigu. Nous lui avons beaucoup emprunté.

douth, et qui furent observés dans toute leur rigueur pendant long-temps, on ne pourrait croire jusqu'où l'abstinence et la sévérité étaient poussées dans cette maison. C'était moins un collège qu'un couvent de trappistes, qu'une prison de correction. « Ce collège, dit un historien du XVIIe siècle[1], a toujours été bien réglé, et où la verge n'a jamais esté espargnée aux fainéans, lasches à l'étude et prompts à toute deshauche. Tellement que, quand il y avoit quelque père ou mère à Paris molestez et attediez de leurs enfans mal vivans et incorrigibles, on leur conseilloit de les enfermer à Montaigu afin de les ployer, adoucir dessous la verge d'humilité, et les réduire à la voie de vertu, de laquelle ils estoient esloignez par mauvoise compagnie et trop grande liberté. »

Quels règlements que ceux de Montaigu ! Il fallait garder un silence absolu pendant la plus grande partie du jour, porter, été comme hiver, une cape de gros drap brun, étriquée et sans plis, cousue devant et derrière, sans autre ouverture que celle par où l'on passait la tête dans le capuchon. Triste et misérable vêtement, qui avait valu aux pauvres écoliers de Montaigu le surnom méprisant de *Capettes*. L'abstinence était si grande « qu'il n'y a maison de religion où elle soit telle; car il leur est défendu de boire vin et de manger chair, excepté les théologiens et prestres d'avoir une pinte de vin à trois, composée de trois demi sextiers de vin et d'un demi sextier d'eau, en considération de leur age viril et de leur labeur aux études. Pour la pitance, ils auront tous à l'entrée de table chascun la trentiesme partie d'une livre de beurre, des pommes cuites, des pruneaux ou quelque chose équivalent. Plus le potage de légumes (qui sont poix, febves et autres semblables graines issues de terre) ou de bonnes herbes. Pour la portion des jeunes *capettes*, auront chascun la moitié d'un harenc ou un œuf. Les théologiens et prestres auront deux fois autant, c'est sçavoir deux œufs chascun ou un harenc; pour le dessert, un morceau de fourmage ou quelque fruit, si la saison et les moyens y sont[2]. » N'entendez-vous pas Harpagon dictant à Valère et à Maître Jacques le menu de son festin ? Et notez que les tristes capettes, soumis à ce menu d'ascètes, observaient encore des jeûnes multipliés ! Il y avait pour eux un autre carême que celui qui durait de la Circoncision à

1. Jacques du Brueil, *Fastes et antiquités de Paris*, 1605.
2. Jacques du Brueil, *Ibid*.

la Saint-Sylvestre ! Prodige de ladrerie ou de rigorisme, car on ne
sait quelle intention attribuer à ce terrible Standouth !

Les écoliers étiques de Montaigu étaient, maigres victimes, dévorés
par des nuées d'insectes parasites et malfaisants. Érasme, qui eut le
courage de s'enfermer à Montaigu, parle avec horreur des hôtes qui
fourmillaient dans sa cellule puante. Il insiste là-dessus, dans ses
Colloques, de façon à donner des démangeaisons : « D'où viens-tu ?
dit un interlocuteur. — Du collège de Montaigu. — Tu nous reviens
donc chargé de belles-lettres ? — Bien plutôt de poux ! » Érasme n'y
put tenir. Il tomba malade et quitta le funeste collège en lui jurant une
éternelle rancune. « Jean Standouth, dit-il, procéda à sa réformation
par un coucher si dur, une chère si maigre et si grossière, des travaux
et des veilles si pénibles, qu'en une année de première épreuve, sur
un certain nombre de jeunes gens bien doués et de belle espérance, les
uns succombèrent, les autres devinrent fous ou aveugles ; tous virent
leur santé plus ou moins compromise. Non content de cela, il supprima complètement l'usage de la viande... En plein hiver, on ne
donnait aux jeunes gens qui criaient famine, qu'un morceau de pain
et de l'eau de puits, eau malsaine et dangereuse, à cause de la fraî-
cheur du matin. Qui pourrait dire ce qu'ondé vorait là d'œufs pourris
et ce qu'on absorbait d'eau corrompue ! »

Plus amer encore est un autre capette, le grand Rabelais. Écoutez
la rude invective qu'il lance contre son ancienne prison : « La vérité
feut que Gargantua se rafraichissant d'habillement et se testonnant
de son pigne (qui estoyt grand de cent cannes, appoincté de grandes
dens d'elephans toutes entières), faisoit tomber à chascun coup
plus de sept balles de boullets qui lui estoyent demourez entre ses
cheveulx à la démolition du boys de Veyde. Ce que voyant,
Grandgousier, son père, pensoit que feussent poux, et lui dit : — Dea,
mon bon fils, nous as-tu apporté jusque icy des esparviers de
Montagu[1] ? Je n'entendois que là tu fisses résidence. Or donc Pono-
crate respondit : Seigneur, ne pensez pas que je l'aye mis au colleige
de pouillerie qu'on nomme Montagu. Mieulx l'eusse voulu mettre
entre les guénaux de Sainct Innocent[2], pour l'énorme cruauté que j'y

---

1. « Ce sont poux que les capètes portent sur leurs habits, comme esparviers sur
le poing », dit un ancien commentateur de Rabelais.
2. Gueux qui hantaient le cimetière de ce nom.

ay cogneu: Car trop mieulx sont traictés les forcez[1], entre les Maures et Tartares, les meurtriers en la prison criminelle, voire certes les chiens en vostre maison, que ne sont ces malautruz audict colleige. Et si j'estoys roy de Paris, le diable m'emporte si je n'y mettrois le feu dedans et feroys brusler et principal et régens qui endurent cette inhumanité devant leurs yeux estre exercée[2]. »

Il serait injuste de ne pas ajouter que les études étaient excellentes au *collège des Haricots*. On se moquait, dans l'Université, des pauvres élèves de Montaigu, de leur mine hâve et famélique, de leurs coudes percés, de leurs souliers éculés; mais quand venait le temps des concours, on les redoutait pour la variété et la sûreté de leur savoir. Toutes les couronnes revenaient de droit à ces écoliers tant raillés, si maigres et si mal vêtus. Il y avait un jour dans l'année, celui de la distribution du grand concours, où ils prenaient hardiment le pas sur les joufflus du collège d'Harcourt, sur les freluquets

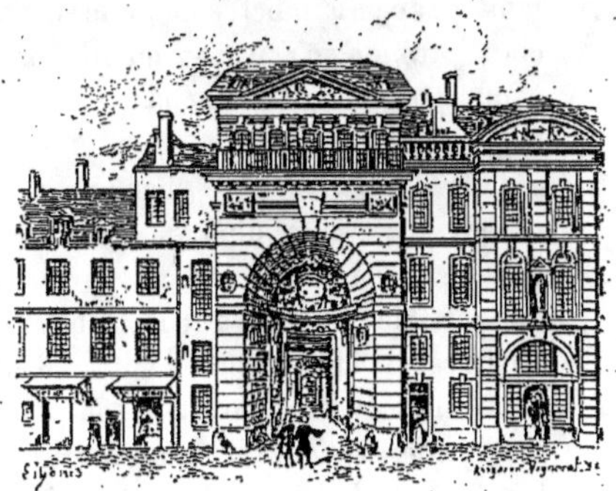

COLLÈGE D'HARCOURT.

du collège de Narbonne. Ce jour-là, on était en joie dans la pauvre maison; on n'y regrettait pas d'avoir fait si maigre chère, et l'on allait même jusqu'à chanter les haricots quotidiens.

Tous les collèges de l'Université n'étaient pas soumis au même régime que Montaigu. En général on mangeait moins mal et l'on était moins sale. Et cependant, dans plusieurs collèges, au réfectoire, pendant la durée des repas, il était défendu (qu'on nous pardonne la crudité de ce détail historique), il était défendu de porter la main à son bonnet, tant l'état des têtes inspirait de crainte. Toutefois, on recommandait à la jeunesse de se peigner, de se laver, mais on n'était pas minutieux sur l'exécution.

En général, il faut en convenir, on vivait mal dans les collèges

1. Forçats.
2. *Gargantua*, livre I, ch. XXXVI.

d'autrefois, et les plaintes sont unanimes contre la cuisine de l'Université. « Il n'y a point de mortification pareille à celle qu'on reçoit sous la discipline et la juridiction d'un pédant[1]. On n'y parle que de sobriété; il ne sauroit cracher la moitié d'une sentence que cela ne réussisse à la gloire et honneur à la diette. Pour entrée de table et pour dessert, ils ne vous servent autre chose qu'une milliace d'aphorismes diaboliques qui vous défendent le manger, protestant à chaque période qu'il n'y a rien qui produise de si mauvais songes que la trop grande réplétion. Et puis bien me vanter qu'en tout le temps que j'ai vescu sous leur barbare et tyrannique puissance, je n'ay jamais songé la nuict, sinon que je n'avois soupé le soir. Ce n'est pas chose étrange qu'il n'y ay qu'un cabinet dans un collège où il y aura peut-estre six cents bouches à nourrir, puisque tous ceux qui y demeurent sont si accoutumez à ne manger du tout au point qu'ils oublient entièrement le chemin d'un tel lieu. Et si quelquefois, au milieu de ces extrémitez, la famine les presse de demander secours à quelque tavernier affidé, qui, par pitié, leur voudra faire tenir quelque bouteille de vin sous la faveur de deux ceintures et de quelques jartières attachées l'une à l'autre. Si Monsiéur le portier en peut avoir advis, il la saisit au collet, s'il la peut attraper, et non content d'en avoir confiscation, lui seul accuse ces innocens de rébellion, et les fait condamner par leurs principaux à estre fustigez en pleine salle comme s'ils fussent criminels. J'estois gros et gras quand le malheur voulut me constituer prisonnier de ces ennemis de la nature; mais à peine y eus-je demeuré trois jours, qu'il fallut envoyer mes chausses et mon pourpoint au tailleur pour les estressir. Enfin je vous diray, pour trancher court, que la maison d'un pédant est un vray séjour de pénitence et le purgatoire souverain de toutes créatures vivantes. »

Le fait est donc bien avéré; on mangeait peu et mal dans les collèges universitaires, mais, en revanche, on était fouetté en conscience.

« Li chastiez doit être de verge, et se ce ne vaut, si soit en prison; po d'enfants périssent por chastier, et trop par souffrir lor males enfances. » Ainsi s'exprime, au xiiie siècle, Philippe de Navarre,

<hr>

1. *Les Visions du pèlerin du Parnasse,* publiées au début du xviie siècle.

dans son *Traicté des quatre âges*. Fouetter est, au moyen âge et
jusqu'au xvii° siècle, le grand secret de la pédagogie. C'était un
châtiment commode, qu'on pouvait proportionner aux délits, et appliquer immédiatement sans le secours d'un tiers. Il y avait en Allemagne

ANCIEN COLLÈGE DE NAVARRE
(D'APRÈS UNE ESTAMPE DU TEMPS).

une fête scolaire nommée la *procession de la verge* qui se continua
jusqu'à la fin du dernier siècle. Aux premiers jours de l'été, les enfants
se rendaient dans les bois, y coupaient des verges de bouleau, et
revenaient en chantant un hymne dont voici l'imitation en vers
français :

> O père et mère, voyez !
> Nous revenons dans vos foyers,
> Chargés de verges salutaires,
> Pour qu'en nos petites affaires,
> Le bouleau vous offre un moyen
> De nous encourager au bien.

> La loi divine le commande,
> Et vous aussi, nos bons parents.
> Nous venons donc, en pénitents,
> Nous-mêmes, vous porter l'offrande
> De ces utiles instruments.

Chacun sait sur quelle partie du corps s'appliquait le châtiment. Les miniatures des manuscrits, les gravures sur bois du xv° et du xvi° siècle, nous renseignent amplement à cet égard. Dans un des *Colloques* d'Érasme, un écolier se plaint de perdre la tête quand le maître le fait appeler. « *Non agitur de capite* : Il ne s'agit pas de la tête ! » lui répond un camarade. Dans une pièce latine, composée par Pierre du Pont, sous François Iᵉʳ, le... dos se plaint de payer pour toutes les autres parties du corps :

> *Quidquid delirant alii crudeliter artus*
> *Plectimur[1].*

Si l'oreille est trop lente à retenir les leçons, si la langue a menti, troublé la classe, bredouillé vers ou prose, on tombe aussitôt sur ce pauvre innocent :

> *Itur ad innocuum multo cum verbere culum[2].*

Le portier du collège était en général officiellement chargé du rôle de correcteur. Par un raffinement de cruauté, les écoliers étaient parfois obligés de lui payer les coups de fouet qu'il leur donnait. Dans le règlement du collège de La Marche, il leur est enjoint, à l'article 9, de traiter avec bonté le portier du collège ; « ils lui laisseront faire sa charge, sans trouver mauvais qu'il exécute exactement, comme il doit le faire, les ordres que lui donne M. le principal et les règlements du collège, en ce qui concerne ses fonctions ». Douce ironie ! aimable euphémisme ! Encore un peu, et les fustigés devraient baiser les verges qui les ont frappés ! Cela est touchant.

Pour donner plus de solennité aux corrections, elles avaient lieu souvent dans la grande salle du collège, devant tous les élèves convoqués au son de la cloche. Dans ces grandes occasions, certains prin-

---

1. Je paye toutes les sottises que commettent sans pitié les autres membres !
2. On tombe à grands coups de fouet sur le... dos innocent.

cipaux ne dédaignaient pas de remplacer le portier. Tel fut le fameux

VITRAIL ALLÉGORIQUE À LA BIBLIOTHÈQUE DE STRASBOURG (XVIᵉ SIÈCLE).

Tempeste, successeur de Standouth au collège Montaigu: « Il estoit, dit un vieil auteur, rigide correcteur des escoliers délinquants, à raison de quoy ils composèrent plusieurs carmes[1] contre luy, que j'ai veus. Desquels le proverbe estoit :

Horrida Tempestas *Montem turbavit acutum*[2]. »

« Tempeste, dit frère Jean des Entommeures[3], fut un grand fouet-teur d'escolliers au collège de Montagu. Si par fouetter pauvres petits enfans, escolliers innocens, les pédagogues sont damnés, il est, sus mon honneur, en la roue de Ixion, fouettant le chien courtault qui l'esbranle ! » Et nous sommes, sur ce point, de l'avis de frère Jean. Fouetter « le chien courtault qui esbranle la roue d'Ixion », la péni-tence est trop douce ! Pauvres capettes, armez-vous de verges, et sus à ce pédant malfaisant !

Malfaisant, le mot n'est pas trop fort. Portiers et pédagogues frap-paient fort, frappaient jusqu'au sang. En 1475, Julien Pelletier, sous-maître au collège de Navarre, voulut punir un écolier nommé Denis Lebègue, et « l'avoit si extrêmement et cruellement fouetté et battu, qu'à le voir il faisoit horreur[4] ». Le parlement indigné interdit pour un an l'enseignement au sous-maître, le condamna à payer soixante livres à sa victime, et à rester prisonnier jusqu'au payement de cette somme. En voici un, du moins, « qui ne l'emporta pas en paradis » !

Les Tempeste, les Julien Pelletier n'étaient que trop nombreux, à Paris, en France, en Europe. Le règlement de l'école de Worms (1260) accorde généreusement le droit de quitter l'école sans payer à l'élève « à qui le maître aura fait des blessures ou *brisé les os* » ! Bien avant cette date, Rathier, évêque de Vérone, adressait aux écoliers de son temps un manuel plein de conseils paternels et intitulé « *Serva dorsum*, Gare à ton dos ! » Tout cela nous donne une triste idée des mœurs scolaires du bon vieux temps.

Et cependant les écoliers n'en étaient pas rebutés. L'amour de la science était plus fort que tout. On eût affronté pour elle les flammes de l'enfer, à plus forte raison les verges et les férules. Est-il rien de

1. Vers.

2. « Une horrible *tempéte* a bouleversé le Mont aigu ». Deux calembours en un vers !

3. Rabelais, *Pantagruel*, IV, xxii.

4. Ainsi s'expriment les registres du parlement des 25 et 26 janvier 1476.

plus curieux, à cet égard, que le passage suivant des *Mémoires* de
Guibert de Nogent, mort en 1124 ? Guibert fait d'abord le plus grand
éloge de son précepteur, plein de vertu et d'attention pour ses mœurs.
« Mais il était tout à fait inhabile à réciter des vers ou à les composer
selon les règles. Cependant il m'accablait, presque tous les jours,
d'une grêle de soufflets et de coups pour me contraindre à savoir ce
qu'il n'aurait pu m'enseigner lui-même. S'il lui arrivait de lâcher
quelque sottise, comme il tenait tous ses sentiments pour infaillibles,
il la soutenait et la défendait au besoin avec des coups.

« Un jour que j'avais été frappé, ayant interrompu mon travail

ÉCOLIERS AU MOYEN AGE.

pendant quelques heures de la soirée, je vins m'asseoir aux genoux
de ma mère, rudement meurtri et certainement plus que je n'avais
mérité. Ma mère m'ayant, comme de coutume, demandé si j'avais
encore été battu ce jour-là, moi, pour ne point paraître dénoncer mon
maître, j'assurai que non. Mais elle, écartant, bon gré, mal gré, ma
chemise, vit mes petits bras tout noircis, et la peau de mes épaules toute
soulevée et bouffie des coups de verge que j'avais reçus. A cette vue,
se plaignant qu'on me traitait avec trop de cruauté dans un âge si
tendre, toute troublée et hors d'elle-même, les yeux pleins de larmes :
« Je ne veux plus, désormais, que tu deviennes clerc, ni que pour
« apprendre les lettres tu supportes un tel traitement. » A ces paroles,

la regardant avec toute la colère dont j'étais capable : « Quand je
« devrais en mourir, je ne cesserais pour cela d'apprendre les lettres
« et de vouloir être clerc. » Quel héroïsme ! Quel feu ! Plus tard, Rousseau, injustement battu, n'en perdra pas le désir de la science, mais le
sentiment de l'iniquité révoltera son jeune cœur, et bien loin d'excuser
son maître, il se dressera la nuit dans son lit pour crier : « *Carnifex !*
Carnifex ! Bourreau ! Bourreau ! » De nos jours, et dans tout autre
sentiment, on a vu les écoliers anglais demander le maintien des
peines corporelles les plus pénibles pour l'amour-propre. Ils estiment
que la douleur physique raidit l'âme à la souffrance, et mettent leur
orgueil à la supporter sans larmes et sans cris. Ainsi pensaient sans
doute les écoliers du moyen âge. Les verges menaçantes ne les effrayaient
pas. Ils accouraient avec joie dans ces collèges où l'on était si mal
nourri et si bien battu. Être boursier, même à Montaigu, quel rêve pour
un pauvre hère, avide de savoir ! Jean Standouth, — déjà nommé, —
était fils d'un tailleur de Malines. Venu à Paris, à pied, sans autre
ressource qu'une lettre de recommandation pour l'abbé de Sainte-
Geneviève, il est admis par charité comme domestique dans le couvent,
suit les cours de la rue du Fouarre, et, pour épargner la chandelle, il
monte, la nuit, dans le clocher de l'abbaye [1], un livre à la main, pour
étudier aux rayons de la lune. Étonnez-vous qu'un homme élevé à
cette école ait inventé le règlement du collège de Montaigu !

Émule de Standouth, Ramus se fait valet au collège de Navarre
(vers 1530), pour en suivre gratis les leçons qu'il n'aurait pu payer.
Deux fois auparavant, il était venu à Paris, deux fois il était retourné
dans sa province sans avoir pu réaliser cet humble rêve. Non moins
méritant est Ronsard, qui, à vingt ans, s'enferme avec Baïf au collège
de Coqueret, pour étudier le grec sous la conduite de Dorat. « Nous
ne pouvons oublier, dit Claude Binet, son biographe, de quel désir et
envie ces deux futurs ornemens de la France s'adonnoient à l'estude,
car Ronsard, qui avoit été nourri jeune à la cour, accoustumé à veiller
tard, continuoit à l'estude jusques à deux ou trois heures après
minuict, et, se couchant, réveilloit Baïf qui se levoit et prenoit la
chandelle et ne laissoit refroidir la place. »

Chose curieuse, malgré cette rigueur systématique, les législateurs

1. Cette tour existe encore dans les bâtiments du lycée Henri IV. On l'appelle la
tour Clovis.

des anciens collèges, accordaient aux enfants de nombreux jours
de congé et de promenade. Le mardi et le jeudi, les classes vaquaient
l'après-midi, et les élèves
étaient conduits tantôt au Pré-
aux-Clercs, tantôt dans les en-
clos du versant méridional de
la montagne Sainte-Geneviève,
entre la rue Mouffetard et la
rue Gay-Lussac. A quoi jouait
alors cette jeunesse mise en
liberté ? Rabelais, Érasme,
Mathurin Cordier, Vivès nous
fournissent une ample nomenclature. La voici en français
du xvie siècle : « la *boule*, la
mousche, les *barres*, le *che-
rau-fondu*, la *savatte*, le *sault*
à pieds joints, à cloche-pied, à
toutes jambes, le *palet*, le *ject
de la pierre*, la *luicte* (lutte à
bras le corps), la *clicquette*,
ainsi que fait un ladre, formée
de deux os plats, ou *crécelle*,
les *quilles*, la *balle*, la *paulme*,
le *ballon*, la *crosse*, ou *balle
crossée*, la *toupie*, le *sabot*, la
fossette avec des *noix*, puis
avec des *billes*, le *pair ou non*,
les *onchets*, les *dames*, les
échecs, les *cartes*. » Ce dernier
jeu était prohibé. Mais on savait

ANCIENNE TOUR DE L'ABBAYE DE SAINTE-
GENEVIÈVE, DITE TOUR DE CLOVIS (ÉTAT
ACTUEL DANS LA COUR DU LYCÉE HENRI IV).

tromper la vigilance des régents, pour transformer en tripots le dortoir, l'étude ou la classe.

III. — LES ÉTUDES. — ABUS DU PÉDANTISME ET DU LATIN.

La classe! Qu'étudiait-on dans la classe ? Il est temps de dire quelques mots sur cet important sujet. Nous avons vu jusqu'ici le collé-

gien jouant, mangeant et battu. Qu'apprenait-il entre temps? Un peu d'arithmétique et de géométrie, beaucoup de latin et de logique. Voici, d'après M. Alfred Franklin [1] — qui suit d'ailleurs le règlement de Standouth pour Montaigu, — la distribution ordinaire de la journée dans les collèges :

A 4 heures du matin. — *Lever.* Un élève de philosophie, chargé des fonctions d'éveilleur, parcourait les chambres, et, en hiver, allumait les chandelles.

De 5 à 6 heures. — *Leçon.*

A 6 heures. — *Messe.* Puis *premier repas* composé d'un petit pain.

De 7 à 8 heures. — *Récréation.*

De 8 à 10 heures. — *Leçon.*

De 10 à 11 heures. — *Discussion et argumentation.*

A 11 heures. — *Dîner,* accompagné d'une lecture de la Bible ou de la Vie des saints.

Le chapelain disait le *bénédicité* et les *grâces,* auxquels il ajoutait une exhortation pieuse. Le principal prenait ensuite la parole, adressait des éloges ou des blâmes aux élèves, annonçait les punitions, les corrections méritées la veille.

De midi à 2 heures. — *Revision des leçons, travaux divers.*

De 2 à 3 heures. — *Récréation.*

De 3 à 5 heures. — *Leçon.*

De 5 à 6 heures. — *Discussion et argumentation.*

A 6 heures. — *Souper.*

A 6 heures 1/2. — *Examen du travail de la journée.*

A 7 heures 1/2. — *Complies.*

A 8 heures en hiver, à 9 heures en été. — *Coucher.*

Aux premiers temps de l'Université et des collèges, la dialectique domina dans les programmes d'études. On le reconnaît à la fréquence des *argumentations* dans l'horaire que nous venons de citer. Ces argumentations, ces disputes s'exerçaient sur les sujets les plus futiles. On examinait, par exemple, si le porc, qu'on mène au marché pour le vendre, est tenu par l'homme ou par la corde, et on en était venu au point de se servir, dans les discussions, de pois ou de fèves, pour savoir si le nombre des négations l'emportait sur celui des affirmations.

1. A. Franklin, *Écoles et collèges.*

Les maîtres disputaient entre eux, au moins une fois par semaine, en présence des étudiants. Ces disputes étaient souvent désordonnées et tumultueuses. Au xv⁰ siècle, les étudiants y prenaient part et y mettaient un acharnement extraordinaire. « On dispute avant le dîner, écrivait Vivès en 1531, on dispute pendant le dîner, on dispute après le dîner; on dispute en public, en particulier, en tous lieux, en tous temps. » Les boursiers des collèges disputaient tous les samedis et faisaient assaut de subtilités et de sophismes. « On ne laisse pas à l'adversaire le temps de s'expliquer, dit encore Vivès. S'il entre dans

PROFESSEUR ET SAVANT DU XVI⁰ SIÈCLE.

quelque développement, on lui crie : — *Au fait! Au fait! réponds catégoriquement.* On ne s'inquiète pas de la vérité ; on ne cherche qu'à défendre ce qu'on a une fois avancé. Est-on pressé trop vivement? On échappe à l'objection à force d'opiniâtreté; on nie insolemment, on abat aveuglément tous les obstacles en dépit de l'évidence. Aux objections les plus pressantes, qui poussent aux conséquences les plus absurdes, on se contente de répondre : — *Je l'admets, car c'est la conséquence de ma thèse.* Pourvu qu'on se défende conséquemment, on passe pour un habile homme. La dispute ne gâte pas moins le caractère que l'esprit. On crie à s'enrouer, on se prodigue les grossièretés, les injures, les menaces. On en vient même aux coups de pied, aux soufflets, aux morsures. La dispute dégénère en rixe, et la rixe en combat; des blessés et des morts restent sur le carreau ! » Étrange façon d'élucider les questions philosophiques ! On pense tout de suite aux deux pédants Pancrace et Marphurius, qui, dans *le Mariage forcé* de Molière, donnent à Sganarelle une consultation sur le mariage. Mais on trouvait alors que la dispute aiguisait l'esprit, le rendait prompt à la riposte et fécond en ressources. On en conserva l'usage, même à l'époque où la dialectique eut cédé, bon gré, mal gré, une place à l'étude de la rhétorique et des belles-lettres.

Lorsque la Renaissance eut définitivement remis en honneur les auteurs anciens, on les étudia sans discernement et sans choix. Tout écrivain grec ou latin devint un classique, on le lut, on l'expliqua, on le commenta avec respect, comme on eût fait pour la Bible ou l'Évangile. Voici un curieux fragment des *Mémoires* de Henri de Mesmes, qui nous initie aux lectures d'un collégien vers 1545. Il avait été envoyé à l'Université de Toulouse, avec son frère et son précepteur « sous la conduite d'un vieil gentilhomme tout blanc qui avoit longtemps voyagé par le monde. Là, dit-il, nous fûmes trois ans auditeurs, en plus étroite vie et penibles estudes que ceux de maintenant ne voudroient supporter. Nous estions debout à quatre heures, et, ayant prié Dieu, allions à cinq heures aux estudes, nos gros livres sous le bras, des écritoires et nos chandeliers à la main. Nous oyons toutes les lectures jusqu'à neuf heures sonnées sans intermission ; puis venions disner, après avoir en haste conferé demie heure ce qu'avions escrit des lectures. Après disner nous lisions, par forme du jeu, Sophocle ou Aristophane, ou Euripide, ou quelquefois Demosthène, Cicero, Virgilius, Horatius. A une heure, aux estudes ; à cinq, au logis, à répéter et voir dans nos livres les lieux allégués, jusques après six. Puis nous soupions et lisions en grec ou en latin. Les festes, à la grande messe et vespres ; au reste du jour un peu de musique et de pourmenoir. Quelquefois nous allions disner chez nos amis paternels, qui nous invitoient plus souvent qu'on ne nous y vouloit mener. Le reste du jour aux livres ; et avions ordinairement avec nous Hadrianus Turnebus, Dionisius Lambinus et autres savants du temps. » Que pense-t-on de ce régime ? Qu'en disent les adversaires du surmenage, qui s'attendrissent si fort sur l'excès de travail qui serait imposé aux élèves de nos écoles et de nos lycées ?

Que pense-t-on encore des interrogations qui suivaient l'explication des poètes et des historiens? Vivès nous en fournit un exemple d'un comique achevé. Mieux vaudrait ne pas connaître Virgile ou Tive-Live que d'en tirer si maigre profit.

« Enfant, dis-moi en quel mois mourut Virgile? — Au mois de septembre, mon maître. — En quel endroit? — A Brindes. — Quel jour de septembre? — Le 9 des calendes. — Drôle!... Veux-tu me déshonorer devant ces messieurs? Avance-moi ma férule, retrousse ta manche et tends la main pour avoir dit le 9 au lieu du 10. Fais atten-

INTÉRIEUR DE CLASSE (D'APRÈS UNE ESTAMPE DU XVIᵉ SIÈCLE).

tion à mieux répondre! Vous allez voir, messieurs, que c'est un enfant qui en sait long. Salluste, au commencement de son *Catilina,* a-t-il écrit *omneis homines* ou *omnis homines?* — L'opinion générale est qu'il a mis *omnis;* mais moi je suis d'avis qu'il a pu écrire *omneis,* et qu'il faut orthographier, contre l'habitude des imprimeurs, *omneis* par *ei,* et non par un *i* simple. — Comment s'appelait le frère de Rémus et comment avait-il la barbe? — Les uns, mon maître, disent Romulus, d'autres Romus, d'où le nom de *Roma,* mais que par affection on le nomma du diminutif Romulus. Lorsqu'il allait à la guerre il n'avait pas de barbe, mais il en portait une longue en temps de paix. C'est ainsi qu'il est représenté en couleur sur les *Tite-Live* imprimés à Venise. — Comment Alexandre se releva-t-il en touchant pour la première fois le sol de l'Asie? — En s'appuyant sur ses mains et en levant la tête. »

Outre les lectures expliquées et commentées des auteurs grecs et latins, les collèges admirent bientôt d'autres exercices exigeant des élèves un travail plus personnel. On leur fit traiter, en prose ou en vers latins, des lieux communs de rhétorique ou de philosophie, et ces compositions excitèrent une émulation extraordinaire. Les jeunes gens y étaient d'ailleurs tout préparés par la règle qui leur était imposée de parler exclusivement le latin dans le collège, pendant les récréations comme pendant les études et les classes. Tous les ouvrages scolaires étaient écrits en latin [1], les grammaires, les prosodies, comme les manuels de civilité puérile et honnête. On mettait entre les mains des enfants des recueils de mots et de phrases usuelles sous forme de conversation. En peu de temps, la nécessité d'exprimer dans une langue qui ne s'y prêtait pas, des idées familières et les détails de la vie moderne, avait créé, dans les collèges, un latin barbare, cher aux pédants, dont on s'est abondamment moqué depuis Rabelais jusqu'à Molière.

Voici quelques phrases extraites d'un livre publié par Mathurin Cordier, en 1540, et destiné à fournir aux écoliers des formules correctes pour la conversation en classe, au réfectoire, en récréation. En regard des formules qu'il prescrit, l'auteur indique les tournures barbares dont se servaient communément les élèves. Nous citons au hasard : *Noli crachare super me. — Ego bene transibo me de te ! — Diabolus te possit inferre ! — Semper lichat suos digitos quando prandet aut cœnat. — Ludamus ad equum fundatum, — ad sava-tam !* etc. [2]. On peut voir dans les *Contes d'Eutrapel,* celui *de l'escholier qui parla latin à la chasse.* « Nous étions à la chasse aux lièvres, en la lande de Halibart, où se trouva un jeune magister escholier revenant de Paris ; il nous en contoit de belles, tantôt qu'il avoit vu le Roy, tantôt qu'il ne l'avoit pas vu, mais qu'il n'avoit tenu qu'à lui, et plusieurs autres traits qui sentent le collège. » Cependant Briffaut,

---

1. On se servait encore, avant 1876, dans les collèges des jésuites, de grammaires latines et grecques, de prosodies écrites en latin.

2. Ne crache pas sur moi. — Je me passerai bien de toi. — Le diable t'emporte ! — Il lèche toujours ses doigts, quand il déjeune ou dîne. — Jouons au cheval fondu, à la savate.

le garde-chasse, n'a pas grande opinion de ses talents. « Tous ces
bonnets carrés, dit-il, portent bedaine et malheur à la chasse, et
partout ailleurs aussi. Ce disant, le met en garde avec un levrier
en laisse, lui commandant expressément de ne pas souffler mot. »
Mais le chien s'étant échappé, notre latiniste lui crie : « *Ecce, ecce, heus
tu, veni ad primarium.* » On se figure la colère de Briffaut qui voit
son gibier perdu. L'écolier a beau dire « qu'il n'eust jamais pensé que
les lièvres de Bretaigne eussent entendu le latin comme font ceux de
Paris, Briffaut répète que tous ces *latineurs* ne sont bons qu'à
gâter les affaires ».

Malgré ces risées, le latin resta longtemps encore la langue universitaire. Par la suite, on en restreignit l'usage aux leçons proprement
dites, aux questions des professeurs et aux réponses des élèves ; puis
aux exercices publics, thèses, examens, concours. On ne l'abandonna
qu'à regret, et, aux yeux des vieux régents, le français resta toujours une langue inférieure, indigne des oreilles savantes, un intrus
qu'on était forcé de subir, mais la mort dans l'âme et non sans
protester.

IV. — Un écolier de l'ancien temps : Francion. — Représentations
dramatiques. — Cérémonies de fin d'année.

Avant de quitter ces collèges de l'ancienne Université, dont l'aspect
rébarbatif ne s'est adouci qu'à la fin du xviiⁱe siècle, il serait curieux
de connaître les impressions d'un enfant quelconque, d'un de ces écoliers comme il y en a tant, que les parents enferment au collège pour
y faire des études moyennes, qui en sortent, sans vocation marquée,
pour vivre de la vie commune. Ces impressions, nous les trouvons
dans *la Vraie histoire comique de Francion*, composée par Charles
Sorel et publiée en 1622. Francion était au collège vers l'année 1610.
Il va nous initier au train journalier des études, aux mœurs des collégiens et des régents, aux bons tours que l'on jouait dans ces antiques
maisons d'aspect sévère, mais où la jeunesse ne se privait pas de rire,
en dépit de la verge des portiers et à la barbe des pédants. C'est un
document du plus vif intérêt. Francion est conduit au collège de Lisieux. « Mon père, m'ayant installé, dit-il, s'en retourna en Bretagne
et me laissa entre les mains des pédants qui, ayant examiné mon petit

savoir, me jugèrent digne de la cinquième classe, encore ne fut-ce que par faveur.

« Oh ! quel changement je remarquai ! Que j'étais fâché d'avoir perdu la douce liberté que j'avois, courant parmi les champs d'un côté et d'un autre, allant abattre des noix et cueillir des raisins aux vignes sans craindre les messiers [1], et suivant quelquefois ceux qui allaient à la chasse ! J'étois alors plus renfermé qu'un religieux dans son cloître, et étais obligé de me trouver au service divin, au repas, à la leçon, à de certaines heures, au son de la cloche, par qui toutes choses étoient là compassées. Au lieu de mon curé, qui ne me disoit pas un mot plus haut que l'autre, j'avais un régent à l'aspect terrible, qui se promenoit toujours avec un fouet à la main, dont il se savoit aussi bien escrimer qu'homme de sa sorte. Je ne pense pas que Denys le Tyran, après le misérable revers de sa fortune, s'étant fait maître d'école afin de commander toujours, gardât une gravité de monarque beaucoup plus grande.

« La loi qui m'étoit la plus fâcheuse à observer sous son empire étoit qu'il ne falloit jamais parler autrement que latin, et je ne me pouvois désaccoutumer de lâcher quelques mots de ma langue maternelle, de sorte qu'on me donnoit toujours ce qu'on appelle le signe, qui me faisoit encourir une punition. Pour moi, je pensai qu'il falloit que je fisse comme les disciples de Pythagore dont j'entendois assez discourir, et que je fusse sept ans à garder le silence comme eux, puisque, sitôt que j'ouvrois la bouche, l'on m'accusoit avec des paroles aussi atroces que si j'eusse été le plus grand scélérat du monde ; mais il eût été besoin de me couper la langue, car en étant bien pourvu je n'avois garde de la laisser moisir. A la fin donc, pour contenter l'envie qu'elle avoit de caqueter, force me fut de lui faire prononcer tous les beaux mots de latin que j'avois appris, auxquels j'en ajoutois d'autres de françois écorché pour faire mes discours.

« Mon maître de chambre étoit un jeune homme glorieux et impertinent au possible ; il se faisoit appeler Hortensius par excellence, comme s'il fût descendu de cet ancien orateur qui vivoit à Rome du temps de Cicéron, ou comme si son éloquence eût été pareille à la sienne. Son nom étoit, je pense, Le Heurteur ; mais il l'avoit voulu

---

[1] Gardes champêtres.

déguiser, afin qu'il eût quelque chose de romain, et que l'on crût que la langue latine lui étoit comme maternelle...

« C'était le plus grand âne qui jamais monta en chaire. Il ne nous contoit que des sornettes, et nous faisoit employer notre temps en beaucoup de choses inutiles, nous commandant d'apprendre mille grimauderies les plus pédantesques du monde. Nous disputions fort et ferme pour les places, et nous nous demandions des questions l'un à l'autre, mais quelles questions pensez-vous ? Quelle est l'étymologie de *Luna?* Et il falloit répondre que ce mot se dit: *Quasi luce lucens*

LICENCIÉ RECEVANT LE BONNET DE MAITRE ÈS ARTS (XVIᵉ SIÈCLE)..

aliena[1]; comme qui diroit, en françois, que *chemise* se dit quasi sur *chair mise*. N'est-ce pas là une belle doctrine pour abreuver un jeune âne? Cependant nous passions les journées sur de semblables badineries, et celui qui répondoit le mieux là-dessus portoit la qualité d'empereur. Quelquefois ce sot pédant nous donnoit des vers à faire, et enduroit que nous en prissions de tout entiers à Virgile, pour le mieux imiter, et que nous nous servissions encore, pour parfaire les autres, de certains bouquins comme de Parnasse et de Textor[2]. S'il nous donnoit à composer en prose, nous nous aidions tout de même de

1. Brillant d'une lumière empruntée.

2. Ravisius Textor, autrement J. Tixier de Ravisi, auteur de plusieurs manuels classiques, né en 1480 et mort en 1521.

quelques livres de pareille étoffe, dont nous tirions toutes sortes de pièces pour en faire une capilotade à la pédantesque. Cela n'étoit-il pas bien propre à former notre esprit et à ouvrir notre jugement? Quelle vilenie de voir qu'il n'y a plus quasi que des barbares dans les Universités pour former la jeunesse! Ne devraient-ils pas considérer qu'il faut de bonne heure apprendre aux enfants à inventer quelque chose d'eux-mêmes, non pas les renvoyer à des recueils, à quoi ils s'attendent, et s'engourdissent tandis? On ne sçait pas de là ce que c'est que de pureté de langage, ni de belles dictions, ni de sentences, ni d'histoires citées bien à propos, ni de similitudes bien rapportées. Mon Dieu, que les pères sont bien trompés, pensant avoir donné leurs fils à des hommes qui les remplissent d'une bonne et profitable science! Les précepteurs sont des gens qui viennent presque de la charrue à la chaire, et sont un peu de temps cuistres [1], pendant lequel ils dérobent quelques heures de classes, qu'ils doivent au service de leur maître, pour étudier en passant. Tandis que leur morue est dessus le feu, ils consultent quelque peu leurs élèves, et se font à la fin passer maîtres ès arts; ils lisent seulement les commentaires et les scoliastes des auteurs, afin de les expliquer à leurs disciples, et leur donner des explications dessus. Au reste, ils ne sçavent ce que c'est que de civilité, et faut avoir un bon naturel, et bien noble, pour n'être point corrompu, étant sous leur charge; car ils vous laissent accoutumer à toutes sortes de vicieuses habitudes sans vous en reprendre.

« A déjeuner et à disner, nous étions à la miséricorde d'un méchant cuistre qui, pour ne nous point donner notre pitance, s'en alloit promener, par le commandement de son maître, à l'heure même qu'elle étoit ordonnée, afin que ce fût autant d'épargné, et que nous écoulassions jusques au dîner, où nous ne pouvions pas nous recourre; car l'on ne nous bailloit que ce que l'on vouloit bien que nous mangeassions. Au reste, jamais l'on ne nous présentoit point de raves, de salade, de moutarde, ni de vinaigre; craignant que nous n'eussions trop d'appétit. Hortensius étoit de ceux qui aimoient les sentences que l'on trouvoit écrites au temple d'Apollon, et principalement il estimoit celle-ci: *ne quid nimis* [2], laquelle il avoit écrite au-dessus de la porte

---

1. On appelait *cuistres* les domestiques des collèges.
2. Rien de trop.

UNE IMPRIMERIE A PARIS AU XVe SIÈCLE (D'APRÈS LA FRESQUE
DE M. FRANÇOIS FLAMENG A LA NOUVELLE SORBONNE).

de sa cuisine, pour faire voir qu'il n'entendoit pas que l'on mît rien de trop aux banquets que l'on y appresteroit.

« Eh Dieu ! quelle piteuse chère, au prix de celle que faisoient seulement les porchers de notre village ! Encore disoit-on que nous étions des gourmands, et falloit-il mettre la main dans le plat l'un après l'autre. Notre pédant faisoit ses mignons de ceux qui ne mangeoient guère, et se contentoient d'une fort petite portion qu'il leur donnoit. C'étaient des enfants de Paris, délicats, à qui il falloit peu de nourriture; mais, à moi, il m'en falloit beaucoup plus, d'autant que je n'avois pas été élevé si mignardement ; néanmoins je n'étois pas mieux partagé; et si mon maître disoit que j'en avois plus que quatre, que je ne mangeois pas, mais que je dévorois. Bref, je ne pouvois entrer en ses bonnes grâces. Il faisoit toujours à table un petit sermon sur l'abstinence, qui s'adressoit particulièrement à moi ; il alléguoit Cicéron, qui dit qu'il ne faut manger que pour vivre et non pas vivre pour manger [1]. Là-dessus, il apportoit des exemples de la sobriété des anciens, et n'oublioit pas l'histoire de ce capitaine, qui fut trouvé faisant rôtir des raves à son feu pour son repas. De surplus, il nous remontroit que l'esprit ne peut faire ses fonctions, quand le corps est trop chargé de viande, et il disoit que nous avions été mis chez lui pour étudier, non pas pour manger hors de raison, et que pour ce sujet, nous devions plutôt songer à l'un qu'à l'autre. Mais si quelque médecin se fût trouvé là, et eût tenu notre parti comme le plus juste, il eût bien prouvé qu'il n'est rien de pire à la santé des enfants que de les faire jeûner. Et puis voyez comme il avoit bonne raison de prêcher l'abstinence, tandis que nous étions huit à l'entour d'une éclanche de brebis, il avoit un chapon à lui tout seul. Jamais Tantale ne fut si tenté aux enfers par les pommes où il ne pouvoit atteindre, que nous l'étions par ces bons morceaux où nous n'osions toucher.

« Quand quelqu'un de nous avoit failli, il lui donnoit une pénitence qui lui étoit profitable : c'étoit qu'il le faisoit jeûner quelque jour au pain et à l'eau, ainsi ne dépensant rien d'ailleurs en verges. Aux jours de récréation, comme à la Saint-Martin, aux Rois et à Carême-prenant, il ne faisoit pas apprêter une meilleure cuisine, si nous ne donnions chacun un écu d'extraordinaire ; et encore je pense qu'il

---

1. C'est la maxime d'Harpagon. Molière avait lu Francion et s'en souvenait.

gagnoit beaucoup sur les festins qu'il nous faisoit, d'autant qu'il nous contentoit de peu de chose, nous qui étions accoutumés au jeûne ; et, ayant quelque volaille bouillie avec quelques pièces de rôti, nous pensions être aux plus somptueux banquets de Lucullus et d'Apicius, dont il ne nous parloit jamais qu'en les appelant infâmes, vilains et pourceaux. De cette façon, il s'enrichissoit aux dépens de nos pauvres ventres, qui crioient vengeance contre lui, et certes, je craignois le plus souvent que les araignées ne fissent leurs toiles sur nos mâchoires, à faute de les remuer et d'y envoyer balayer à point nommé. Dieu sçait quelles inventions je trouvois pour dérober ce qui m'étoit besoin.

« Nous étions aux noces lorsque le principal, qui étoit un assez brave homme, festoyoit quelques uns de ses amis, car nous allions, sur le dessert, présenter des épigrammes aux conviés, qui, pour récompense, nous donnoient tant de fruits, tant de gâteaux et de tartes, et quelquefois tant de viande, lorsqu'elle n'étoit pas encore desservie, que nous décousions la doublure de nos robes pour y fourrer tout, comme dans une besace.

« Cela m'avoit rendu méchant et fripon, et je ne tenois plus rien du tout de notre pays, non pas même les accens, car je demeurois avec des Normands, des Picards, des Gascons et des Parisiens, avec qui je prenois de nouvelles coutumes ; déjà l'on me mettoit au nombre de ceux que l'on nomme des pestes. J'avais la toque plate, le pourpoint sans boutons, attaché par des épingles ou des aiguillettes, la robe toute délabrée, le collet noir et les souliers blancs, toutes choses qui conviennent bien à un vray poste [1] d'écolier ; et qui me parloit de propreté, se déclaroit mon ennemi. Auparavant la seule voix d'un maître courroucé m'auroit fait trembler autant que les feuilles d'un arbre battues de vent ; mais alors un coup de canon ne m'eût pas étonné. Je ne craignois non plus le fouet que si ma peau eût été de fer, et exerçois mille malices, comme de jeter, sur ceux qui passoient dans la rue du collège, des pétards et des cornets pleins d'ordures. Une fois, je dévallois par la fenêtre un panier attaché à une corde, afin qu'un pâtissier qui étoit en bas, à qui j'avois jeté une pièce de cinq sols, mît dedans quelques gâteaux ; mais, comme je le remontois, mon

____
1. Vaurien.

maître, qui étoit à mon desceu dans une chambre de dessous, le tira à lui en passant, et ne le laissa point aller qu'il ne l'eût vidé. Je descendis en bas pour voir qui m'avoit fait cette supercherie, et, trouvant ce pédant sur le seuil de la porte, je reconnus que c'étoit lui, et n'en osai pas seulement desserrer les dents. O le grand crève-cœur que j'eus ! Il me commanda tout à l'heure d'aller prier un autre maître, son voisin, de venir goûter avec lui, je m'y en allai, et le ramenai avec moi presque dans sa chambre, où je ne vis point d'autres préparatifs sur la table que mes gâteaux, dont il ne me donna pas une miette à manger, tant il fut vilain. »

Hortensius reçoit un pâté de lièvre. Aidé d'un Gascon, son camarade, Francion soulève le couvercle du pâté, dérobe le lièvre et met à la place un chausse-pied. Le corps du délit est dévoré sur-le-champ par les deux complices. « Hortensius ne songea pas à son pâté jusqu'au lendemain, qu'il en eut un ressouvenir, et commanda à son cuistre d'aller prier à déjeuner un autre vieux pédant, son compagnon de bouteille, et de lui dire qu'il lui feroit manger de bon lièvre, à la charge qu'il apportât une quarte[1] de son vin nouveau pour servir de remède à la soif que leur causerait l'épice. Ce pédant ne faillit pas à venir tout à l'heure avec autant de vin qu'Hortensius avoit dit, et sitôt qu'il fut dans la chambre, le cuistre alla quérir le pâté de dedans la caisse, et le posa sur la table, où il ne fut pas sitôt, que le vieux pédant prit un couteau qu'il fourra dedans, par l'endroit même où la croute étoit entamée, pensant qu'elle ne le fut point, et tournoya tout à l'entour, tenant une main ferme sur la couverture, et disant : « Çà, « çà, il faut voir ce que ce pâté-ci a dans le ventre. Ah ! monsieur Hor- « tensius, que vous avez ici un bon couteau ! Il coupe tout seul, je ne « m'efforce point presque. » Hortensius se mouroit de rire, voyant qu'il étoit si sot qu'il passoit le couteau par le lieu où il étoit déjà coupé ; et l'autre disoit en ôtant la couverture : « Qu'avez-vous à rire ?» Alors ses yeux ne pouvant pas discerner ce qui étoit dedans la croûte, il mit ses lunettes et voyant le chausse-pied au lieu d'un lièvre, il crut qu'Hortensius s'étoit voulu moquer de lui et que c'étoit de cela qu'il fesoit alors des risées ; c'est pourquoi ne supportant pas volontiers un tel affront, il reprit sa quarte de vin sous sa robe de chambre, et s'en

1. Une quarte ou un quarteau, c'est-à-dire deux pintes.

retourna en grommelant. Hortensius, qui avoit plus d'émotion que lui, le laissa sortir, sans songer à lui faire des excuses, et ne sçavoit qui soupçonner du larcin du lièvre ; car, quant à son cuistre, à qui il l'avoit donné à porter dans son étude, sa fidélité lui étoit si connue qu'il n'avoit garde d'imaginer que c'étoit lui. »

Ni Francion, ni le Gascon ne se dénoncent. Hortensius ne renonce pas à sa vengeance : « A la fin il se résolut de nous punir tous, afin de ne pas faillir à punir le coupable. Au sortir de la messe, nous n'avions pas trouvé le cuistre pour lui demander nos *bises*, qui sont de petits pains de deux liards que l'on appelle ainsi, après lesquels nous courrions plus allégrement que si le vent de bise nous eût soufflé au derrière ; et croyez que quand nous avions nouvelle que le boulanger les apportoit, nous étions frappés d'un bien doux vent ; aussi ces bises de collège étoient-elles toutes creuses, et l'on ne trouvoit rien dedans que du vent au lieu de mie. Je vous laisse à juger si nous ne devions pas avoir bien faim ; et toutefois l'on nous fit asseoir à une table où il n'y avoit rien que la nappe, blanche comme les torchons des écuelles : pour des serviettes, l'usage en étoit défendu, parce que l'on y torche quelquefois ses doigts, qui sont entourés de certaine graisse qui repaît quand on les lèche. Ayant demandé de quoi dîner au cuistre, il nous apporta le pâté tout fermé et nous dit : « Monsieur « veut que vous mangiez votre part de cela. » Un Normand affamé ôta couverture, et voyant le chausse-pied, se mit tellement en colère contre le cuistre, qui se moquait de nous, qu'il lui jeta toute la croûte aux badigoinces [1], et se sauva après en la chambre d'un sien ami, où il demeura un jour durant, craignant le courroux d'Hortensius. Le Gascon et moi nous nous pâmions de rire, bien que nous eussions le ventre presque aussi creux que les autres, et tous ensemble, ne pouvant avoir chez notre maître de quoi manger, nous fîmes venir quelque chose de la ville, que nous achetâmes de notre argent ; aussi, tel en pâtit qui n'en pouvoit mais, et notre pédant ne sçut point que j'avois dérobé le lièvre. »

Autre grief d'Hortensius contre Francion : celui-ci ne lui a pas fait les cadeaux d'usage. Aussi l'accable-t-il de vexations. Enfin le père de Francion envoie au jeune écolier la petite somme qui doit être

---

1. Mâchoires.

offerte à l'avare régent : « Je lui voulois présenter à la mode que les
pédants avoient introduite pour leur profit, lui donnant un beau verre
de cristal plein de dragées, et un citron dedans sur l'écorce duquel je
n'avois pas mis toutefois les écus, comme c'est l'ordinaire, mais les
avois fourrés dedans par un trou que j'y avois fait. « Monsieur, lui
« dis-je avec feintise, en lui présentant le verre, vous sçavez que je
« suis de loin, le messager ne m'a pas encore apporté ce qu'il faut
« pour votre landit : en attendant je vous offre ceci de ma seule part,
« comme des arrhes de dix écus d'or que vous aurez dans quinze jours. »

« Cette douce promesse alla fendre le rocher qui entouroit son
cœur, et l'empêchoit d'être touché du respect et de l'amitié que je
témoignois pour vaincre sa sévérité opiniâtre. Il garda le verre, et,
me remerciant avec un souris, me versa dans la toque les dragées.
Pour le citron, il le donna à un galoche de ses mignons, ne sçachant
pas qu'il étoit aussi précieux que pas une pomme qui fût dans le jardin des Hespérides. Afin d'en avoir le plaisir tout au long, je le laissai
faire; mais quand je vis que la leçon étoit donnée, et que l'externe
étoit prêt à quitter la classe, je m'en allai vers lui, et m'enquis s'il vouloit troquer son citron contre mes dragées. Il s'y accorda, aimant
mieux le doux que l'aigret; et, tout de ce pas, je m'en retournai à
notre Domine, que je tirai par sa grande manche comme il corrigeoit un
thème. Je lui demandai en riant s'il vouloit manger du citron, et, en
disant cela, je l'ouvris par la moitié avec une jambette[1] et lui fit voir
les dix écus. « Vous n'attendrez pas si longtemps que je vous ai fait
« accroire, lui dis-je. — Non, répondit-il en prenant l'argent, ceci est
« pour moi, je vous laisse tout le citron. » Après, il me dit qu'il me louait
bien pour ma subtilité, mais qu'il me blâmoit pour le hasard où je
m'étois mis de perdre mes écus.

« Depuis, cet animal farouche, entièrement apprivoisé, ne me traita
pas plus rigoureusement que les autres. Je parachevai tout le cours
de mes études dans le même collège sans qu'il m'arrivât autre chose
digne de vous réciter que ce que je vous ai dit : et les vacations de
l'année de ma philosophie étant venues, je fus mandé par mon père
pour sortir tout à fait du collège et venir en Bretagne. »

Bien amusant encore est le récit d'une représentation dramatique

1. Petit couteau.

donnée dans le collège. Hortensius a composé une tragédie qu'il veut faire jouer par ses élèves. On dresse un théâtre, on improvise une décoration sommaire, on affuble les acteurs de vieux ornements d'église et d'oripeaux achetés chez un fripier, et la représentation commence. Francion fait une furie chargée de poursuivre un criminel, torche au poing. Soudain, sa malheureuse victime perd la mémoire, répète cinq ou six fois le même vers, et de crier : « Comment est-ce qu'il y a après? Francion, souffle-moi. » « Mais, continue notre auteur, sans songer à ce qu'il me demandoit, je tournois d'un côté et d'autre. Notre régent, extrêmement en colère de voir cette ânerie, sort avec son libelle en la main, et, le venant frapper d'un coup de poing, lui dit : « Va, va, ignorant, je n'acquerrai que du déshonneur avec toi ; « lis ton personnage. » Cet autre prend le papier, et se retire vitement derrière la tapisserie, pensant que ce fût le vouloir du régent. » Francion croit qu'Hortensius, resté sur le théâtre, veut remplir lui-même la fin du rôle. « Je le prends donc par une manche, comme il m'avoit été enseigné, et, le faisant tourner et courir d'un côté et d'autre, je lui passe le flambeau par devant le nez, tellement que je lui brûlai presque toute la barbe. Comme j'étois plus fort que lui, je le tourmentai tant qu'à la fin il fut contraint de se laisser choir à terre. Je vous proteste que la poix résine dont je le brûlois l'entêtoit de telle manière, qu'avec les secousses que je lui donnois, elle fut cause qu'en un instant, il devint comme tout pâmé et que ses esprits furent si affaiblis, qu'il ne me pouvoit pas dire distinctement que je le laissâsse. » Et Francion avoue qu'il y avait quelque malice dans son erreur ; il rendait avec usure à son tyran les mauvais traitements qu'il en avait reçus.

Nous avons prolongé notre commerce avec Francion. Nous espérons que les aventures de ce héros de roman auront paru divertissantes. Mais il a oublié de nous parler d'un intéressant épisode de la vie scolaire. Comment se terminait l'année? N'y avait-il point de distribution des prix avant le départ pour les vacances, à la fin d'août? Le silence de Francion n'est pas une omission. On ignorait les distributions de prix. L'honneur d'être le premier dans la classe et dans les examens suffisait à l'ambition de l'écolier. Toutefois, les exercices scolaires étaient clos, du moins au xvie siècle, par une cérémonie publique, où les enfants mettaient beaucoup de gloire à obtenir le suffrage des grandes personnes, et il y avait même, pour quelques-uns, des récompenses décernées à la suite d'un concours spécial.

Le 25 août, jour de la Saint-Louis, la cour du collège et les arbres de la cour étaient tendus de draps blancs, sur lesquels on exposait, entre des guirlandes de feuillage, les bonnes pages des commençants, et les pièces de vers ou autres compositions des humanistes jugées dignes de la remarque des professeurs. Cela était calligraphié selon le savoir des auteurs, avec accompagnement de lettres en or et en couleur. Chacun se tenait près de son œuvre, écoutant les critiques et les éloges auxquels se livraient les personnes invitées.

Cependant la grande salle, décorée de tapisserie et garnie de banquettes, était le théâtre d'exercices d'un autre genre. Sous la présidence d'un prélat, d'un grand seigneur ou d'un magistrat de l'une des cours souveraines, les logiciens et dialecticiens commençaient à disputer sur des questions qui avaient été affichées d'avance aux carrefours de la ville. Quand la lutte était épuisée, c'était le tour des rhétoriciens. Les dix plus forts d'entre eux venaient déposer les copies d'une composition dont ils étaient allés, la veille, demander le sujet au président de la fête. Ils avaient été mis en conclave pour fournir cette épreuve et des précautions étaient prises afin qu'ils ne reçussent pas l'aide de leurs maîtres. En présence de l'assemblée, chacun à son tour déclamait son ouvrage ; ensuite, un jury choisi en dehors du collège discutait, séance tenante, le mérite des concurrents. Un jugement semblable avait lieu pour les philosophes, et le vainqueur, dans chaque faculté, recevait de la main du président un bonnet d'étudiant.

Ce n'est que plus tard, et par imitation de ce qui se pratiquait chez les jésuites, que l'Université consacra la solennité des prix annuels dans les collèges[1].

Ainsi, grâce à Sorel, complété par Quicherat, nous avons pu vivre pendant quelques instants de la vie d'un collégien au temps de Henri IV et de la régence de Marie de Médicis. Francion se plaint, sans doute, des disgrâces qu'il a éprouvées dans sa geôle, mais il met une telle complaisance à les raconter qu'on a droit de supposer que le souvenir en était pour lui bien adouci par celui de tant de bons tours et de joyeuses escapades.

---

1. Nous empruntons tous ces détails à l'*Histoire de Sainte-Barbe*, par Quicherat.

Ce qui ressort de son récit et de ceux des autres contemporains que nous avons appelés en témoignage, c'est la ressemblance frappante qui apparaît entre les écoliers français du temps passé et nos collégiens du XIX° siècle. Même malice, même étourderie, même solidarité entre camarades. Ce qui nous étonne en songeant à l'étrange régime auquel on pliait la jeunesse, à la bizarrerie des méthodes d'enseignement, à l'inanité des programmes, c'est que l'esprit français ait pu résister à cette implacable contrainte, rester lui-même en dépit de tout, et malgré latin, pédants et férules, jaillir impétueux et original, éloquent, incisif et tendre, du XVI° au XVIII° siècle, sous la plume des Rabelais et des Montaigne, des Corneille et des Molière, des Racine et des La Fontaine, des Voltaire et des Rousseau. Il lui a fallu une grâce d'état et une sève vigoureuse.

CHAPITRE IX

Les petites écoles à la ville et à la campagne. — Les Frères de la doctrine chrétienne. — Le choix des maîtres. — Un peu de statistique.

Notre étude a jusqu'ici laissé de côté toute une catégorie d'enfants, la plus nombreuse, mais aussi la plus obscure, les enfants du peuple des villes et des campagnes. Nous avons vu ce qui fut fait, pendant le moyen âge, pour les fils de la bourgeoisie. Essayons de nous représenter ce qui tint lieu d'enseignement primaire jusqu'à la fin de l'ancien régime.

L'enseignement primaire! Le mot est moderne comme la chose. Exista-t-il, dans l'ancienne France, quelque chose d'analogue à ce vaste réseau d'écoles, qui retient, de nos jours, tous les petits Français, au moins pendant leurs premières années? Hélas! non. L'enseignement secondaire fut abondamment distribué. Au moment de la Révolution française, on le donnait à 72 947 élèves, partagés entre 562 collèges. Mais l'autre, l'humble enseignement primaire, — même réduit à la lecture, à l'écriture et au calcul, — était loin de tenir sa place légitime dans les préoccupations du clergé et de l'État, c'est-à-dire de ceux qui avaient mission et qualité pour le répandre.

Cependant, il n'en fut pas toujours et partout ainsi. Aux premiers temps du moyen âge, l'Église comprit que l'éducation du peuple était pour elle un devoir, et, ce devoir, elle s'efforça de le remplir avec fidélité. Il est probable que, dès l'époque mérovingienne, on recevait dans les basses classes des écoles des cathédrales et des couvents, les petits enfants du voisinage, pour leur enseigner la lecture et surtout le catéchisme. Souvent, les desservants des paroisses se consacraient à cet enseignement. Au ixe siècle, Théodulphe, évêque d'Orléans, adressait au clergé de son diocèse, et spécialement aux curés, un mandement qui renferme d'intéressantes prescriptions sur l'instruction de la jeunesse : « Que les prêtres, dit l'évêque, aient des écoles dans les villes et dans les bourgs, et, si quelqu'un des fidèles veut leur confier ses petits enfants pour leur apprendre les lettres, qu'ils ne refusent pas de se charger de leur instruction, mais qu'ils les dirigent avec charité, sans exiger aucun salaire pour ce service, sans recevoir autre chose que ce que la bonne volonté ou le zèle charitable des parents les porterait à offrir. » Les textes analogues, se rapportant à la même époque, existent en très grand nombre. Ce qui vaut mieux, on trouve dans les archives épiscopales, communales et départementales, dans celles des hospices et des couvents, dans les minutes provenant des études de notaires, des traces fréquentes et incontestables de l'existence des *petites écoles* dans les villes, les bourgs et même dans les villages, surtout à partir du xiiᵉ siècle. Le fait n'est plus douteux pour personne. On a cru beaucoup plus épaisses qu'elles ne l'étaient en réalité les « ténèbres de l'ignorance » au moyen âge.

Personne ne songe à nier, d'ailleurs, que l'enseignement donné dans les *petites écoles* fût purement élémentaire. Il se bornait, le plus souvent, à la lecture, au calcul et à l'instruction religieuse. Les magisters de ces temps lointains ne savaient pas toujours écrire, et, par suite, leurs élèves étaient rarement des calligraphes. Ces élèves ne fréquentaient l'école ni longtemps, ni régulièrement. Dès qu'on pouvait les employer au travail des champs ou du métier, on les retenait au logis, si mince que fût la science qu'ils avaient acquise. Les enfants quittaient sans regret l'école, car les méthodes d'enseignement étaient aussi rebutantes qu'imparfaites. Et puis il y avait la férule et les verges. Les collèges n'en avaient pas le privilège. Quiconque enseignait donnait le fouet ; quiconque apprenait, le recevait. Nous ne reviendrons pas sur les détails de ce long martyre de l'enfance. Il suffit qu'on se réfère à ce que nous avons dit plus haut sur la discipline dans les collèges. Plus tard, à partir du xviiᵉ siècle, on amendera un peu ce système barbare, mais nous verrons qu'on laissa subsister encore bien des abus.

En somme, et c'est ce qu'il importe avant tout de constater, il n'était guère, au xiiiᵉ siècle, de commune rurale qui ne possédât son école, très élémentaire, plus ou moins bien tenue, mais enfin à peu près suffisante pour les gens du peuple, à une époque où nul ne concevait l'utilité de la diffusion d'un savoir approfondi.

Comment ce progrès commencé s'est-il brusquement interrompu ?

La réponse est aisée. « Philippe de Valois est monté sur le trône de France, et la guerre de Cent ans a commencé. Cent ans de guerre, et d'une guerre soutenue tout entière sur le sol français, changent la face de bien des choses. Quand le roi de France n'était plus que le roi de Bourges, il faudrait avoir l'étonnement facile pour s'étonner qu'on ne songeât guère à l'instruction du peuple dans un royaume occupé tout entier par l'Anglais. Autant vaudrait s'étonner que nos assemblées révolutionnaires n'aient rien fait ou presque rien pour l'instruction primaire, que des rapports et des règlements. Chacun sait, au surplus, que, si les Valois sont au premier rang parmi les princes protecteurs de ce qu'on pourrait appeler les parties brillantes de la civilisation, il y a beaucoup à dire, depuis Philippe VI jusqu'à Henri III, sur la manière dont ils ont compris, pour la plupart, leurs devoirs envers la France. Et pourtant, même alors, la décadence ne fut pas si complète que les ordonnances des rois ne portent la trace de l'intérêt qu'ils attachent à la diffusion de l'enseignement. Quand, par exemple, ils octroient à telle ville des franchises municipales, on voit figurer, comme une clause de style, parmi les attributions des consuls, le droit de nommer des maîtres d'école. La décadence ne fut pas si profonde que le pays en oubliât les bienfaits de l'instruction. En 1492, dans un hameau de Normandie, à La Haye du Theil (350 habitants) nous voyons *que les parents et amis de Marion Boucher, qui vient de perdre son père, la baillent à sa mère et à son tuteur à garder, nourrir et gouverner pendant trois ans, pendant lequel temps ils seront obligés la tenir à l'école et lui trouver livres à ce nécessaires.* On s'intéresse donc, dès lors, même à l'éducation des filles. Je ne nie pas d'ailleurs qu'il y ait une lacune dans l'histoire de l'instruction primaire. Que si vous ajoutez à la guerre de Cent ans les dernières guerres féodales et les guerres de religion, vous comprendrez aisément qu'il y en ait une, et qu'il faille attendre jusqu'à la fin du XVIe siècle, ou même jusqu'au milieu du XVIIe pour voir l'enseignement commencer à se relever de ses ruines [1]. »

Au surplus, cette lacune dans l'histoire de l'enseignement primaire n'existe pas pour les grandes villes, ni même pour les villes de quelque importance. Dès le XIIe siècle, Paris eut ses petites écoles, qui, depuis

____

1. F. Brunetière, *l'Enseignement primaire avant 1789.*

cette époque, ne fermèrent jamais leurs portes aux écoliers du menu peuple. Dans le rôle de la taille imposée en 1292 par Philippe le Bel aux Parisiens, on compte onze *mestres d'escoles* établis dans un certain nombre de paroisses, et concourant à l'impôt en payant chacun le cinquantième de leur revenu.

A Paris, le chef suprême, ou, si l'on veut, l'inspecteur général des écoles primaires était le chantre de Notre-Dame, second dignitaire du chapitre, qui exerçait déjà, en vertu de ses fonctions, un pouvoir absolu sur les ecclésiastiques et les enfants qui prenaient des leçons de chant dans l'école établie près l'église cathédrale.

Les écoles de Paris étaient régies par un statut antérieur à l'année 1380, qui fut approuvé dans un synode présidé par Guillaume de Salvarville, chantre et professeur de théologie, dans sa maison du Cloître, en présence de deux témoins et d'un notaire apostolique, avec le concours de vingt-deux maîtresses et quarante et un maîtres, tenant écoles à Paris ou dans la banlieue. D'après ce statut, les maîtres ne pouvaient enseigner qu'avec l'autorisation du chantre. Cette autorisation était valable pour un an. Les maîtres se devaient des égards entre eux. Il leur était interdit de se faire une concurrence déloyale; de s'enlever réciproquement leurs élèves ou leurs sous-maîtres; de changer de domicile sans avertir le chantre ; de s'établir « à moins de vingt maisons les uns des autres pour les quartiers non peuplez, de dix pour ceux qui sont peuplez » ; de tenir des écoles mixtes. Il leur était ordonné « de mettre tableaux à leurs portes et fenêtres pour plus facilement les trouver » ; de dénoncer quiconque ouvrirait une école sans la licence du chantre. Chaque école ne devait recevoir qu'un nombre d'élèves déterminé, et les élèves payaient au maître une modique rétribution.

Il serait intéressant de connaître le nombre de ces écoles, et des écoliers qui les fréquentaient. Les registres du chapitre de Notre-Dame donnent la preuve qu'au commencement du xve siècle, il existait, sur vingt et une paroisses de Paris, une ou plusieurs petites écoles recevant chacune une dizaine d'enfants. D'un autre côté, nous trouvons dans les mêmes registres que, le 13 octobre 1449, eut lieu, en réjouissance de la conquête de la Normandie par Charles VII, une procession à laquelle, par ordre de l'évêque et du chapitre, furent conviés tous les petits enfants fréquentant les écoles de Paris. « Ils vinrent et se rassemblèrent dans l'église et le cimetière des Saints-Innocents, et, de là, se rendirent à Notre-Dame, marchant deux à deux, en procession, avec ordre et modestie, jusqu'au nombre de .... mille, sans compter les petites filles. Chaque enfant tenait dans sa main un cierge ou une chandelle allumée. Ils portaient la châsse de saint Innocent et chantaient, les uns des litanies, les autres des antiennes. Lorsqu'ils furent réunis à la cathédrale, il y eut une messe solennelle devant la statue de Notre-Dame. Les orgues jouèrent et les deux grosses cloches *Jacqueline* et *Marie* sonnèrent à pleine volée. La messe fut célébrée par le sous-chantre, maître Jean d'Oliva, et les enfants de chœur firent entendre leurs chants. La messe dite, la procession conduisit la châsse de saint Innocent jusqu'à l'église Sainte-Geneviève, puis elle revint à Notre-Dame. Plusieurs chanoines et d'autres personnes assistèrent à toute cette cérémonie, accomplie au milieu d'une grande foule, qui se réjouissait de voir une procession si solennelle, et si édifiante. » Dans le document que nous venons de traduire, le nombre des écoliers, « *ad...millia* », a été laissé en blanc. Nous en pouvons cependant conclure que ces écoliers étaient au moins deux mille, et qu'on les appelait à participer aux grandes réjouissances publiques et nationales.

Jusqu'à la fin du xvie siècle, la suzeraineté du grand chantre sur les établissements où l'on donnait l'enseignement primaire demeura incontestée, ou à peu près. Notons cependant que tout le faubourg Saint-Germain restait en dehors de la juridiction de ce haut dignitaire. L'abbé de Saint-Germain des Prés, relevant directement du Saint-Siège, ne permettait pas au grand chantre d'administrer les petites écoles de ses domaines. Toutefois, en 1669, il consentit à renoncer à son privilège, et à céder ses droits à son rival. Ce fut une importante victoire pour le grand chantre, d'autant plus précieuse qu'elle compensait de nombreuses défaites.

En effet, depuis près de trois quarts de siècle, l'omnipotence de ce dignitaire avait reçu de funestes atteintes. Le prévôt de Paris, le lieutenant civil, et même le bailli du palais avaient osé se déclarer compétents, sur des faits relatifs aux écoles. Il y avait eu conflit, et le parlement, pris pour juge, n'avait pas toujours rendu des sentences favorables aux prétentions du chantre. Enfin, une corporation nouvelle était née, celle des *maîtres écrivains jurés*, et l'un de ses premiers actes avait été de demander à Charles IX « qu'il lui pleût pour éviter aux abus qui se commettent ordinairement en l'art d'escriture, et pour autres bonnes et justes causes, ordonner que doresnavant aucuns ne s'ingèrent d'assister aux vérifications des seings et escritures, ni d'instruire les enfants audit art, s'ils ne sont trouvés premièrement expérimentés, ne eux nommer ne appeler maistres escrivains, qu'ils n'aient été receus et trouvés suffisants par quatre des plus idoines maistres d'escriture de la ville de Paris ». Charles IX, sur l'avis du prévôt de Paris et du lieutenant civil, homologua ces prétentions par

INTÉRIEUR D'UNE CLASSE AU XVᵉ SIÈCLE.

lettres patentes, qui furent enregistrées par le parlement le 31 janvier 1576.

Aux protestations du chantre, les *maistres escrivains jurés* répondirent en sollicitant qu'il fût fait « défenses aux maistres d'escoles d'enseigner l'escriture dans aucune de ses parties, de mettre sur leurs tableaux des plumes d'or ni aucunes marques d'escritures ». Ces conclusions furent approuvées par le prévôt de Paris, mais rejetées par le parlement. Les réclamants se bornèrent alors à demander qu'on interdît aux maistres d'écoles « de bailler à leurs escoliers aucuns exemples que de monosyllabes ». Le parlement ne les écouta pas davantage. Il défendit seulement aux maîtres d'école (1600) « de pouvoir tenir école d'écriture ni montrer l'art d'icelle séparément ».

Ces contestations invraisemblables se prolongent pendant toute la première moitié du xviie siècle. Enfin, par un arrêt du 2 juillet 1661, le parlement décide en dernier ressort : *1° Que le chantre est maintenu et gardé au droit d'instituer les maistres des petites écoles en cette ville de Paris et enseigner la jeunesse... 2° Que ledit chantre ne peut prendre juridiction sur les maistres écrivains... 3° Que lesdits maistres d'écoles pourront mettre des tableaux ès portes et entrées des lieux où ils tiennent lesdites petites écoles, et en iceux ces mots : Céans on tient petites écoles (et le nom de celui qui voudra mettre ledit tableau) et ensuite : Maître d'école qui enseigne à la jeunesse le service, à lire, écrire et former les lettres, la grammaire, l'arithmétique et calcul, tant au jet qu'à la plume, et prend des pensionnaires, 4° Pourront lesdits maîtres des petites écoles donner des exemples jusqu'à trois lignes seulement, sans qu'ils puissent tenir écoles d'écriture ni montrer l'art d'icelle séparément, et seront tenus d'écrire eux-mêmes les exemples qu'ils donneront à leurs écoliers... 5° Enfin défense est faite : aux maîtres écrivains de montrer et enseigner autre chose que l'art d'écriture, l'arithmétique tant au jet qu'à la plume, et l'orthographe, pour laquelle seulement ils pourront user des livres imprimés et manuscrits, sans qu'ils en puissent abuser ni s'en servir pour montrer à lire, sinon dans lesdits manuscrits, à cet effet seulement et sans fraude.*

En même temps qu'ils luttaient contre les maîtres écrivains jurés, les chantres s'avisaient de faire concurrence à l'Université, et d'établir des pensions où l'on faisait le même cours d'études que dans les collèges, la philosophie exceptée. On vit alors paraître des *maîtres de pension* ou *permissionnaires* qui s'annonçaient au public sous les titres pompeux de *directeurs d'académie*, de *maison d'éducation de jeune noblesse militaire* ; l'un d'eux, le nommé Chevalier, logé rue Chapon, se vantait par son affiche d'enseigner à ceux qui voudraient prendre ses leçons le grec et le latin dans l'espace de *trois mois*, de les rendre capables, en *six mois*, d'interpréter tous les poètes et les orateurs. Un autre, nommé du Roure, demeurant rue Neuve-de-Lamoignon, allait jusqu'à annoncer qu'il enseignait : *la grammaire, la rhétorique, la philosophie, les mathématiques, la théologie, la jurisprudence, la*

médecine, la mécanique, la fortification, la géographie, la chrono-
logie, le blason, l'astronomie, la jurisprudence romaine, les
ordonnances, la coutume, les principes hébraïques et le droit canon.

On pense que l'Université ne laissa pas se produire sans protester
cette prétention inouïe du chantre. Elle présenta une plainte au parlement, et cette plainte fut accueillie. Le chantre en appela, et, de fait,
il conserva le droit d'accorder des licences à des *permissionnaires,*

UNE ÉCOLE AU XVIIᵉ SIÈCLE (D'APRÈS ABRAHAM BOSSE).

qui faisaient une sérieuse concurrence aux petits collèges de
l'Université, et aux maîtres de pension agréés par elle.

Il nous reste à parler d'une autre guerre entreprise par les chantres,
aussi étrange que les précédentes, mais plus odieuse, parce qu'elle
tendait à priver d'instruction toute la partie misérable de la population
parisienne.

On sait que les petites écoles du chantre étaient payantes, et, par
suite, inaccessibles aux enfants des pauvres gens. « Désirant remédier
à l'ignorance qui régnoit dans leurs paroisses, principalement parmi
les pauvres, dont les enfants, faute d'argent, ne pouvant aller aux
écoles ordinaires, demeuroient pour la plupart errants et vagabonds

dans les rues, sans discipline, et dans une ignorance si extrême des principes de leur religion, les curés de la ville ont cru qu'il n'y avoit pas de meilleur moyen pour y remédier, que d'établir des écoles de charité dans les principales paroisses de la ville, où les pauvres puissent être instruits de leur catéchisme, et en même temps y apprendre à lire et à écrire gratuitement, soit par les curés, soit par des ecclésiastiques par eux préposés [1]. »

Qui le croirait? le chantre conçut le dessein de détruire ces écoles de charité, parce qu'elles faisaient concurrence aux écoles payantes. Cependant les curés avaient pris soin de défendre à leurs maîtres de recevoir aucun salaire, aucun présent « pas même par forme d'étrennes », d'enseigner autre chose que la lecture, d'admettre d'autres enfants que ceux des pauvres sur la désignation des marguilliers. Le curé de Saint-Séverin, celui de Saint-Eustache, avaient même invité le chantre à faire inspecter leurs écoles. Rien ne put adoucir ce dignitaire jaloux de ses privilèges, qui se nommait alors Michel Lemasle (1633-1662). Notre homme offrit aux curés de recevoir, à titre gratuit, les enfants pauvres dans les écoles payantes.

Les curés pressentirent un piège. Ils dirent que les maîtres de quartiers promettraient bien de recevoir et d'instruire les pauvres, mais qu'ils ne le feraient pas, ou qu'ils les traiteraient mal, pour les chasser de leurs écoles, ou du moins qu'ils les négligeraient et n'en prendraient aucun soin; « que les pères et mères riches ne souffriroient pas que l'on meslât les pauvres gueux, garçons et filles, avec leurs enfants, lesquels les auroient à mépris et leur saleté et leurs haillons ». Cette argumentation était fort juste. Après une longue procédure, le parlement la sanctionna par un arrêt du 25 mai 1666. Malheureusement il y eut des abus. Visitant un jour la paroisse de Saint-Jean-en-Grève, le chantre constata l'existence d'une grande école, où plusieurs maîtresses enseignaient en diverses classes quatre ou cinq cents filles, « demoiselles bourgeoises et autres, de toutes conditions et de toutes paroisses, bien mises et bien vêtues, qui payent et qui font des présents ».

Les maîtres d'écoles payantes se crurent alors menacés d'une ruine totale. Le chantre, leur protecteur, entama un procès qui dura

---

1. Plaidoyer de M. Delabarre, en faveur des curés de Paris, 23 janvier 1680.

vingt ans. L'archevêque François de Harlay rendit, le 20 septembre 1684, une sentence destinée à contenter tout le monde et qui ne contenta personne. Enfin, une transaction intervint entre les parties (30 mai 1699). Les curés reconnurent l'autorité morale du chantre et son droit d'inspection ; ils consentirent à lui demander des autorisations pour ouvrir des écoles de charité ; mais, en réalité, chaque curé restait maître absolu dans son école, et le chantre dut s'avouer vaincu, en fait sinon en droit.

Il put d'ailleurs se consoler par la victoire complète qu'il remporta dans sa guerre contre les *Frères des écoles chrétiennes*, guerre honteuse, victoire sans péril et sans honneur.

Quelle que soit l'opinion que l'on professe à l'égard des doctrines de J.-B. de La Salle, on doit une admiration sans réserve « à son zèle professionnel, à l'initiative hardie qu'il déploya dans l'organisation de ses écoles et dans le recrutement de ses maîtres, à son ardeur tenace que ne découragèrent ni les résistances jalouses des corporations rivales, ni l'inexplicable opposition du clergé ; au dévouement infatigable d'une belle vie, consacrée à la cause de l'instruction, et qui ne fut qu'une longue série d'efforts et de sacrifices.

« De bonne heure, La Salle avait donné des preuves de l'énergie de son caractère. Débile et maladif, il lui fallait lutter contre les défaillances de son tempérament. Pour vaincre le sommeil et prolonger ses veilles, tantôt il se mettait à genoux sur les cailloux aigus, tantôt il plaçait en face de lui, sur son bureau de travail, une planchette garnie de pointes de fer, où sa tête allait se heurter dès que la fatigue l'assoupissait et l'inclinait en avant. Chanoine du chapitre de Reims dès 1677, ordonné prêtre en 1678, il se démet de sa prébende en 1683, et, se faisant volontairement pauvre afin de se rapprocher de ceux dont il voulait sauver les âmes, il renonça à tous ses biens patrimoniaux, au grand scandale de ses amis qui le traitaient de fou[1]. »

Cet homme respectable, encouragé par les succès qu'il obtenait en province, vint à Paris en février 1688, et, avec le concours de personnes charitables, il établit des écoles sur les paroisses Saint-Sulpice et Saint-Roch, au faubourg Saint-Marceau et au faubourg Saint-An-

1. M. Compayré, *Histoire de la pédagogie.*

toine. Pauvres écoles ! mais combien grande était l'ardeur des premiers disciples de La Salle. « Leur maison était pauvre et délabrée, dit un des historiens du saint homme, des portes à demi brisées et des croisées mal jointes ne pouvaient les garantir que très imparfaitement contre les vents et les pluies. Les grandes chaleurs de la canicule et les rigoureux frimas de l'hiver les surprenaient dans le même état d'indigence et de dénuement. Ils couchaient en toute saison sur des planches couvertes d'un peu de paille ; ils n'avaient pour se nourrir que les restes dont la charité des frères de Saint-Sulpice leur faisait l'aumône... Pendant le grand hiver et l'horrible famine de l'année 1693, ils manquèrent plusieurs fois de pain, et ne se nourrirent parfois que de tiges et de feuilles d'absinthe cuites à l'eau. Et dans cette extrémité, ils trouvaient encore le moyen de distribuer quelques aliments aux pauvres affamés de leur quartier ! »

Tant de dévouement ne parvint pas à toucher ceux auxquels venaient faire concurrence les frères des écoles chrétiennes. Les maîtres écrivains jurés s'alarmèrent les premiers. Par deux fois ils pénétrèrent violemment dans les écoles des frères et emportèrent le modeste mobilier. En 1703, ils s'unirent aux maîtres d'école et au grand chantre pour intenter un procès à l'institut redouté. En février 1704, deux commissaires se présentent à l'école du faubourg Saint-Antoine, exhibent une sentence du lieutenant de police, saisissent les plumes, les encriers, les modèles d'écriture, et jusqu'à l'enseigne apposée au-dessus de la porte. Au mois d'août suivant, nouvelle sentence du même magistrat. « Faisons défenses, est-il dit dans l'arrêt, aux frères des escoles de charité, de demeurer ensemble ni de faire aucun corps de société ni commerce, jusqu'à ce qu'ils ayent obtenu des lettres patentes du Roy et qu'ils les ayent fait enregistrer, le tout à peine de 300 livres d'amende. »

La Salle ne perd pas encore tout espoir ; il continue à tenir ses classes ouvertes. Les maîtres écrivains sont exaspérés. Au mois d'août 1705, ils vont ensemble aux écoles charitables de Saint-Sulpice, insultent les maîtres, chassent les élèves, emportent en trophée le mobilier et l'auraient même vendu sans l'opposition énergique du propriétaire de la maison. Pendant quelques mois, procès, amendes, saisies, se succèdent sans répit. Enfin le parlement, le 5 février 1706. rend un arrêt qui interdit à La Salle « de tenir par lui-même ou par ses frères aucune école dans toute l'étendue de Paris et de ses faubourgs, sans la permission formelle du chantre de Notre-Dame ».

Le triomphe de la coalition ne fut que momentané. La Salle rouvrit ses écoles une à une. Enfin, en 1724, le roi Louis XV reconnut l'institut des frères de la doctrine chrétienne qui purent dès lors enseigner à peu près librement!

Voilà à quelles mesquines questions de prérogatives était sacrifiée, au xv° et au xvii° siècle, la grande cause de l'instruction du peuple!

Que se passait-il, à la même époque, dans les campagnes? Nous avons vu l'enseignement primaire à peu près détruit au xiv° et au xv° siècle. Au xvi° siècle se manifeste une sorte de renaissance.

En 1568, aux états généraux d'Orléans, le tiers état demanda « qu'une prébende fût affectée dans chaque église cathédrale ou collégiale, à l'entretien d'un précepteur qui aurait pour charge d'instruire gratuitement la jeunesse et sans salaire ». La noblesse alla plus loin. Le tiers état n'avait demandé que l'*instruction gratuite*, la noblesse réclama l'*instruction obligatoire*, en exigeant que le clergé prélevât sur le revenu des bénéfices, « une contribution pour stipendier des pédagogues et gens lettrés en toutes villes et villages... et seront tenus les pères et mères, *à peine de l'amende*, envoyer leurs enfants à ladite école ». Ces vœux n'obtinrent qu'une médiocre satisfaction. Les premiers états de Blois en 1576, et les seconds en 1588, les renouvelèrent expressément. Cette fois, ce fut le clergé qui prit l'initiative, et qui demanda que « dans tous les bourgs et même dans les villages, les évêques instituassent un maître, précepteur d'école, pour instruire la jeunesse, lequel serait stipendié par les paroissiens, tenus de faire instruire leurs enfants[1] ». Malheureusement, dans ces années de luttes civiles, compliquées de guerres étrangères, les circonstances ne se trouvèrent pas de sitôt favorables à la réalisation de ces louables intentions.

Le pouvoir royal ne s'occupa sérieusement de l'instruction primaire qu'à la fin du xvii° siècle, après la révocation de l'édit de Nantes, et dans une intention de propagande religieuse. On lit dans la *Déclaration* de 1698 : « Enjoignons à tous pères et mères, tuteurs et autres personnes qui sont chargées de l'éducation des enfants, et nommément

1. Tous ces textes sont cités par M. Georges Picot, dans son *Histoire des états généraux*.

de ceux dont les pères et mères ont fait profession de la religion prétendue réformée, de les envoyer auxdites écoles et au catéchisme jusqu'à l'âge de quatorze ans. »

Pendant tout le xviiie siècle, et dans le même esprit, on voit les évêques travailler de toutes leurs forces à l'établissement des petites écoles [1]. « Nous exhortons les curés, dit un évêque de Grenoble, à s'appliquer à l'établissement des petites écoles dans les paroisses, par toutes les voies que la charité leur inspirera. » L'évêque de Boulogne, à son tour, se déclare « convaincu que rien ne contribue davantage à former des bons chrétiens que la bonne éducation des enfants. Nous croyons aussi, dit-il, que rien ne mérite plus notre attention et celle des curés, que l'établissement des maîtres-d'écoles.... Nous désirons qu'il y en ait un dans chaque paroisse de notre diocèse, qui ait soin de tenir bonne école. » Voici maintenant l'évêque de Dijon : « S'il se trouve dans notre diocèse quelques paroisses qui soient sans recteur d'école, nous ordonnons aux curés et vicaires desdites paroisses de veiller à ce qu'il en soit établi. » Ils vont plus loin. Le gouvernement de Louis XIV, depuis 1685, avait affecté les biens des consistoires protestants ou des religionnaires fugitifs « à l'établissement de recteurs ou de maîtres d'écoles », de préférence à tout autre usage, et plutôt même « qu'à la réparation des églises ». Les évêques entrent volontiers dans cette pensée. « Inspirez, disent les statuts synodaux de Toul et de Châlons, inspirez à ceux qui veulent faire des fondations au profit de l'Église, de les attribuer à cette bonne œuvre de l'établissement des écoles. » Et les fondations se multiplient. La seule province de Flandre en compte un grand nombre. Tantôt ce sont des nobles, comme, en 1660, Louis de Croix, écuyer, seigneur de Gourguemez, qui donne un capital de 28 000 florins pour l'entretien et l'instruction de douze pauvres orphelins. Tantôt c'est un prêtre comme, en 1686, Denis Francquet, qui érige « une école de filles en même forme que l'école de garçons présentement établie par les soins de Jean Lenglait, chanoine de Séclin. »; tantôt c'est une simple bourgeoise, comme, en 1688, « Jeanne Ramery, veuve du sieur Beaudoin Sturtellaghem, en son vivant marchand », qui lègue une rente et une maison dans laquelle « trois filles dévotes et craignant Dieu seront tenues de reco-

---

1. Notre étude suit ici de fort près le remarquable article de M. Brunetière, que nous avons déjà cité.

voir les pauvres honnêtes filles n'ayant moyen de payer écolage, jusqu'au nombre de cent cinquante[1] ».

Il en est de même partout. Des nombreux documents recueillis au Musée pédagogique de Paris, à la suite d'une enquête faite en 1875, il résulte que, dans toutes nos bonnes provinces, beaucoup de paroisses avaient leur école et leur recteur à partir de la fin du XVIIe siècle. La *Correspondance des contrôleurs généraux* nous montre que toutes les communes se considèrent comme obligées à cet égard. Un maître vient-il à se retirer ou à mourir, aussitôt les notables de l'endroit se réunissent, annoncent à la ronde ou font annoncer par leur curé l'intention qu'ils ont ou de nommer ou de remplacer un maître d'école, et, parmi les candidats qui se présentent, en choisissent un à l'élection, sauf approbation de l'intendant.

Cette élection se faisait parfois d'une façon bien singulière. À Volonne, dans les Basses-Alpes, où l'on a pu constater l'existence des écoles à partir de 1528, on vit parfois des scènes étranges. En 1727, par suite d'un édit de Sa Majesté, en date du 24 mai 1724, ordonnant qu'il soit établi dans toutes les villes et lieux du royaume un maître et une maîtresse d'école, aux gages de 150 livres pour le régent et de 100 livres pour la régente, les consuls font savoir et publier à son de trompe que *la disputte des escolles* aura lieu le 15 octobre. Sont convoqués, pour assister à la dispute, outre les consuls, le greffier, le prieur, un bachelier en théologie, trois autres prêtres et un chirurgien. Deux concurrents se présentent : Bellier, perruquier de Sisteron, et Ailhaud, chapelain des pénitents. Le chapelain déclare ne vouloir disputer avec un perruquier. Il dit que son titre de prêtre et les recommandations de l'évêque de Gap doivent l'en dispenser et lui valoir la préférence ; il proteste énergiquement. Il s'offre à régenter pour 51 livres, etc. Mais les consuls disent que, pour se conformer aux ordres du roi, il faut qu'il y ait *disputte*, et attendu le refus du sieur Ailhaud, la commission procède à *l'interrogat* de Bellier qui tient à la *disputte*. On *l'interroge sur sa foy et sa doctrine*, dit le procès-verbal, et il *répond pertinemment sur tous les faits, même sur les principes de la* GRANDMÈRE. Il explique, ce perruquier, à livre ouvert, un sermon de

---

1. Toutes ces citations sont empruntées à l'ouvrage de M. Fontaine de Resbecq, *Histoire de l'instruction primaire dans les communes qui ont formé le département du Nord.*

saint Léon dans le Bréviaire. Il répond ensuite sur l'*arimétique*; on le fait lire, écrire en gros et en petit caractère, et, à l'unanimité, il est reconnu *capable de faire ladite régence*. Et il la fait pour 90 livres, prix habituel [1].

Ne nous étonnons pas de voir un perruquier *régenter* à Volonne. En plein XVIIe siècle, à Paris, Edme Pourchot, syndic de l'Université, reprochait au chantre Claude Jolly, de mettre à la tête des écoles « des sergents, des fripiers, des fiacres, des gargotiers, des cabaretiers, des maçons, des *perruquiers*, des férandiniers, des rubaniers, des jardiniers, des violons, des joueurs de marionnettes, des fondeurs de cloches, et même ses propres laquais, dont il pouvait, disait-il, donner le nom, le surnom, et la demeure ».

Il ne faut donc pas se faire illusion. Les *maistres d'école* de jadis n'étaient pas de grands clercs; généralement le curé avait assez d'influence sur ses paroissiens pour peser sur leur vote ou sur leur choix, et, d'après un correspondant de l'abbé Grégoire, « ils trouvaient toujours l'instituteur assez capable quand il savait servir la messe et jouer au piquet [2] ». On s'explique aisément cette ingérence et cette influence du curé. Presque partout le maître d'école est engagé « pour chanter à l'église, assister le *sieur curé* au service divin et à l'administration des saints sacrements, pour l'instruction de la jeunesse, pour sonner les cloches à l'*Angelus* du soir, du matin et de midi, et à tous les orages qui se feront pendant l'année, puiser l'eau pour faire bénir tous les dimanches, balayer l'église tous les samedis, faire la prière tous les soirs, depuis la Toussaint jusqu'à Pâques [3] ». Le régent des villages était bien plutôt bedeau et sacristain que maître d'école. Nos instituteurs modernes, « gros messieurs », ont bien monté en grade.

Aussi la science de ce brave homme d'ancien régime est-elle assez légère, et ce qu'il donne d'instruction se réduit à peu de chose : la lecture, l'écriture, le calcul, quelquefois, dans les gros bourgs, quelques bribes de latin et le plain-chant! Et d'ailleurs il a peu d'élèves! Qui

---

1. Ces faits sont empruntés à une communication inédite de M. Boiron, inspecteur primaire. (*Musée pédagogique.* Série départementale : Basses-Alpes.)

2. En 1790, Grégoire envoya dans tous les départements un questionnaire où se trouvait la rubrique suivante : *Chaque village est-il pourvu de maîtres et maîtresses d'écoles?* M. Gazier a publié, en 1879, les réponses qui subsistent encore.

3. Babeau, *le Village sous l'ancien régime.*

songe, même le curé, à contraindre les parents à lui confier leurs enfants ? Édits royaux, ordonnances, règlements restent inutiles à cet égard. Les prescriptions sont très impératives dans la forme ; dans la pratique on les élude impunément !

Il est un point d'ailleurs sur lequel les prescriptions font absolument défaut. Rien de plus variable, de province à province, de paroisse à paroisse, que la fixation des honoraires des maîtres. Ici on leur donne 50 livres, ailleurs 200 ; tantôt la commune leur fournit des denrées : dix, quinze, vingt boisseaux de blé, un ou deux muids de vin, de cidre, ou de bière ; tantôt les familles les nourrissent chacune à son tour. D'après certains contrats, il leur est interdit de recevoir des élèves aucune rétribution ; d'autres conventions fixent, au contraire, une rétribution uniforme ou progressive en raison de l'âge des enfants. En somme, sans être dans une large aisance, le magister semble avoir sa vie assurée ; il mange, boit, s'habille, comme les gens de son village, auxquels il ne se croit d'ailleurs nullement supérieur.

En général, il est logé par la commune, très-modestement. L'école est une chaumière semblable aux autres. Deux pièces tout au plus. Dans l'une loge le maître. Dans l'autre il fait la classe. Souvent, dans la même salle, le brave homme couche, prend ses repas et instruit la jeunesse. Pour mobilier, quelques bancs boiteux, des tables raboteuses, rarement un tableau où se lisent, en divers caractères, les lettres de l'alphabet. Toujours et partout le martinet et la férule.

Je me trompe : la férule est absente parfois. Certains règlements scolaires l'interdisent, mais la remplacent. Tel le règlement donné en 1711 par l'évêque d'Autun, pour les écoles charitables de la ville de Moulins. On lit, à l'article 60 : « Pour châtier les enfants, *on ne se servira jamais de férule* ny d'autre instrument de pénitence, on ne les frappera jamais de la main et encore moins du pied, ny de la baguette dont on se sert pour faire lire les syllabes des cartes ; on se servira uniquement d'un fouet de parchemin qu'on nomme ordinairement *un robinet*, qui sera au plus de sept à huit cordons ; quand il y en a un grand nombre, il meurtrit et ne pique pas, ce qui fait que les enfants le craignent moins et ne se corrigent pas. »

Mais quand doit-on se servir du *robinet* ? D'après l'article 63 du même règlement, dont nous respectons l'orthographe, les cas de punition ne sont point rares : « 1° Quand les enfants viennent tard ; 2° s'ils

viennent sans être peignez et leurs habits, quoique mauvais, mal
ajustés, par exemple, sans être boutonnés, sans jartières et qu'ils se
gratassent pendant les prières ou pendant la sainte messe, etc. ; 3° quand
ils demandent pendant l'école d'aller à leurs nécessités ;… 6° s'il s'en
trouve qui ayent jetté des pierres, où qui en ayent pris pour les jetter,
ou bien qui ayent porté quelque bâton pour se deffendre ou faire le
méchant ;… 8° ceux qui jouent, se promenent, courrent ou badinent
avec des filles, quand ce seroit avec leurs sœurs, les garçons ne devant
se divertir qu'avec les garçons ; 9° ceux qui se sont allés beigner, sans
être accompagnés de quelquesuns de leurs parents, comme père, mère,
oncle, etc. ; 10° ceux qui seront allés voir les bateleurs, ou qui en passant s'y seront arrêtez, ceux qui auroient joués, ou étés à la campa-
gnie de ceux qui jouent aux cartes, ou qui auroient joués de l'argent
à quelque jeu que ce fut, etc. » Il y a ainsi treize cas « fouettables ».
Nous en avons passé, et d'étranges, qui donnent une singulière idée
des mœurs patriarcales de la campagne, au bon vieux temps.

Chose plaisante, l'écolier n'a pas le droit de protester contre le châtiment, fût-ce par ses larmes. « Que si en l'avertissant de venir recevoir le châtiment, il s'arrête à dire des raisons, à pleurer, ou même à
demander pardon au lieu d'obéir à ce qu'on luy dit, il faut dire ce que
dessus, que pour ses raisons, ses cris et ses pleurs, il en aura un
coup davantage, que si cette fois il ne laisse pas de crier ou de faire
quelque bruit, il faut dans la prochaine école, le faire venir de nouveau recevoir le châtiment, luy faisant comprendre que jusqu'à ce
qu'il reçoive le châtiment sans qu'on l'entende, on le châtiera toujours ;
qu'en un mot, il faut la paix et l'obéissance dans une école. » (Art. 64.)

Et cependant ces petites écoles d'autrefois n'ont pas laissé de mauvais souvenirs à ceux qui en ont connu le régime. Les magisters restaient chers à leurs écoliers. Toute cette marmaille villageoise ne craignait pas les coups et s'en vengeait par des tours pendables. Le maître
ne frappait pas bien fort, et puis, être frappé à l'école ou à la maison
paternelle, cela se vaut. Or chacun sait qu'autrefois les parents ne
ménageaient pas les corrections manuelles. Il y aurait donc injustice ou
naïveté à s'indigner ou à se lamenter sur les rigueurs d'un système
scolaire en rapport avec les mœurs de l'époque. L'ancienne France
a été tout entière à cet égard de l'avis des pédagogues du moyen âge ;
elle a pratiqué sans remords la maxime : « Qui aime bien, châtie bien. »

Au surplus, les enfants avaient alors comme maintenant leurs jours de liesse. La grande fête scolaire était la Saint-Nicolas. A Paris, à cette occasion, les petits écoliers habillaient l'un d'eux en évêque et le promenaient par les rues. En outre, les enfants de chœur de Notre-Dame « disoient des facéties et se donnoient en spectacle », en se rendant de chez eux à Saint-Nicolas des Champs. Le chantre et le parlement interdirent parfois cette coutume bizarre, qui entraînait des abus. D'après de vieux statuts, les maîtres s'exposaient à cent sous parisis d'amende, « lorsqu'ils menoient ou faisoient mener les enfants par la ville ou autrement en habits dissoluz, avec tambours, trompettes, ou instruments, en quelque manière que ce soit ». Voici encore les termes de l'article 20 du règlement de 1725 : « Défendons pareillement de faire, chez soi ou en maison empruntée, aucune fête, danse, assemblée ou tragédie, comme aussi de mener les enfants par la ville, les jours de Saint-Nicolas et Sainte-Catherine, avec violons ou autrement, à peine de dix livres d'amende, applicable aux pauvres maîtres et maîtresses. » Statuts et règlement n'y faisaient rien d'ailleurs; on célébrait la Saint-Nicolas « par banquets, danses et comédies », à la barbe du chantre et de messieurs du parlement.

Pour quels motifs avait-on mis les petites écoles de garçons sous l'invocation de saint Nicolas? Un *Mystère latin* du xiiie siècle va nous mettre au courant de la légende. Nous donnons la traduction *in extenso* de cette œuvre primitive qu'on chantait en gesticulant.

PERSONNAGES.

SAINT NICOLAS; Trois ECOLIERS ou CLERCS;
Un VIEILLARD, aubergiste; Sa FEMME.

On entend les lamentations des trois écoliers qui frappent à la porte du vieillard.

Le premier Écolier. — Le désir de nous instruire dans les sciences nous a conduits dans des pays étrangers, et à cette heure que les rayons du soleil s'éteignent, nous cherchons un asile.

Le second Écolier. — Déjà le soleil est prêt à plonger dans la mer avec ses coursiers rapides, cette contrée nous est inconnue, demandons au plus tôt l'hospitalité.

Le troisième Écolier. — Voici une femme âgée qui se présente à nous. Touché de nos prières, le maître de cette maison voudra bien nous accueillir comme des hôtes.

Tous les trois, *s'adressant au vieillard*. — Cher hôte, par amour de l'étude nous avons quitté notre patrie; donnez-nous l'hospitalité pour cette nuit seulement.

Le Vieillard. — Que le Créateur de toutes choses vous héberge, car, certes, ce ne sera pas moi; à cela je ne vois ni profit ni agrément.

Les Écoliers, *à la vieille femme*. — Que ce soit donc vous, chère dame, qui obteniez ce que nous demandons, et pour récompenser ce bon office, Dieu, peut-être, vous rendra mère d'un fils.

La Femme, *au vieillard*. — La charité nous oblige à donner l'hospitalité à ces jeunes gens qui errent à la recherche de l'étude. Cela ne peut être nuisible.

Le Vieillard, *à sa femme*. — Ton conseil est bon et je vais les introduire.

Le Vieillard, *aux écoliers*. — Entrez, entrez, messieurs les écoliers, ce que vous souhaitez vous est accordé.

Ici les écoliers se couchent et s'endorment.

Le Vieillard, *à sa femme*. — Tiens, regarde donc leurs escarcelles! Que d'argent! Il ne tient qu'à nous d'avoir en nos mains ce trésor.

La Femme. — Depuis notre naissance, nous portons le fardeau de la misère, mon ami, mais leur mort peut nous en affranchir. Arme-toi donc de ton épée, leur mort va nous enrichir pour le reste de nos jours, et personne ne connaîtra jamais cette action.

L'hôte égorge les écoliers, et les cache dans un coffre de bois comme de la chair à saler.

Nicolas, *chantant à la porte de la maison*. — Pauvre voyageur, accablé de fatigue, mes pieds se refusent à marcher; pour cette nuit, je vous prie en grâce, donnez-moi l'hospitalité.

Le Vieillard, *à sa femme*. — Celui-ci mérite-il d'être accueilli, chère épouse, qu'en penses-tu?

La Femme. — Son extérieur est respectable; il faut le recevoir.

Le Vieillard, *ouvrant la porte*. — Étranger, vous nous semblez un homme recommandable; entrez ici, et, si vous souhaitez souper, vous n'avez qu'à commander.

Nicolas, *assis à table, considérant les mets.* — Je ne veux rien de tout cela, ce que je veux, c'est de la chair fraîche.

Le Vieillard. — Je vous donnerai la viande que je possède, mais non pas de la chair fraîche, car je n'en ai pas.

Nicolas. — Tu mens, vieillard, tu mens ; il y a ici de la chair toute fraîche, et cela par suite du crime horrible que t'a fait commettre la soif de l'or.

Le Vieillard et sa Femme, *ensemble, tombant aux genoux du saint.* —

UNE SORTIE D'ÉCOLE AU XVIII° SIÈCLE (D'APRÈS SAINT-AUBIN).

Ayez pitié de nous ! nous reconnaissons en vous un saint du Seigneur ; notre crime est abominable, mais n'en saurions-nous être absous ?

Nicolas. — Apportez ici ces corps, et priez avec une âme repentante ; ces malheureux seront rendus à la vie par la bonté divine, et vous obtiendrez votre pardon.

On tire du coffre les trois corps, et le saint, s'agenouillant, dit :

O mon Dieu, dont la main a créé toutes choses, le ciel, la terre, l'air et l'eau, permets que ces enfants revivent, et tu les entendras chanter tes louanges.

Les trois enfants ressuscitent, et tous les acteurs entonnent en chœur : Te Deum laudamus.

Nous avons dit à peu près tout ce qui pouvait intéresser ici sur l'état de l'enseignement primaire avant 1789. Quelques chiffres, pour terminer, prouveront encore une fois que l'ancien régime avait fait quelque chose pour cet enseignement. « En 1789, dit M. Brunetière, une seule congrégation de femmes, peu connue d'ailleurs, les Filles de la Providence, dirigeait 116 maisons d'instruction, qui recevaient 11 660 élèves. Deux autres congrégations plus célèbres, les Ursulines et les Filles de Saint-Vincent-de-Paul, possédaient à elles deux plus de 800 maisons. A la même date, l'institut des écoles chrétiennes dirigeait déjà plus de 120 maisons, qui comptaient en tout 36 000 élèves. Descendons aux écoles communales. M. de Beaurepaire [1] a constaté que, sur 1159 paroisses du diocèse de Rouen, visitées de 1713 à 1717, 855 se trouvaient pourvues d'écoles. M. Babeau constate à son tour qu'en 1788, sur 446 communes qui depuis ont formé le département de l'Aube, 420 avaient leur école. Enfin, si l'on veut restreindre encore le champ des recherches, on trouve que dans le petit village de Saint-Prix, canton de Montmorency, le nombre des conjoints sachant lire ou du moins signer, n'a pas cessé de grandir depuis 1668 jusqu'à 1789. En 1668, pour 100 mariages, 46 hommes et 12 femmes savent signer. En 1789, la proportion est déjà de 73 hommes sur 100 et de 46 femmes. Elle est aujourd'hui de 88 hommes et de 94 femmes. »

Ces chiffres prouvent qu'à partir du xviie siècle, l'ancien régime a multiplié les fondations pour l'instruction du peuple ; c'est un fait incontestable. Mais il restait à améliorer ces fondations, à former des maîtres, à chercher des méthodes, à installer des écoles moins primitives, à les peupler, à les assainir. La gloire du xixe siècle est d'avoir entrepris cette tâche, de l'avoir continuée avec ardeur et avec suite, de s'être enfin rapproché du but idéal entrevu et désigné par les hommes de la Révolution.

---

1. *Recherches sur l'instruction publique dans le diocèse de Rouen.*

CHAPITRE X

LES GRANDS RÉFORMATEURS DU XVIe SIÈCLE

Érasme et Luther. — Rabelais et Montaigne. — Leur influence sur les réformes
scolaires.

Nous avons essayé de montrer ce que fut le système d'éducation
du moyen âge. Malgré tant de détails pittoresques notés au passage,
l'impression dernière est profondément triste. L'époque que nous
venons de traverser fut, à dire vrai, « le purgatoire de l'enfance et de
la jeunesse ». Avouons cependant qu'à toutes les époques du moyen
âge, il y eut des protestations contre l'inconvenable façon dont on
élevait les enfants. Saint Anselme (xie siècle) trouvait qu'en les frappant
on s'exposait à transformer « des hommes en bêtes ». Gerson, chancelier de l'Université (xive siècle), compare les enfants à de frêles plantes,
à des fleurs qu'il faut arroser, qu'il faut protéger contre les influences
mauvaises. Il recommande la patience aux maîtres ; il se plaint de la
brutalité générale, il interdit l'usage des châtiments corporels. Ces
opposants, de plus en plus nombreux, finirent par provoquer le grand
courant, qui, dès les premières années du xvie siècle, poussa tous les
esprits élevés vers l'indulgence et la douceur envers les petits et les
faibles.

« Je le déclare, j'aimerais mieux que l'on fermât tout à fait les
gymnases et les monastères, que de voir pratiquer la manière d'enseigner et de vivre, qui, jusqu'à ce jour, y a été en usage. Je voudrais
que tous les jeunes gens n'apprissent rien et fussent incapables de
parler, plutôt que de les voir formés à telle école, sous la férule de
tels précepteurs. Et voici mon avis et mon vœu : c'est que ces étables
de baudets à deux pieds et que ces écoles diaboliques soient détruites
de fond en comble et rasées, ou bien qu'elles soient, par une pieuse
métamorphose, transformées en écoles chrétiennes. » Tel est le jugement que porte Luther sur le vieux système d'éducation, dans ses
Lettres aux Seigneurs et Magistrats des villes d'Allemagne.

« Ces gens-là se voient comme rois sur leurs trônes : c'est merveille de les voir faire rage et exercer un empire absolu, non sur les bêtes, comme dit le poète comique, mais sur un âge qu'il faudrait couver de tendresses. Vous jureriez non une école, mais un lieu de torture : ce ne sont que férules qui claquent, fouets qui cinglent, gémissements et sanglots, menaces épouvantables qui retentissent. Que voulez-vous que les enfants y apprennent, si ce n'est à détester l'étude ? Et une fois que cette horreur de l'étude s'est emparée d'eux dans l'âge tendre, devenus grands, ils en gardent le dégoût. » C'est ainsi que dans son livre intitulé : *De pueris statim ac liberaliter instituendis* [1], Érasme nous dépeint l'aspect des collèges. N'oublions pas qu'il avait fréquenté Montaigu. Que nous dit Montaigne du collège de Guyenne [2] ? « C'est une vraye geaule de jeunesse captive : on la rend desbauchée, l'en punissant, avant qu'elle le soit. Arrivez y sur le poinct de leur office : vous n'oyez que cris, et d'enfants suppliciez et de maistres enyvrez en leur cholère. Quelle maniere pour esveiller l'appetit envers leur leçon à tendres ames et crainctifves, de les y guider d'une trongne effroyable, les mains armées de fouets ! Inique et pernicieuse forme ! Combien leurs classes seroient plus decemment jonchees de fleurs et de feuilles que de tronçons d'osier sanglans [3] ! »

Ainsi, ce sont Érasme et Luther qui, de l'étranger, provoquent le mouvement. Érasme nous a laissé deux opuscules pédagogiques dont l'un est une sorte de Traité de l'éducation des enfants, et l'autre le premier modèle des Manuels de civilité puérile et honnête. Il recommande avant tout l'indulgence et la tendresse, proscrit le fouet et les coups, veut que les enfants soient formés de bonne heure aux usages et même aux modes du monde où ils doivent vivre, et que leurs études soient graduées et ménagées, selon les progrès de leur intelligence et de leur corps.

Luther voit les choses de plus haut. Dans ses *Lettres aux Seigneurs et Magistrats des villes d'Allemagne*, il s'occupe surtout de l'organisation générale et de la diffusion de l'instruction. Il trace le rôle de l'État ; il l'exhorte à ne pas regarder à la dépense pour la création et l'entretien des écoles de tous les degrés, pour la fondation

---

1. *De l'éducation prompte et libérale des enfants.*
2. A Bordeaux, où il fut élevé.
3. *Essays*, livre I, ch. xxv.

des bibliothèques publiques, en un mot, pour la diffusion de la science dans toutes les classes de la société. Il veut soustraire les intelligences à l'éducation scolastique, comme les croyances au joug de la papauté.

En Espagne, Vivès, évêque de Valence, en Italie, le cardinal Jacques Sadolet luttent de toutes leurs forces pour la bonne cause. En France enfin, nous avons Rabelais et Montaigne, qui méritent d'être salués comme les deux grands précurseurs de la réforme de l'éducation. Rabelais a tracé tout un plan et raconté tout un roman d'éducation sensée, douce et libérale. Son élève géant commence par être délivré du maillot et recevoir une éducation toute physique ; quand vient le temps de l'instruire, on le confie d'abord à un pédant qui l'abêtit, mais on s'aperçoit promptement qu'on a fait fausse route et on remet l'enfant aux mains d'un sage précepteur. « Gargantua, dit Sainte-Beuve [1], s'éveille à quatre heures du matin environ ; pendant sa première toilette on lui lit quelques pages de la sainte Écriture, hautement et clairement, de manière à élever dès le matin son esprit vers les œuvres et les jugements de Dieu. Suivent quelques détails d'hygiène. Après quoi le précepteur emmène son élève, et lui montre l'état du ciel, qu'ils avaient également observé la veille au soir avant de se coucher... Après cette petite leçon en plein air, viennent les leçons du dedans, *trois bonnes heures* de lecture ; puis les jeux, la balle, la paume, tout ce qui peut servir « à galamment exercer les corps, comme ils avaient auparavant exercé les âmes »... Au dîner (que nous appellerions le déjeuner), il ne fait manger à son élève que ce qu'il faut pour apaiser *les abois de l'estomac*. A propos de chaque mets, l'entretien roule sur la vertu, propriété et nature des objets, des viandes, poissons, herbes ou racines. On rappelle les passages des anciens qui en ont parlé ; au besoin, on se fait apporter les livres. Après le repas viennent les cartes, mais c'est encore pour apprendre sous ce prétexte mille petites gentillesses et inventions nouvelles, qui toutes dépendent de l'arithmétique et des nombres. Le jeune Gargantua fait de la sorte ses *récréations arithmétiques* en se jouant. La digestion faite,..., on se remet à l'étude pour la seconde fois et sérieusement, *par trois heures ou davantage.* Après quoi, vers deux ou

---

1. *Causeries du Lundi,* t. III, articles sur Rabelais.

trois heures après midi environ, on sort de l'hôtel et l'on va, en compagnie de l'écuyer *Gymnaste,* s'exercer à l'art de la chevalerie et à la gymnastique. Gargantua, sous un si habile maître, profite hardiment et utilement...

« Quand la journée est pluvieuse, l'emploi des heures est différent, et la diète aussi diffère. Faisant moins d'exercice en plein air, on se nourrit avec plus de sobriété. Ces jours-là, on visite plus particulièrement les boutiques et ateliers des divers ouvriers lapidaires, orfèvres, alchimistes, monnayeurs, horlogers, imprimeurs, sans oublier l'artillerie, alors toute nouvelle, et partout, « donnant le vin aux gens »; on s'instruit dans les industries diverses.

« C'est vraiment un admirable tableau idéal d'éducation, où presque tout devient sérieux, si on le réduit du géant Gargantua à des proportions un peu moindres. Il y a de l'excès, de la charge assurément dans tout l'ensemble; mais c'est une charge qu'il est facile de ramener au vrai, et dans le sens juste de l'humaine nature. Le caractère tout nouveau de cette éducation est dans le mélange du jeu et de l'étude, dans ce soin de s'instruire de chaque matière en s'en servant, de faire aller de pair les livres et les choses de la vie, la théorie et la pratique, le corps et l'esprit, la gymnastique et la musique, comme chez les Grecs, mais sans se modeler avec idolâtrie sur le passé, et en ayant égard sans cesse au temps présent et à l'avenir. »

Même à côté de Rabelais, dont il a fait évidemment son profit, Montaigne reste original. Dans le régime auquel il soumet son Gargantua, Rabelais oublie un peu les proportions de la nature humaine. Son élève apprend tout; il est à la fois un érudit, un savant et un lettré, sans compter qu'il est merveilleusement instruit dans tous les exercices du corps. Nous ne croyons pas qu'il se trouve un cerveau de simple mortel capable de contenir, sans éclater, cette prodigieuse quantité de faits et d'idées. Gargantua, il est vrai, est un géant, et nous ne devons pas oublier qu'il faut ramener aux proportions réelles et juger équitablement d'après les grandes lignes un système que Rabelais s'amuse à exagérer comme toutes les inventions de son livre. Cependant, même en tenant compte du grossissement voulu, il faut reconnaître que Rabelais, sous ce rapport de la science à outrance, est bien du xvie siècle, et qu'il eût certainement surmené même un élève de proportions humaines.

Au contraire, la grande qualité de Montaigne, c'est la mesure. L'auteur des *Essais* adopte à peu près toutes les vues de son devancier sur l'éducation, mais, en les adoptant, il se garde bien d'oublier ce travail de réduction que nous avons jugé nécessaire. Il veut former un homme réel : il tient compte des forces réelles de l'homme. Tout ce qui pourrait surcharger la mémoire ou l'entendement est élagué comme inutile ou dangereux. Montaigne a horreur de l'effort. Il veut que la science et l'expérience pénètrent dans l'esprit de l'enfant par un progrès insensible et continu. Qu'on ne l'enferme pas dans un collège ! Mais qu'on l'éloigne de son clocher ! Qu'on lui fasse parcourir le monde ! Il a horreur des gens dont la vue est « raccourcie à la longueur de leur nez ». Sur ce chapitre Montaigne est intarissable. « Quand les vignes gelent en mon village, mon prebstre en argumente l'ire de Dieu sur la race humaine, et juge que la pepie en tienne desjà les cannibales... Et disoit le Savoïard que « si ce sot de roy de France « eust seu bien conduire sa fortune, il estoit homme pour devenir « maistre d'hostel de son duc ». Son imagination ne concevoit aultre plus eslevee grandeur que celle de son maistre,... Mais qui se présente, comme dans un tableau, ceste grande image de nostre mère nature, en son entière majesté ; qui lit en son visage une si generale et constante varieté ; qui se remarque là dedans, et non soy, mais tout un royaume, comme un traict d'une pointe très délicate, celui-là seul estime les choses selon leur juste grandeur [1]. »

Au lieu de séquestrer l'enfant dans l'étude exclusive du grec et du latin (que Montaigne est loin de dédaigner d'ailleurs !), au lieu de lui fausser l'esprit par les arguties de la scolastique, apprenez-lui les langues vivantes ; faites-lui fréquenter « par le moyen des histoires, les grandes âmes des meilleurs siècles » ; fortifiez son corps par tous les exercices physiques ; fortifiez son âme par l'étude de la philosophie. Mais la vraie philosophie a pour son but la vertu, « qui n'est pas, comme dict l'Eschole, plantée à la tête d'un mont coupé, rabotteux et inaccessible ; ceulx qui l'ont approchee la tiennent au rebours, logée dans une belle plaine fertile et fleurissante, d'où elle veoit bien soubs soy toutes choses ; mais si peult on y arriver, qui en sait l'adresse, par des routes ombrageuses, gazonnées et doulx fleurantes, plaisam-

---

1. *Essays*, I, xxv.

ment, et d'une pente facile et jolie, comme est celle des voultes celes-
tes. Pour n'avoir hanté ceste vertu suprème, belle, triomphante,
amoureuse, delicieuse pareillement et courageuse, ennemie professe et
irréconciliable d'aigreur, de desplaisir, de crainte et de contraincte,
ayant pour guide nature, fortune et volupté pour compaignes ; ils
sont allez, selon leur faiblesse, feindre ceste sotte image, triste, que-
relleuse, despite, menaceuse, mineuse, et la placer sur un rochier à
l'escart, emmy les ronces : fantosme à estonner les gents [1]. »

Érasme, Luther et surtout Rabelais et Montaigne, tels sont les précurseurs de l'enseignement moderne. Tous contribuent à mettre en
lumière les idées que l'on retrouvera chez les éducateurs du xviie et du
xviiie siècle. Leur influence a été immense. Il importe d'en constater
brièvement les effets, avant d'examiner avec quelque détail l'œuvre
des grandes corporations enseignantes, qui se fondent ou se renou-
vellent à partir de la fin du xvie siècle.

Dès le xvie siècle en effet et dans la première moitié du xviie siècle,
s'accomplissent d'importantes réformes scolaires, dont il y aurait
ingratitude à ne pas faire honneur à Rabelais et à Montaigne. Ces
sceptiques en toutes choses se font écouter partout, et ceux qui les
rènient se laissent involontairement pénétrer par leurs préceptes de
tolérance et de douceur. Sous leur influence, la discipline s'adoucit
dans les collèges. Les jésuites, qui commencent à s'emparer de
l'enseignement secondaire, restreignent, en le conservant, l'usage
des châtiments corporels. Par une foule de petites inventions très
ingénieuses, propres à stimuler l'émulation, ils essayent de rendre
attrayantes les études les plus arides ; ils donnent une place importante aux exercices physiques, à la gymnastique, à la promenade, ils
se font familiers avec leurs élèves ; en un mot, ils transforment, autant
qu'il se peut, en des séjours supportables, « ces geaules de jeunesse
captive » qui faisaient horreur à Montaigne.

Les jansénistes, qui ont ouvertement lancé l'anathème contre Montaigne, qui ne daignaient pas même prononcer le nom de Rabelais,
adoptent, bon gré, mal gré, nombre de leurs idées. Pour les châtiments corporels, ils vont plus loin que les jésuites, ils les suppriment.
Comme les jésuites, ils font de la douceur une qualité indispensable

1. *Ibid.*

à quiconque se mêle d'élever les enfants. Mais c'est surtout dans leur plan d'études que l'on peut reconnaître l'influence de Montaigne. Tout est combiné pour l'application de cette idée si juste qu'il faut proportionner l'enseignement à l'entendement des enfants, qu'il vaut mieux cultiver le jugement que la mémoire. Tout se ressent de l'esprit moderne, dont les jansénistes ont été si souvent les précurseurs en matière d'éducation.

Les collèges de l'Université, plus longtemps réfractaires à cet esprit moderne — à l'esprit de Rabelais et de Montaigne, — se transforment à leur tour, à l'instigation du bon Rollin. Les Pères de l'Oratoire s'efforcent d'emprunter ce qu'ils trouvent de meilleur dans les méthodes des jansénistes et dans celles des jésuites, pour organiser des établissements modèles sous le double rapport de la discipline et de l'enseignement. Dès le XVIIe siècle, il n'y a plus de tronçons d'osier sanglants sur le plancher des classes. Montaigne et Rabelais triomphent partout. Les écoliers pourraient saluer en eux leurs libérateurs.

III

LES TEMPS MODERNES

———

CHAPITRE XI

LES CONGRÉGATIONS ENSEIGNANTES. — LES JÉSUITES

Fondée à Paris, 1534 [1], par un Espagnol, le célèbre Ignace de Loyola, qui venait de terminer ses études au collège Sainte-Barbe, la Compagnie de Jésus a joué un rôle décisif dans l'histoire de l'enseignement public en France. Tour à tour calomniée et portée aux nues, elle a commencé le mouvement de réforme, qu'accentuèrent les maîtres de Port-Royal et de l'Oratoire, elle a forcé l'Université à sortir de l'ornière scolastique, où elle se traînait avec un entêtement complaisant.

A peine institués, les jésuites projetèrent de s'établir à Paris et d'y fonder un collège. Ce dessein hardi ne pouvait manquer de porter ombrage à l'Université très puissante encore, jalouse de ses privilèges et de son monopole. Après de longues escarmouches, elle se décida à se prévaloir de son monopole et à intenter un procès à ses dangereux concurrents.

Pasquier soutint la cause de l'Université. Le grand orateur pressentait les vues ambitieuses de ces religieux, dont l'ordre, fondé depuis vingt-cinq ans, possédait déjà des biens considérables et une influence prépondérante dans l'Église : « Les nourrir au milieu de nous, messieurs, disait-il, c'est y introduire un schisme et autant d'espies [2] espagnols et ennemis jurés de la France, dont nous sentirons les effets au premier remuement que les malheurs du temps nous pourront apporter. Considérez, magistrats, combien il importe à la France que vos

———

1. La Compagnie de Jésus n'a reçu la sanction papale qu'en 1540.
2. Espions.

enfants ne soient pas élevés par eux ! On leur lit quelques livres d'humanité et de philosophie ; mais cependant on leur enseigne, parmi tout cela, toutes propositions contraires à l'ordre hiérarchique, tant de nostre religion que d'Estat : et, à peu dire, on en fait une pépinière pour être ennemis du Roi lorsque les occasions s'en présenteront.

« Quant à nous, continua-t-il, on nous reproche notre cupidité, on nous oppose votre libéralité[1]. Dois-je appeler libéralité de ne prendre un sol pour l'entrée de votre collège, et néanmoins vous êtes riches, en dix ans, de plus de cent mille écus ? C'est être libéral comme le pêcheur qui donne à la mer un ver pour en rapporter un gros poisson ; comme le brigand qui, par promesses, attire le passant dans ses embûches pour lui ôter la vie et son avoir. Où est le collège de notre Université qui se soit

IGNACE DE LOYOLA,
FONDATEUR DE LA SOCIÉTÉ DE JÉSUS.

ainsi conduit, et qui, en deux cents ans, soit parvenu à de telles richesses ? »

Voici la péroraison de cette remarquable plaidoirie : « La cause qui se traite maintenant, messieurs, ne regarde point tant le corps de l'Université que l'intérêt de vous et de vos enfants ; bref, de toute la postérité. Et si toutes ces remontrances ne vous émeuvent, nous appelons, pour conclusion de notre plaidoyer, Dieu à témoin, et protestons à la face du monde, que nous n'avons failli à notre devoir afin que, si nos craintes se réalisent, au moins la postérité reconnaisse que ce siècle n'a été dépourvu d'hommes, qui, de longue main, ont prévu la tempeste future. Espérons donc que nos petits-neveux se souviendront que l'Université de Paris, la première de la France et de l'uni-

<hr>

1. L'Université, très pauvre, faisait payer de modiques rétributions aux élèves non boursiers qui suivaient comme externes les cours des collèges. Les leçons des jésuites étaient gratuites pour les externes.

vers, ne fut jamais lasse et ne se lassera jamais de combattre toutes sortes de sectes et de novalités, premièrement pour l'honneur de Dieu et de son Église, puis pour la majesté de notre prince, et finalement pour le repos et la tranquillité de l'Estat. »

Le parlement rendit une sentence équivoque, qui permit aux jésuites d'enseigner, au mépris des défenses de l'Université. Celle-ci, reconnaissante, envoya à son défenseur une bourse « contenant plusieurs escus » ; il la refusa en disant qu'il était son nourrisson, et que tout le temps de sa vie serait à son service. L'Université, justement touchée de sa délicatesse, ordonna que tant qu'il vivrait on lui porterait tous les ans deux cierges le jour de la Chandeleur ; récompense honorable et que Pasquier prisait par-dessus tout.

L'ennemi était dans la place. Il fallait le subir en attendant une occasion de l'attaquer de nouveau. Toutefois l'Université saisissait tous les prétextes qui se présentaient, pour témoigner son hostilité. En 1573 et 1577, elle repoussa de nouvelles tentatives des jésuites pour se faire agréer par elle. La redoutable Compagnie prospérait néanmoins, recevait de nombreux élèves dans son collège de Clermont et narguait les pauvres maisons de sa rivale réduite au silence. Mais Henri IV monte sur le trône avec des dispositions peu favorables à la Société de Jésus, qui avait trempé dans toutes les intrigues de la Ligue. En 1594, le recteur, Jacques d'Amboise, les accuse d'être secrètement les ennemis du roi et des lois fondamentales du royaume, d'être attachés au parti espagnol, et de conspirer contre les libertés de l'Église gallicane. Nouveau procès. Antoine Arnaud, le père du janséniste Arnaud, défendit les droits de l'Université avec une véhémence qui produisit une vive impression. Les jésuites remuaient ciel et terre pour regagner le terrain perdu, quand un événement tragique les perdit. Un de leurs élèves, Jean Chastel, écolier au collège de Clermont, frappa le roi d'un coup de couteau au visage, en plein Louvre, et subit le dernier supplice. On acquit la certitude que le jeune fanatique avait été, non pas directement inspiré par ses maîtres, mais perverti par les doctrines politiques qu'il entendait soutenir autour de lui. Tous les parlements du royaume demandèrent alors et obtinrent la fermeture des collèges des jésuites, et l'expulsion des membres de l'ordre.

Le triomphe de l'Université fut court. Le roi rappela les jésuites en

et dissoute à son tour, mais pour renaître transformée et régénérée.

Quel que soit le jugement qu'on porte sur les jésuites, sur leur influence, sur les moyens qu'ils emploient pour étendre cette influence, tout le monde est forcé de reconnaître qu'ils ont été — qu'ils sont encore — d'habiles éducateurs de la jeunesse. C'est à eux surtout que l'ancienne Université est redevable des progrès qu'elle a accomplis, à partir du xviiᵉ siècle. Ils ont, par la concurrence, contraint au rajeunissement ce vieux corps, animé d'un esprit trop conservateur. Libres d'innover, puisqu'ils n'avaient pas derrière eux des traditions transformées en routine, aptes à profiter de tout ce qui s'était fait de bon avant eux et autour d'eux, ils conçurent un système d'éducation très différent de celui qui était en usage dans l'Université depuis un temps immémorial. Ils dégagèrent les études de ces formes tristes et sévères qui n'étaient propres qu'à donner aux jeunes gens du dégoût et de l'ennui. Ils comprirent de bonne heure qu'ils n'avaient pas à former que des savants, mais aussi des hommes du monde, et ils s'attachèrent à orner l'esprit de leurs élèves, sans négliger les études solides.

On a trop dit, et avec injustice, qu'ils se bornent à donner une instruction brillante, mais superficielle. Quelques énigmes puériles, quelques jeux d'esprit qui sentent trop le collège, ne doivent pas faire croire que les élèves des jésuites n'étaient et ne sont occupés qu'à mettre en vers latins l'éloge du tabac ou du café. Les erreurs de quelques Pères trop ingénieux ont fait sourire leurs collègues les premiers. En somme, les jésuites ont été et sont encore d'excellents professeurs de grammaire, de bons professeurs de rhétorique et de mathématiques, de médiocres professeurs de philosophie — et pour cause ! Quant aux sciences physiques et naturelles, ils les négligent personnellement, et, de tout temps, ils en ont volontiers confié l'enseignement à des professeurs étrangers.

Chez eux, à l'origine, la langue maternelle fut interdite jusque dans les conversations. Les jours de fête et par manière de récompense, les écoliers étaient autorisés à causer en français. Les grammaires grecques et latines, les prosodies [1], les notes qui accompagnent les textes d'auteurs étaient écrites en latin. A la fin seulement du xviiᵉ siècle, on supprime l'obligation de parler latin et d'enseigner en latin. Encore

1. Vers 1876 on se servait encore, dans les maisons d'éducation des jésuites, de grammaires et de prosodies écrites en latin.

encourage-t-on, en toute occasion, les élèves à se servir du latin dans les exercices de la classe.

Le fouet demeure l'instrument suprême de la discipline. Seulement les Pères ne le manient pas eux-mêmes. Il y a, dans chaque collège un correcteur attitré, un laïque. Ce correcteur est parfois un élève pauvre qui paye sa pension en corrigeant ses camarades. Les rhétoriciens sont soumis au fouet, tout comme les *petits* des classes inférieures. Tout le monde connaît l'histoire que Saint-Simon a racontée si malicieusement dans ses *Mémoires* : « Le fils aîné du marquis de Boufflers avait quatorze ans : il était joli, bien fait, il réussissait à merveille, il promettait toutes choses. Il était pensionnaire aux jésuites avec les deux fils d'Argenson. Je ne sais quelle jeunesse il y fit avec eux [1]. Les Pères voulurent montrer qu'ils ne craignaient et considéraient personne, et fouettèrent le petit garçon, parce qu'en effet ils n'avaient rien à craindre du maréchal de Boufflers ; mais ils se gardèrent bien d'en faire autant aux deux autres, quoique également coupables, parce qu'ils avaient à compter tous les jours avec Argenson, lieutenant de police. Le petit Boufflers fut saisi d'un tel désespoir qu'il en tomba malade le jour même. En quatre jours cela fut fini. Pour les jésuites le cri universel fut prodigieux, mais il n'en fut autre chose [2]. »

Il nous reste à rendre hommage au zèle personnel, au talent d'éducateurs dont les Pères font preuve dans leurs rapports avec la jeunesse. Au temps de leurs débuts, Bacon disait déjà d'eux : « Pour ce qui regarde l'instruction de la jeunesse, consultez les classes des jésuites, car il ne se peut rien faire de mieux. » Descartes, leur élève au collège de La Flèche, les regardait comme « des savants hommes, s'il y en avait en aucun endroit de la terre ». Voltaire, dont on cite trop volontiers la boutade : « Les jésuites ne m'ont appris que des sottises et du latin », se souvint toujours avec plaisir du temps où il faisait ses études au collège Louis-le-Grand, et où le Père Lejay lui prédisait qu'il serait un jour « l'étendard du déisme en France ». Il aimait, dans ses vieux jours, à rappeler le rude hiver de 1709, où les professeurs et les élèves grelot-

1. Nos jeunes étourdis avaient, à l'aide d'une sarbacane, lancé des pois au nez du Père Lejay.

2. Ceci se passait en 1711. En réalité le petit Boufflers mourut quelques mois après son départ du collège, et de la petite vérole. Les souvenirs de Saint-Simon ne sont pas très fidèles ici.

taient de compagnie au coin d'un méchant feu, où parfois même ces derniers se disputaient à coups de poing les places les plus rapprochées du poêle. D'Argental et Cideville, qu'il avait connus à Louis-le-Grand, restèrent ses plus chers amis. Les Pères Porée et Tournemine contribuèrent beaucoup à former son esprit. Il s'attachait à eux pendant les récréations, les interrogeant sur toutes choses, et, en particulier, sur l'histoire contemporaine et la politique, ce qui faisait dire au bon Père Porée : « qu'il aimait à peser dans ses petites balances les grands intérêts de l'Europe ». On encourageait, chez le futur auteur de *la Henriade*, un talent naissant pour la versification. Voici quelques vers peu connus, que Voltaire fit un jour pour rentrer en possession d'une tabatière que lui avait confisquée le Père Porée :

> Adieu, ma pauvre tabatière !
> Adieu, je ne te verrai plus.
> Ni soins, ni larmes, ni prière
> Ne te rendront à moi; mes efforts sont perdus.
> Adieu, ma pauvre tabatière ;
> Adieu, doux fruit de mes écus.
> S'il faut à prix d'argent te racheter encore,
> J'irais plutôt vider les trésors de Plutus.
> Mais ce n'est pas ce dieu que l'on veut que j'implore;
> Pour te revoir, hélas, il faut prier Phœbus !...
> Qu'on oppose entre nous une forte barrière !
> Me demander des vers ! Hélas ! Je n'en puis plus.
> Adieu, ma pauvre tabatière ;
> Adieu, je ne te verrai plus.

Ne quittons pas Voltaire, sans citer *in extenso* l'éloge enthousiaste qu'il fit un jour de ses maîtres :

« J'ai été élevé pendant sept ans chez des hommes qui se donnent des peines gratuites et infatigables à former l'esprit et les mœurs de la jeunesse. Depuis quand veut-on que l'on soit sans reconnaissance pour ses maîtres ? Quoi ! il sera dans la nature de l'homme de revoir avec plaisir une maison où il est né, un village où l'on a été nourri par une femme mercenaire, et il ne serait pas dans notre cœur d'aimer ceux qui ont pris un soin généreux de nos premières années ? Si des jésuites ont un procès au Malabar avec un capucin, pour des choses dont je n'ai pas connaissance, que m'importe ? Est-ce une raison pour moi d'être ingrat envers ceux qui m'ont inspiré le goût des belles-lettres, et des sentiments qui feront, jusqu'au tombeau, la consolation de ma vie ? Rien n'effacera dans mon cœur la mémoire du Père Porée, qui est également cher à tous ceux qui ont étudié sous lui! Jamais homme ne rendit l'étude et la vertu plus aimables. Les heures de ses leçons étaient pour nous des heures délicieuses ; et j'aurais voulu qu'il eût été établi dans Paris, comme dans Athènes, qu'on pût assister à tout âge à de telles leçons ; je serais revenu souvent les entendre. J'ai eu le bonheur d'être formé par plus d'un jésuite du caractère du Père Porée, et je sais qu'il a des successeurs dignes de lui. Enfin, pendant les sept années que j'ai vécu dans leur maison, qu'ai-je vu chez eux ? La vie la plus laborieuse, la plus frugale, la plus réglée, toutes les heures partagées entre les soins qu'ils nous donnaient et les exercices de leur profession austère. J'en atteste des milliers d'hommes élevés par eux comme moi; il n'y en aura pas un seul qui puisse me démentir[1]. » Voilà un bel éloge et d'autant plus précieux qu'il est de Voltaire.

Mais le témoignage le plus flatteur qu'on puisse accorder aux jésuites, c'est de donner la liste de leurs élèves pendant le xviie et le xviiie siècle! Voulez-vous des hommes de guerre ? Voici le grand Condé et Luxembourg. Voulez-vous des prélats ? Ils ont Fléchier et Bossuet, celui-ci la gloire de leur collège de Dijon. Voulez-vous enfin des philosophes et des écrivains ? Ils ont eu l'honneur de former Descartes et Montesquieu, Corneille, Molière, Fontenelle, Voltaire, Marmontel, Piron ! Combien en oublions-nous, sans compter tant d'hommes illustres dans la magistrature ou l'administration, comme les chanceliers Lamoignon et Séguier, comme le président Hénault, comme les deux d'Argenson. De tels élèves attestent la valeur des maîtres. On doit aimer et respecter la vieille Université de Paris, mère de notre Université de France, mais on doit aussi être juste. Si les jésuites lui ont pris des élèves, ils les ont rendus à la France. Il faut saluer des rivaux qui ont si bien fait les choses.

Peut-être la meilleure manière de juger des professeurs est-elle de consulter leurs élèves : nous avons déjà entendu Voltaire, écoutons maintenant Marmontel. Il va nous introduire dans un obscur établissement de la Compagnie, au fond de la province, à Mauriac, et nous allons, par surcroît, faire connaissance avec ce curieux régime scolaire qu'on appelait le *caméristat*.

_____

1. Lettre du 7 février 1746, au Père de la Tour, jésuite.

Marmontel arriva donc à Mauriac à l'âge de onze ans. « Je fus logé, selon l'usage du collège, avec cinq autres écoliers, chez un honnête artisan de la ville; et mon père m'y laissa avec mon paquet et des vivres pour la semaine : ces vivres consistaient en un gros pain de seigle, un petit fromage, un morceau de lard et deux ou trois livres de bœuf; ma mère y avait ajouté une douzaine de pommes. Voilà, pour le dire une fois, quelles étaient toutes les semaines les provisons des écoliers les mieux nourris du collège. Notre bourgeoise nous faisait la cuisine, et, pour sa peine, son feu, ses lits et même les légumes de son petit jardin qu'elle mettait au pot, nous lui donnions par tête vingt-cinq sols par mois; en sorte que, tout calculé, hormis mon vêtement, je pouvais coûter à mon père de quatre à cinq louis par an. »

Le lendemain de son arrivée, Marmontel entre dans la classe du Père Molosse qui le prend en affection et lui donne des leçons particulières; car il n'est pas grand clerc. Il travaille avec ardeur et reçoit les conseils d'un autre Père. « Ce vieux jésuite, le Père Bourges, était l'un des hommes les plus versés dans la connaissance de la bonne latinité. Chargé de suivre et d'achever le travail du Père Vanière dans son *Dictionnaire poétique latin*, il avait humblement demandé à faire en même temps la classe de cinquième dans ce petit collège des montagnes de l'Auvergne. Il se prit d'intérêt pour moi et m'invita à l'aller voir les matins des jours de congé. Ce fut lui qui m'apprit que l'ancienne littérature était une source intarissable de richesses et de beautés, et qui m'en donna cette soif que soixante ans d'études n'ont pas encore éteinte. Ainsi, dans un collège obscur, je me trouvais avoir pour maître un des hommes les plus lettrés qui fussent peut-être au monde. Mais je n'eus pas longtemps à jouir de cet avantage; le Père Bourges fut transféré, et, six ans après, je le retrouvai dans la maison professe de Toulouse, infirme et presque délaissé. C'était un vice bien odieux dans le régime et les mœurs des jésuites que cet abandon des vieillards! L'homme le plus laborieux, le plus utile, dès qu'il cessait de l'être, était mis au rebut; dureté insensée autant qu'elle était inhumaine, parmi des êtres vieillissant et dont chacun serait rebuté à son tour.

« A l'égard de notre collège, son caractère distinctif était une police exercée sur les écoliers par eux-mêmes. Les chambres réunissaient des écoliers de différentes classes, et parmi eux, l'autorité de l'âge ou celle du talent, naturellement établie, mettait l'ordre et la règle dans les études et dans les mœurs. On travaillait ensemble et autour de la même table ; c'était un cercle de témoins, qui, sous les yeux les uns des autres, s'imposaient réciproquement le silence et l'attention. L'écolier oisif s'ennuyait d'une immobilité muette, et se lassait bientôt de son oisiveté : l'écolier inhabile, mais appliqué, se faisait plaindre, on l'aidait, on l'encourageait ; si ce n'était pas le talent, c'était la volonté qu'on estimait en lui ; mais il n'y avait ni indulgence ni pitié pour le paresseux incurable ; et lorsqu'une chambrée entière était atteinte de ce vice, elle était comme déshonorée, tout le collège la méprisait, et les parents étaient avertis de n'y pas mettre leurs enfants. Nos bourgeois avaient donc eux-mêmes un grand intérêt à ne loger que des écoliers studieux. J'en ai vu renvoyer uniquement pour cause de paresse et d'indiscipline. Ainsi, dans presque aucun de ces groupes d'enfants, l'oisiveté n'était soufferte ; jamais l'amusement et la dissipation ne venaient qu'après le travail.

« L'esprit d'ordre et d'économie ne distinguait pas moins que le goût du travail notre police scolastique. Les nouveaux venus, les plus jeunes, apprenaient des anciens à soigner leurs habits, leur linge, à conserver leurs livres, à ménager leurs provisions. Tous les morceaux de lard, de bœuf ou de mouton que l'on mettait dans la marmite, étaient proprement enfilés comme des grains de chapelet ; et, si, dans le mélange, il survenait quelques débats, la bourgeoise en était l'arbitre. Quant aux morceaux friands qu'à certains jours de fête nos familles nous envoyaient, le régal en était commun, et ceux qui ne recevaient rien n'en étaient pas moins conviés. Je me souviens avec plaisir de l'attention délicate qu'avaient les plus fortunés de la troupe à ne pas faire sentir aux autres cette affligeante inégalité. Lorsqu'il arrivait quelqu'un de ces présents, la bourgeoise nous l'annonçait ; mais il lui était défendu de nommer celui de nous qui l'avait reçu, et lui-même il aurait rougi de s'en vanter. Cette discrétion faisait, dans mes récits, l'admiration de ma mère. »

Marmontel vante beaucoup, et avec raison, l'usage de faire passer aux élèves de sérieux examens de fin d'année, pour vérifier s'ils étaient en état de monter d'une classe à une autre. Peut-être, d'après ce qu'il dit, cet examen exerçait-il plus la mémoire que le jugement, car il s'agissait surtout d'apprendre par cœur de longs passages des classiques latins. Mais passons et revenons au récit de notre auteur. Il était habituellement le premier de sa classe. « Ma bonne mère en était ravie. Lorsque mes vestes de basin lui étaient renvoyées, elle regardait vite si la chaîne d'argent qui suspendait la croix avait noirci ma boutonnière ; et lorsqu'elle y voyait cette marque de mon triomphe, toutes les mères du voisinage étaient instruites de sa joie. » Mais Marmontel se gardait bien de lui raconter ses escapades, par exemple, dit-il, « la querelle que je me fis avec le Père Bis, le préfet du collège, pour la bourrée d'Auvergne, et le danger que je courus d'avoir le fouet, en seconde et en rhétorique, une fois pour avoir dicté une bonne amplification, une autre fois pour être allé voir la machine d'une horloge. Heureusement je me tirai de ces mauvais pas sans accident, et même avec un peu de gloire. »

Marmontel, en qualité de premier de sa classe, exerçait les fonctions de *censeur*, c'est-à-dire qu'il devait surveiller ses camarades et les dénoncer en cas de délit. Il ne remplissait pas sa charge avec une conscience bien scrupuleuse : « J'avais ouï dire qu'à Rome, les hommes puissants, qui voulaient gagner la multitude, lui donnaient des spectacles ; il me prit fantaisie d'imiter ces gens-là. On me citait l'un de nos camarades, appelé Toury, comme le plus fort danseur de la bourrée d'Auvergne qui fût dans les montagnes ; je lui permis de la danser, et il est vrai qu'en la dansant il faisait des sauts merveilleux. Lorsqu'une fois on eut goûté le plaisir de le voir bondir au milieu de la classe, on ne put s'en passer ; et moi, toujours plus complaisant, je redemandais la bourrée. Il faut savoir que les sabots du danseur étaient armés de fer, et que la classe était pavée de dalles d'une pierre retentissante comme l'airain. Le préfet, qui faisait sa ronde, entendait ce bruit effroyable, accourait, mais dans l'instant le bruit cessait, tout le monde était à sa place ; Toury lui-même, dans son coin, les yeux attachés sur son livre, ne présentait plus que l'image d'une lourde immobilité. Le préfet, bouillant de colère, venait à moi, me demandait la note : la note était en blanc. Jugez de son impatience : ne trouvant personne à punir, il me faisait porter la peine des coupables par les *pensum* qu'il me donnait. »

Dans une autre circonstance, Marmontel faillit recevoir le fouet pour avoir fait le devoir — l'amplification — d'un camarade. Mais il obtint son pardon. Plus grand fut le péril qu'il courut en rhétorique par la rancune de ce préfet dont il vient déjà d'être question. « Nous n'avions plus qu'un mois de rhétorique à faire pour n'être plus sous sa puissance, lorsqu'il me trouva dans la liste des écoliers qu'il voulait punir d'une faute sans vraisemblance, et dont j'étais pleinement innocent. Dans le clocher des Bénédictins, à deux pas du collège, on réparait l'horloge : curieux d'en voir le mécanisme, des écoliers de différentes classes étaient montés dans ce clocher. Soit maladresse de l'ouvrier, soit quelque accident que j'ignore, l'horloge n'allait point : il était aussi difficile que d'épaisses roues de fer eussent été dérangées par des enfants que rongées par des souris; mais l'horloger les en accusa et le préfet reçut sa plainte. Le lendemain, à l'heure de la classe du soir, il me fait appeler : je me rends dans sa chambre ; j'y trouve dix à douze écoliers rangés en haie autour du mur; et, au milieu, le correcteur, et ce préfet terrible qui successivement les faisait fustiger. En me voyant, il me demanda si j'étais du nombre de ceux qui étaient montés à l'horloge, et lui ayant répondu que j'y étais monté, il me marqua du doigt ma place dans le cercle de mes complices, et se mit à poursuivre son exécution. Vous pensez bien que ma résolution de lui échapper fut bientôt prise. Je saisis le moment où il tenait une de ses victimes qui se débattait sous sa main, et, tout d'un temps, j'ouvris la porte et je m'enfuis. Il s'élança pour m'attraper ; mais il manqua sa proie, et j'en fus quitte pour un pan d'habit déchiré. »

Marmontel se réfugie dans sa classe. Il harangue ses condisciples, leur représente l'insulte faite à tous les rhétoriciens en sa personne, les exhorte à quitter tous le collège en même temps que lui. Le jeune auditoire s'enflamme. Un serment solennel est prononcé. Tous les élèves entonnent un *Te Deum* pour consacrer leur résolution. « On s'imagine sans peine quel fut l'étonnement de tout le collège au bruit imprévu et soudain de ce concert de voix. Notre régent accourut le premier, le préfet descendit, le principal lui-même s'avança jusqu'à la porte de la classe. La porte était fermée, et ne s'ouvrit qu'après que le *Te Deum* eut été chanté ; alors, rangés en demi-cercle, les petits à côté des grands, nous nous laissâmes aborder. « Quel est donc ce tapage ? nous dit le violent préfet en s'avançant au milieu de nous. — Ce que vous appelez un tapage, n'est, lui dis-je, mon Père, qu'une action de grâces que nous rendons au ciel d'avoir permis que, sans

tomber entre vos mains, nous ayons achevé nos premières études. »
Ni menaces ni prières ne peuvent fléchir les rhétoriciens offensés.
« Notre bon régent resta seul avec nous. Selon l'idée qu'on s'est faite
de cette Société, jamais jésuite ne le fut moins dans le cœur que le
Père Balme. Un caractère ferme et franc était le sien : l'impartialité, la
droiture, l'inflexible équité qu'il portait dans sa classe, et une estime
noble et tendre qu'il marquait à ses écoliers, lui avaient gagné notre
respect et concilié notre amour.

« A travers les austères bienséances de son état, sa sincérité naturelle laissait percer des traits de force et de fierté, qui auraient mieux
convenu au courage d'un militaire qu'à l'esprit d'un religieux. Je me
souviens qu'un jour un de nos condisciples, tête rustique et dure, lui
ayant mal répondu, il s'élança brusquement de sa chaire, et, arrachant
avec éclat un ais de chêne du plancher de la classe : « Malheureux !
« lui dit-il en le levant sur lui, je ne fais point donner le fouet en rhéto-
« rique, mais j'assomme l'audacieux qui m'ose manquer de respect ! »
Ce genre de correction nous plut infiniment ; nous lui sûmes gré de
l'effroi dont nous avait frappé le bruit de la planche brisée, et nous
vîmes avec plaisir l'insolent, à genoux sous cette espèce de massue,
demander humblement pardon.

« Tel était l'homme à qui j'avais à rendre compte de ce qui venait
de se passer. Je l'observais en le lui racontant ; et, au moment où je
lui montrai un de ses écoliers prêt à être forcé de subir la peine du
fouet, je vis son visage et ses yeux s'enflammer d'indignation ; mais
après en avoir frémi, tâchant de déguiser sa colère par un sourire :
« Que ne lui criais-tu, me dit-il : *Sum civis Romanus*[1] ? — Je m'en serais
bien gardé, lui répondis-je ; j'avais affaire à un Verrès. »

Malgré ces incidents plus joyeux que tragiques, on voit que Marmontel a gardé de ses maîtres le meilleur souvenir. Son récit ne nous
transporte-t-il pas bien loin des prisons scolaires où l'on accuse les
jésuites d'avoir enfermé la jeunesse ?

1. *Je suis citoyen romain!* C'est le mot que criait, du haut de la croix, le
malheureux Gavius, citoyen romain, que Verrès, proconsul de Sicile, avait
sans jugement, condamné à ce supplice ignominieux.

CHAPITRE XII

Etrange destinée que celle des *petites écoles* de Port-Royal. Elles ont vécu dix-huit ans, tout au plus, d'une existence interrompue, toujours secouée et menacée ; à peine ont-elles réuni une cinquantaine d'élèves, en leurs époques les plus prospères ; et cependant leur renommée a triomphé du temps, et leur influence se fait encore sentir. C'est à leur exemple, non moins que pour lutter contre la concurrence des jésuites, que l'Université s'est décidée à une vraie réforme, qu'elle a rompu avec son passé glorieux, mais condamné. Il n'y a pas d'exagération à dire qu'elles ont régénéré l'enseignement français.

Les petites écoles de Port-Royal se sont formées, sans dessein précis, vers 1643[1]. Le père du jansénisme français, l'abbé de Saint-Cyran, faisait élever ses neveux avec quatre jeunes gens de bonne famille dans les dépendances du monastère de Port-Royal-des-Champs[2]. Ce petit groupe ne tarda pas à s'accroître de quelques enfants appartenant à des familles attachées à la nouvelle doctrine. Deux solitaires, MM. de Selles et de Bascles, assistés parfois du fameux M. Le Maistre, s'occupaient de la direction des études. Si grand fut le succès de la petite institution, qu'un certain nombre de parents demandèrent à ces messieurs de vouloir bien se charger de leurs fils. Pour répondre à leur désir, on transféra à Paris, dans la paroisse Saint-Jacques-du-Haut-Pas, les naissantes petites écoles.

Ce nom de *petites écoles*, qui fut de bonne heure adopté et consacré pour les établissements de Port-Royal, indiquait modestement qu'on ne prétendait pas faire concurrence aux collèges de l'Université, mais en quelque sorte y préparer. Il fallait alors, nous le savons déjà, une

---

1. Dans le résumé de l'histoire des petites écoles, nous avons suivi pas à pas l'*Histoire de Port-Royal* de Sainte-Beuve.

2. Le Port-Royal-des-Champs était situé dans une vallée pittoresque et sauvage, sur la route de Versailles à Dampierre. Il n'en reste plus que des débris insignifiants.

préparation pour faire entrer les enfants au collège, dont les classes commençaient par la sixième. Cette préparation avait lieu, d'ordinaire, ou chez les parents, ou dans les petites écoles proprement dites, qui donnaient ce que nous appelons communément l'enseignement primaire. Port-Royal, en donnant à son essai d'institution ce dernier titre, s'en couvrait de la manière la plus modeste et la moins faite pour porter ombrage. Il est vrai que les élèves, une fois entrés dans ce régime d'études, se passaient très bien ensuite des collèges ; mais on ne l'affichait pas.

Les petites écoles demeurèrent à Paris pendant quatre ans, de 1644 à 1650. Elles avaient, comme nous l'avons vu, quatre maîtres et vingt-quatre écoliers environ, distribués en quatre chambres. Les maîtres, à cette époque, étaient MM. Nicole, Lancelot, Coustel et Guyot. M. Nicole enseignait la philosophie et les humanités ; M. Lancelot, le grec et les mathématiques. Toute la semaine on travaillait sous ces excellents maîtres ; le dimanche on allait à vêpres à Port-Royal de Paris. Maîtres et élèves s'efforçaient de bien faire sans attirer l'attention.

Cependant, à peine établies à Paris, les petites écoles étaient inquiétées. Elles donnaient de l'ombrage à ceux qui visaient à usurper l'éducation publique et à la dominer après s'y être glissés. Par deux fois, le lieutenant civil se présenta inopinément pour visiter la paisible institution, refuge prétendu d'une légion d'hérétiques. Il ne trouva rien de suspect : on fit si bien néanmoins, qu'on obligea la petite colonie à quitter Paris, pour se réfugier, en se fractionnant, aux Granges, dans les dépendances de Port-Royal-des-Champs, au château des Troux, près de Chevreuse, et au Chesnay, près de Versailles. La section du Chesnay fut la plus nombreuse. Celle des Granges doit nous être la plus chère : elle eut l'insigne honneur de compter Racine parmi ses élèves, à partir de 1655.

Ce n'était pas le compte des ennemis et des jaloux, que les écoles transplantées prospérassent aux champs. Les jésuites ne pouvaient manquer de les y relancer et de poursuivre la ruine de ces belles espérances. En 1656, les Granges furent licenciées par ordre du roi. Par faveur grande, on laissa subsister les cours du Chesnay et du château des Troux. Ce fut le dernier répit. Le 10 mars 1660, le lieutenant civil se transporta au Chesnay et dispersa tout. Ce fut la fin. De 1670 à 1680, durant la paix de l'Église, Port-Royal, comme monastère, put re-

prendre des jeunes filles pensionnaires au dedans ; mais il n'y eut plus
jamais d'écoliers dirigés au dehors par les messieurs. Les jésuites ne
l'auraient pas souffert.

Telle est la courte histoire des petites écoles de Port-Royal. De ces
établissements florissants, il ne reste que quelques livres classiques,
encore estimés aujourd'hui, dont il a fallu s'inspirer pour les dépasser :
une *Grammaire générale et raisonnée*, des *Méthodes* pour apprendre le
latin, le grec, l'italien, l'espagnol ; des *Éléments de géométrie* ; quelques
éditions annotées et expurgées des classiques anciens ; le fameux
Jardin des racines grecques, dont on a dit plus de mal qu'il n'en méritait ; enfin, un chef-d'œuvre : *la Logique ou l'Art de penser*. Ce bel
ouvrage, inspiré par Descartes, est l'œuvre commune des deux meilleurs esprits de Port-Royal : Arnauld et Nicole. Ajoutez à cette liste les
Règles de l'éducation des enfants, par Coustel et quelques opuscules
sur le même sujet, épars dans l'œuvre d'Arnaud et de Nicole, vous
aurez tout le bagage pédagogique de Port-Royal, d'ailleurs suffisant
pour faire connaître ses méthodes d'enseignement et permettre d'apprécier ses idées sur la discipline physique, intellectuelle et morale.

Nous serons bref d'ailleurs sur ces questions toutes théoriques. La
grande gloire des maîtres de Port-Royal est d'avoir aimé les enfants ;
de s'être occupés de leur éducation, non pour les dominer plus tard,
mais pour les rendre « honnêtes gens » ; d'avoir banni les verges de
leurs maisons, et substitué un régime de patience et de douceur au
système de correction et de répression, maintenu par l'Université et
non réprouvé par les jésuites ; d'avoir inauguré des méthodes ration-
nelles et pratiques, en face des systèmes artificiels et compliqués
encore en usage dans tous les collèges du temps ; d'avoir formé de
libres esprits non asservis à l'autorité de leurs maîtres ou des anciens.
On leur doit l'introduction dans les classes de livres écrits en français.
On leur doit la restauration des humanités, et une courte renaissance des études grecques qui a contribué pour beaucoup à former
Racine. Cela suffit pour qu'une place d'honneur leur soit réservée parmi
les maîtres de la jeunesse française.

La vie, dans les petites écoles, ne ressemblait pas à celle qu'on menait
dans les collèges du temps. Elle était austère, sans être dure. On ne
voulait que de jeunes enfants, afin qu'ils n'eussent pas pris ailleurs des
impressions qu'il eût fallu détruire. Ces enfants, peu nombreux, étaient

sans cesse sous la surveillance des maîtres, avaient pour eux une défé-
rence et une affection justifiées par le zèle et la bonté de ces hommes
vénérables. On leur permettait des relations amicales, mais non familières; le tutoiement était interdit. On exigeait la politesse la plus
scrupuleuse dans les rapports de ce petit monde. Tout ce qui pouvait
exciter l'émulation était banni. On connaît ce mot de Pascal : « Les
enfants de Port-Royal, auxquels on ne donne pas cet aiguillon d'envie
et de gloire, tombent dans la nonchalance. » Pourtant les études étaient
fortes, et grande l'ardeur des élèves. La persévérance des maîtres
suppléait au puissant ressort de l'amour-propre. Et puis, sans y être
encouragés, les enfants se piquaient d'honneur entre eux. « Comme
notre classe, dit l'un d'eux, étoit composée de ceux qui étoient les plus
avancés dans les études, nous faisions des défis d'émulation les uns
contre les autres. C'était M. Des Champs, gentilhomme du pays de Caux,
qui excelloit particulièrement en ce genre de combat, ayant l'esprit
vif et piquant et une poésie très fine. » Sans doute les professeurs
souffraient ces défis sans les encourager.

Il n'y avait presque pas de punitions à Port-Royal. *Beaucoup tolérer*,
telle était la maxime des maîtres. Quand, après avoir étudié avec
patience le caractère et les aptitudes d'un nouvel élève, on le reconnaissait incapable de se plier au régime de la maison, on le rendait à sa
famille, sans l'avoir écrasé de punitions et de coups.

On prenait le plus grand soin de la santé des enfants. On ne souf-
frait ni luxe ni recherche dans les vêtements ou la toilette, mais on
exigeait une propreté minutieuse, préoccupation inconnue aux pédagogues du temps. A l'imitation des jésuites, on faisait faire aux
enfants de longues promenades dans la campagne, on les encourageait
aux exercices du corps, du moins à ceux que l'on jugeait décents et
modérés ; on leur permettait des jeux absolument proscrits dans les
collèges universitaires. Il est question, dans les lettres des maîtres et
des élèves, de *billard*, de *dames*, de *trictrac*, d'*échecs*, qui variaient les
récréations du Chesnay, et aussi d'un certain jeu de *cartes*. Sur ces
cartes, on avait fait graver tout ce qui concerne l'histoire des six
premiers siècles de l'ère chrétienne, le lieu et le temps des principaux
conciles, la chronologie des papes, des empereurs, les noms des grands
saints et des auteurs profanes. Les écoliers s'imprégnaient, en jouant,
ces choses dans l'esprit. Tout cela égaie la physionomie des petites

écoles. Ce souci d'amuser les enfants honore d'autant plus les maîtres de Port-Royal, qu'ils avaient pour eux-mêmes l'amusement en horreur. Pascal s'interdisait toute pensée agréable, et ce qu'il appelait une pensée agréable, c'était de réfléchir sur la géométrie ; Lancelot, précepteur des jeunes princes de Conti, refusait de les conduire à la comédie. Il est rare, et il est beau, de voir des hommes plus indulgents

ANCIENNE ABBAYE DE PORT-ROYAL.

pour autrui que pour eux-mêmes. Les solitaires étaient de ces hommes-là.

Bien des hommes distingués sont sortis des petites écoles : Le Nain de Tillemont, l'auteur des *Mémoires pour servir à l'histoire ecclésiastique pendant les six premiers siècles*, et, selon Sainte-Beuve, le plus parfait élève de Port-Royal ; les Périer, neveux de Pascal ; les deux fils du célèbre avocat général au parlement, Jérôme Bignon ; les fils du marquis de Guénégaud, le jeune marquis d'Abain, MM. de Presles, de Villeneuve, de Bois-Dauphin ; les frères Du Fossé. Tous ont occupé dignement des fonctions importantes dans l'Église ou l'armée, la magistrature ou l'administration. Tous emportèrent dans le monde

le cachet de la vénérable maison qui les avait reçus. Avant d'en venir
à Racine, la gloire de ces écoles dont Tillemont fut l'élève préféré,
citons encore le fameux duc de Monmouth, fils naturel de Charles II,
qui passa quelques mois au Chesnay, après un court séjour à Juilly,
le grand collège de l'Oratoire.

Racine efface tous ces camarades honorables, mais obscurs. Son
nom est inséparablement uni à celui des petites écoles. C'est Port-
Royal qui a formé, sans l'avoir désiré, ce beau génie qui le récompensa
par de trop spirituels pamphlets. Car Racine fut un enfant prodigue :
mais, comme l'enfant prodigue, il revint repentant à ses maîtres. Il
expia par des larmes sa longue ingratitude; il la racheta par son
dévouement aux heures de persécution.

Par sa naissance et son enfance, Racine tenait à Port-Royal de tous
les côtés. MM. Le Maistre et Lancelot séjournèrent pendant près d'un
an à La Ferté-Milon, au moment de la naissance du poète. La grand'-
mère, la grand'tante, une tante, une cousine et peut-être une sœur de
l'enfant se retirèrent successivement, ou prirent le voile à Port-Royal.
Aussi Racine se trouva-t-il parmi les solitaires, ses maîtres, comme
dans une famille d'adoption. Il avait seize ans en 1655, quand il vint
aux Granges, où il eut pour maîtres MM. Le Maistre, Lancelot, Hamon
et Nicole. Quand l'école des Granges fut dispersée, en 1656, Racine
fut néanmoins gardé par ces messieurs, comme un élève préféré, un
fils de la maison. Son séjour parmi eux fut de trois ans.

Ces trois années passées dans la compagnie de ces hommes éminents
furent décisives pour le jeune Racine. Il profita mieux que personne
des méthodes par lesquelles Port-Royal allait renouveler l'enseignement. Il acquit, auprès de Lancelot, ce fond de goût, ce délicat sentiment des beautés antiques, qui donne à sa poésie une saveur unique,
au XVIIe siècle. Avec Fénelon, Racine est peut-être le seul homme de
son temps qui ait compris ou plutôt senti le grec. Et qui sait s'il ne dut
pas cette intelligence aux *Racines grecques* tant décriées ? Qui sait
aussi ce qu'il dut à la solitude où il vivait, livré à lui-même, libre
d'errer à travers champs, sans compagnons pour le distraire ou le
troubler ? Sa nature rêveuse et tendre put se développer à l'aise.
Parfois ses bons maîtres s'effrayaient de ses joies et de ses tristesses
sans cause apparente. Il y avait en ce jeune homme quelque chose
qu'ils ne comprenaient pas et qui les effrayait.

Racine passa de Port-Royal-des-Champs au collège d'Harcourt, pour y faire sa philosophie. Bientôt il oublia ses maîtres. Nous savons déjà qu'il les renia un jour, parce qu'ils l'avaient blâmé, et durement, d'écrire pour le théâtre. Mais avaient-ils bien le droit de tant s'étonner ? « Car je vous le demande, à quoi bon, ô Lancelot, si bien apprendre aux enfants le grec, l'espagnol, l'italien, les finesses du latin, pour défendre ensuite d'aller au théâtre entendre Chimène ! A quoi bon tant et si bien s'instruire, si ce n'est pour mettre, plus tard, à même d'employer ? Ce grec, dont j'ai dévoré les *Racines*, pourquoi n'en goûterais-je pas le miel et les fleurs ? L'enfant qui fera un jour *Bérénice* se le dit un jour, et il saute à pieds joints par-dessus la défense. Il s'envola par-dessus la haie, comme l'abeille[1]. »

Il revint un jour, cet enfant, touché de la grâce, peut-être aussi meurtri de la chute de *Phèdre*. Il revint, pour pleurer ses égarements et se dévouer aux maîtres qu'il avait scandalisés et contristés. Sa vie n'est plus qu'un long dévouement à leur cause. Il risque son crédit auprès de madame de Maintenon et de Louis XIV, pour les arracher à l'exil. Il meurt enfin, en communion avec eux de cœur et d'âme. Comme suprême faveur, il demande à être enterré à Port-Royal, aux pieds de M. Hamon, son ancien maître. Humble vœu, qui rachète à jamais la faute de sa jeunesse et de son amour-propre. Le Port-Royal place Racine au rang des serviteurs de la bonne cause. On l'inscrit au *Nécrologe* ; on l'absout de ses tragédies profanes, en ne les nommant pas : « M. Racine, poëte, solitaire de Port-Royal, auteur d'*Esther*, d'*Athalie*, des *Cantiques spirituels* et de l'*Abrégé de l'Histoire du Port-Royal*. » C'est tout. Si Racine fut estimé par les jansénistes, c'est bien moins pour ses écrits que pour ses services.

Et nous, cependant, si nous aimons Port-Royal, c'est surtout parce que nous lui devons Racine : et voyez l'étrange contradiction ? si Racine nous est cher, c'est moins par le dévouement qui honore son caractère, que par les écrits qui honorent son génie. Au vrai, qui a raison de l'auteur du *Nécrologe* ou de nous ?

1. Sainte-Beuve, *Histoire de Port-Royal*, livre IV.

CHAPITRE XIII

Entre les jésuites et l'Université, à laquelle nous allons revenir, plus près de l'Université que des jésuites, se place une congrégation célèbre, qui a compté en France jusqu'à soixante collèges, et qui occupe une place d'honneur dans l'histoire de notre enseignement public. Nous voulons parler de l'*Oratoire*.

Fondée en fait en 1611 par Pierre de Bérulle, officiellement reconnue en 1613 par le pape Paul V, la congrégation de l'Oratoire est appelée, dès l'année 1614, à diriger un collège à Dieppe. En 1616, on la demande à Langres, en 1617 à Poligny, en 1618 à Riom, en 1624 à Angers. Elle se répand enfin dans toute la France, et, dès la première moitié du XVIIe siècle, dirige des maisons à Frontignac, à Joyeuse, à Pézenas, à Vendôme, au Mans, à Béaune, à Montbrison, à Nantes, à Saumur, à Marseille, à Toulon, à Effiat, à Grasse, à Besançon, à Troyes, etc. En 1639 est fondé le fameux collège de Juilly.

Quand on parle des oratoriens, il importe de noter un fait bien honorable pour eux. Tandis que les jésuites s'imposent ou intriguent pour obtenir la direction des maisons d'éducation, les oratoriens attendent qu'on fasse appel à leur bonne volonté. Leur dernier historien, le Père Lallemand, a très bien su caractériser la nature des rapports qui s'établissaient entre la congrégation et les municipalités qui lui confiaient la conduite de leurs collèges. « Ordinairement, dit-il, ce sont les villes qui, par l'organe des officiers municipaux, demandent au régime de l'Oratoire d'envoyer des prêtres comme professeurs ; sous une forme ou sous une autre, elles-mêmes s'intéressent directement à la fondation des collèges. Elles ne se remettent point à l'État d'un si grave souci. Le roi intervient, mais c'est pour consacrer de son autorité inviolable, et pour garantir contre les incertitudes de l'avenir, les traités qui lient l'Oratoire et les municipalités. Celles-ci, du reste, maintiennent intègres, et revendiquent avec une noble obstination, leurs droits d'inspection et de surveillance. A les entendre, on sent que si le pouvoir paternel est délégué aux instituteurs, pourtant il n'abdique pas ; il veille ; il contrôle ; il juge ; il récompense. Il est dans sa mission, parce qu'il fait son devoir.

« Le collège participait ainsi à la vie de famille qui animait chaque cité. Ses fêtes devenaient les fêtes de la ville entière ; ses succès allaient éveiller, dans le cœur de tous, de généreuses et sympathiques émotions. De cette union intime entre la maison d'école et la communauté des citoyens, jaillissait l'émulation pour le bien, l'amour du progrès, le sentiment très profond d'une solidarité dont bénéficiait, par la ville et par la province, le pays entier.

« Sans doute — et faut-il l'en blâmer ? — l'Oratoire déployait une grande habileté à ne point éveiller les susceptibilités des corps de ville. Cette habileté s'inspirait d'une vraie sagesse et d'un véritable patriotisme. S'appuyer sur les populations au milieu desquelles on vivait ; se les attacher par la communion à leurs nécessités, à leurs joies, à leurs intérêts ; se placer au-dessus des partis et des rivalités locales, afin de travailler avec plus d'énergie et de fruit au bien commun : grande et chrétienne politique qui assura à l'Oratoire les plus durables succès.

« L'Assemblée nationale de 1789 n'était donc que reconnaissante, le jour où elle déclarait « que l'Oratoire avait bien mérité de la Patrie [1]. »

Le grand mérite des oratoriens est d'avoir, avant les messieurs de Port-Royal, renouvelé ou plutôt restauré l'étude du latin. La *Méthode latine* du Père de Condren, écrite en français, a précédé la célèbre *Méthode de Port-Royal*. Les oratoriens ont passionnément aimé les lettres, et ils les ont aimées avec intelligence. Chez eux, on savait non seulement expliquer les auteurs, mais les commenter avec goût, en faire sentir les beautés. Chez eux, chose inconnue, même à Port-Royal, on étudiait l'histoire et la géographie, en particulier l'histoire et la géographie de la France. Les classes étaient tapissées de cartes murales ! On cultivait avec succès les mathématiques, les sciences physiques et naturelles. « Enfin les oratoriens avaient banni la scolastique et enseignaient la vraie philosophie, celle de Descartes et de Malebranche. Que de nouveautés ! Que de progrès ! Et nous n'avons pas

____

1. *Histoire de l'éducation dans l'ancien Oratoire de France.*

parlé des arts d'agrément, acceptés par nos Pères comme par les jésuites. Il n'y a plus à s'étonner de la vogue obtenue par les collèges oratoriens. »

Toute l'organisation intérieure des collèges de l'Oratoire tendait à rendre l'étude attrayante et facile. Les classes étaient nombreuses, mais courtes et variées. « La récréation coupe les heures de travail par ses jeux et ses cris. En fatiguant le corps, elle délasse l'esprit. Les surveillants partagent les jeux de l'élève. Quand il pleut ou pendant l'hiver, des distractions variées leur sont offertes : jeux d'échecs, tric-

COLLÈGE DE JUILLY.

tracs, damiers, paumes, toupies, raquettes, billard. En temps de guerre, ils jouent « au soldat » avec des fusils de bois; partagés en régiments, avec des étendards, ils manœuvrent au son du tambour. Si de tels exercices, avec leurs excès de vie et de gaieté, effraient quelques timides ou quelques natures maladives, d'autres amusements plus placides ont été imaginés. Le blason, l'histoire de France, la géographie, grâce à des cartes à jouer, font passer l'heure du repos d'une manière utile et agréable. Chaque dimanche et aux jours de congé, la promenade offre ses entraînements; elle appelle dans les bois aux senteurs salubres, au milieu d'un air plus sain que l'atmosphère des cours du collège[1]. »

1. Le Père Lallemand.

Après ce séduisant tableau, ne nous étonnons plus que M. Compayré ait dit : « Si nous avions vécu au xvii° siècle, c'est aux oratoriens que nous aurions confié nos enfants, non sans jeter cependant un regard d'envie sur Port-Royal, où les méthodes pour l'enseignement des humanités étaient certainement supérieures. » Ajoutons que la grandeur de l'Oratoire vient de la liberté et de la tolérance de ses membres. La compagnie était une société de prêtres, non de moines. On ne prononçait pas de vœux. On avait le souci de la dignité humaine. Laissons parler Bossuet. Il a compris et fait comprendre mieux que personne l'originalité de cette illustre compagnie :

« L'amour immense de Bérulle pour l'Église lui inspira de former une compagnie, à laquelle il n'avoit point voulu donner d'autre esprit que l'esprit de l'Église, d'autres règles que les canons, d'autres supérieurs que les évêques, d'autres liens que la charité, d'autres vœux solennels que ceux du baptême et du sacerdoce ; compagnie où une sainte liberté fait le saint engagement, où l'on obéit sans dépendre, où l'on gouverne sans commander, où toute l'autorité est dans la douceur et où le respect s'entretient sans le secours de la crainte ; compagnie où la charité, qui bannit la crainte, opère un si grand miracle, et où, sans autre joug qu'elle-même, elle sait non seulement captiver, mais anéantir la volonté propre, compagnie où, pour former de saints prêtres, on les mène à la source de la vérité, où ils ont toujours en main les livres saints[1]. »

1. Bossuet, *Oraison funèbre du Père Bourgoing.*

CHAPITRE XIV

A l'époque où Érasme et Luther, Rabelais et Montaigne poussaient le cri d'alarme contre l'ancien système d'éducation, l'Université de Paris, qui l'avait établi et qui le représentait encore, ne se soutenait plus que par sa vieille renommée et sa puissante organisation. Les bons esprits commençaient à s'inquiéter de la décadence de l'enseignement. Quelques savants illustres, parmi lesquels Guillaume Budé et Jean Lascaris, plusieurs évêques amis des lettres, Pierre Duchâtel, Guillaume Petit, Jean du Bellay, Étienne Ponché, excitèrent le jeune roi François Ier à jouer le rôle de restaurateur des études. « Le roi, dit Guillaume Budé en 1518, dans une de ses lettres à Érasme, a dessein d'immortaliser son nom par un établissement utile aux lettres. Il s'entretient souvent, avec l'évêque de Paris et son confesseur, des moyens de faire fleurir les sciences. Il les charge d'attirer dans ses États des hommes éminents en doctrine. Nous nous sommes flattés de vous ramener à Paris où vous avez étudié si longtemps. Toute la cour vous souhaite, et le roi, peut-être, vous écrira lui-même. »

Érasme refusa en exprimant sa reconnaissance. Son attachement à Charles-Quint, la crainte de perdre quelque chose de sa liberté le retinrent. La guerre porta ailleurs les pensées de François Ier, et le projet ne fut repris qu'en 1529, après le traité de Cambrai. En 1530 ou 1531, le Collège de France était fondé avec cinq chaires, deux pour l'hébreu, deux pour le grec, une pour les mathématiques. En 1532, on créa une seconde chaire de mathématiques, en 1534 une chaire d'éloquence, en 1542 une deuxième chaire d'éloquence et une de médecine, en 1543 ou 1545 une chaire de philosophie. Quand François Ier mourut, le véritable enseignement supérieur était fondé en France.

L'intention de François Ier, ainsi qu'on le déduit d'un autre édit de 1539, avait été de faire construire un édifice spécialement affecté à son collège, sur l'emplacement de l'hôtel de Nesles, qu'occupe aujourd'hui l'Institut. A cette création devait être attachée une dotation suffisante pour l'entretien des professeurs et celui des élèves dont le nombre aurait été porté à six cents. « S'il ne fust mort sitost, — dit

ANCIENNE ÉCOLE DE MÉDECINE DE PARIS (XVIIe SIÈCLE) A L'ANGLE DE LA RUE
DE LA BUCHERIE ET DE L'HOTEL COLBERT (ÉTAT ACTUEL).

Duchâtel dans l'oraison funèbre de François Ier en 1547, — il eut faict comme il avoit désigné un collège de toutes disciplines et langues, fondé de cent mille livres de rentes pour six cents boursiers, pauvres escholiers. Qui pourroit ne louer celui qui a remis les ornemens de la Grèce en vie et en vigueur, la poésie, l'histoire, la philosophie en son royaume ? »

L'Université n'avait pas vu sans chagrin une institution qui devait lui faire du tort, puisque les professeurs royaux donnaient gratuitement des leçons que ses maîtres faisaient payer.

En 1534, lorsque l'Allemand Latomus fut nommé professeur de langue latine, il reçut de l'Université le plus mauvais accueil. « L'illustre Budé, écrivait-il à Érasme, m'a fait élever à une chaire royale, ce qui a excité l'envie de plusieurs, qui regardent comme une injustice qu'on ait fait cet honneur en France à un Allemand. Les principaux de plusieurs collèges frémissent de la fonction que je remplis ; leur jalousie est si grande qu'elle serait capable de faire repentir le meilleur ouvrier de s'en être chargé. Je me suis cependant endurci, et j'ai marché, jusqu'à ce jour, assez heureusement ; je me flatte que l'établissement du Collège royal ne sera pas lui-même peu utile à l'Université de Paris, pour le progrès qu'il fera faire aux langues et aux beaux-arts. »

Au reste, devant l'affirmation répétée de l'autorité royale, l'Université se résigna à tolérer, puis à considérer comme siens, les *professeurs* ou *lecteurs royaux*. Elle comprit que le meilleur moyen de ne pas se montrer trop inférieure à eux était de procéder à une réforme profonde de ses statuts et de ses programmes. Le parlement, sur sa requête, nomma deux conseillers pour s'occuper de ce grand travail, conjointement avec les délégués des Facultés et des quatre Nations. Mais on perdit le temps en disputes. Les théologiens accusaient les artiens de négliger l'étude d'Aristote ; ceux-ci leur répondaient en leur reprochant leur ignorance des saintes Écritures. Pourtant, en 1544, le parlement rendit un arrêt qui mettait fin à quelques abus.

Les choses restèrent en l'état jusqu'en 1575. A cette époque paraît un nouveau règlement : et voyez les belles réformes auxquelles on s'est décidé ! La langue française est encore une fois, et plus sévèrement que jamais, interdite dans les collèges ; on défend aux principaux d'avoir aucunes *chambrières* ou *servantes* ou *estables à chevaux* ; les maîtres d'escrime sont bannis des quartiers de l'Université ; enfin, ce qui vaut mieux, au moins pour attirer les étudiants qui se faisaient rares, et pour les retenir dans le devoir, on enjoint au recteur de faire de fréquentes visites dans les collèges, pour enlever les armes et les livres défendus ; le prix des pensions ne sera plus laissé à l'arbitraire des principaux, mais fixé par un conseil où siégeront, à côté du recteur et des doyens des Facultés, le prévôt de Paris, le procureur du roi et deux notables bourgeois.

Les étudiants, de leur côté, refusaient de renoncer à leurs habitudes tapageuses, à leurs rixes, à leur esprit frondeur. Ils osaient, les téméraires, s'attaquer même aux mignons de Henri III. Ils censuraient surtout François d'O, dont la faveur royale avait fait le plus étrange surintendant des finances qui ait été en France. « Personne, dit Mézerai, ne fut plus brutal et plus ennemi des bonnes lettres et de ceux qui les professoient, traduisant les savans devant le roi, qui toutefois avoit inclination à les aimer, et les traitant partout de pédans. »

Les étudiants se vengeaient. Pour se moquer des modes que les mignons

ENTRÉE DE L'AMPHITHÉATRE
DE L'ANCIENNE ÉCOLE DE MÉDECINE.

imposaient à la cour, ils se promenaient dans Paris avec de grandes collerettes ou fraises de papier, en criant aux bourgeois, qui s'en esbaudissaient : *A la fraise on connaît le veau!* Plusieurs d'entre eux avaient été emprisonnés pour cette plaisanterie. Les maîtres ne songeaient pas à les rappeler au respect de l'autorité. Entraînée par les furieuses passions religieuses qui ont ensanglanté la dernière moitié du xvie siècle, l'Université s'était engagée à fond dans le parti des Guises. Le collège de Fortet garda longtemps le surnom de *Berceau de la Ligue*, parce que le fougueux ligueur Jean Boucher y tint les premiers conciliabules de cette fameuse association. L'Université poursuivit Henri III, puis Henri IV, des plus terribles anathèmes. Le 7 janvier 1589, une assemblée de la Faculté de théologie décida qu'on pouvait refuser obéissance à Henri III. « Ainsi, dit L'Estoile, trente ou quarante pédans, maîtres ès-arts crottés, qui, après grâces, traitent des sceptres et des couronnes, comme porte-enseignes et trompettes de la sédition, déclarèrent tous les sujets de ce royaume absous du serment de fidélité et obéissance qu'ils avaient juré à Henri de Valois, naguère le roi, et rayèrent son nom des prières de l'Église ». — « Il n'y avoit point, dit encore Mézerai, de pédant de boutique qui ne se mêlât d'inventer une nouvelle injure, de composer un vaudeville contre le roi, ou une chanson pitoyable de la mort des Guises ; point de pédant ni d'écolier qui ne fît une déclamation en prose ou en vers sur le même sujet. »

Petit à petit cependant se calmait l'ardeur ligueuse de l'Université. Elle sentait sa décadence, s'effrayait de l'approche de la ruine. Les fanatiques ne trouvaient plus d'écho parmi leurs collègues. Quand Henri IV fut entré à Paris, le 22 mars 1594, la corporation tout entière, recteur en tête, se rendit auprès de lui, fit appel à sa générosité, demanda pardon pour ses excès. « Le roy, dit L'Estoile, lui fit fort bon visage, appela ses membres *messieurs nos maistres*, leur dit qu'il vouloit tout oublier, et qu'il aimeroit et honoreroit toujours singulièrement leurs Corps et Facultés ; de quoy *messieurs nos maîtres* s'en allèrent fort contents, disant autant de bien de Sa Majesté que, peu auparavant, ils en avoient dit de mal [1]. »

Voici donc l'Université pacifiée. Au lieu de combattre contre le roi, elle se tourne, nous l'avons vu, contre les jésuites, qui avaient profité des troubles pour la supplanter. Après leur exil momentané à la suite de l'attentat de Jean Châtel, elle procède enfin à la grande réforme si longtemps et si vainement attendue et promise. L'édit qui la consacre paraît en 1604.

---

1. L'Estoile, *Journal du règne de Henri IV*.

RICHELIEU POSANT LA PREMIÈRE PIERRE DE LA SORBONNE (D'APRÈS LA FRESQUE DE M. FRANÇOIS FLAMENG A LA NOUVELLE SORBONNE).

Sans entrer dans trop de détails, nous allons faire connaître, dans ses grandes lignes, la nouvelle organisation universitaire.

Et d'abord, on apporte quelque adoucissement à la discipline; les verges restent suspendues sur... la tête des écoliers, mais l'usage en est restreint. On invite les pédagogues et maîtres à veiller à ce que « les escholiers ne gardent pas une tenue boueuse, malpropre et rustique,... à ce qu'ils prennent des habitudes civilisées et polies, non seulement dans leurs exercices littéraires, mais dans l'usage commun de la vie ». On substitue, pour les textes d'explication, les grands classiques latins aux auteurs du moyen âge. On multiplie les devoirs écrits, thèmes et surtout compositions latines en prose et en vers. Le grec reçoit droit de cité. On consent à laisser les élèves se familiariser avec Homère, Sophocle et Platon.

D'autres prescriptions de l'édit sont beaucoup moins heureuses. Ainsi, il est défendu de recevoir comme pensionnaires dans les collèges les jeunes gens de la religion réformée. On renouvelle, pour les maîtres et les écoliers, l'obligation de parler latin ; l'Université y tenait tant qu'un papetier, harangué par le recteur qui lui faisait des reproches sur ses fournitures, se vit, dit-on, appelé devant le parlement pour avoir osé lui dire: « Parlez français et je vous répondrai[1]! » On bannit les arts d'agrément. On interdit la danse, l'escrime, la musique. Quiconque en fait métier est banni du quartier de l'Université. L'Université s'entêtait à empêcher ses élèves de ressembler, par quelque côté que ce fût, à des gens du monde, et les gens du monde se moquaient d'elle, en traitant ses élèves de cuistres et de pédants, et en confiant leurs enfants aux Pères du collège de Clermont. Enfin le cours de philosophie reste consacré à l'étude du seul Aristote, et ceci montre bien quelle peine l'Université avait à rompre avec ses traditions, disons mieux, à sortir de son ornière.

Toute une partie de l'édit de 1601 concerne la tenue que doivent observer les écoliers en dehors des collèges. Cette jeunesse turbulente avait grand besoin d'être surveillée de près. Elle tardait à renoncer aux habitudes contractées au temps de la Ligue. Elle éprouvait parfois le besoin de courir sus aux protestants qui se rendaient au prêche. Il faut dire qu'on faisait tout pour l'exciter. L'Estoile nous a conservé

1. Anecdote citée par M. Lantoine dans son *Histoire de l'enseignement secondaire en France au xvii° siècle.*

le texte d'un des placards qu'on affichait alors dans le quartier Latin :
« On fait savoir à tous écoliers, grammairiens, artiens et autres illustres étudiants en notre Université lutétienne, qu'ils aient à se trouver aujourd'hui, *post prandium*[1], sur le bord de la Seine, *cum fustibus et armis*[2], pour s'opposer, *in tempore opportuno*[3], aux insolences de la maudite secte huguenote et abloniste[4]; faisant défenses à tous, prévôt, lieutenant et autres, d'empêcher ceci, sous peine d'encourir l'ire de Dieu et du peuple chrestien et catholique. A Paris le 18 décembre 1605. »

Ce placard, écrit en patois d'*escholier limozin*, indique l'état des esprits à cette époque encore troublée. Il fallut, pour calmer les mutins, faire dresser une potence à l'extrémité du faubourg Saint-Antoine, avec menace d'y suspendre le premier qui ferait du désordre.

On défend aux écoliers de harceler ceux de la religion ; ils se dédommagent en faisant du bruit à la foire Saint-Germain. « En 1606, dit L'Estoile, il y eut un grand tumulte entre les escoliers et les laquais. Un laquais coupa les deux oreilles à un escolier et les lui mit dans sa pochette, et les escoliers tuèrent tous les laquais qu'ils rencontrèrent. »

Ils sont incorrigibles, ces écoliers. En 1621, sous le faible ministère du duc de Luynes, ils en reviennent à leurs attaques contre les réformés. On les voit figurer parmi des fanatiques, aussi lâches que barbares, qui assaillent et mutilent un ministre protestant à la porte Saint-Antoine. Ce n'est qu'un cri parmi les annalistes du temps. Un d'eux s'exprime en ces termes : « Vous verrez les écoliers plus débauchés que jamais, portant armes, tuant, pillant, paillardant, et faisant plusieurs autres méchancetés ; les maîtres desquels négligent d'y mettre ordre, et ainsi ils dérobent l'argent de leurs parens en débauches, saletés, et quelquefois emportent l'argent de leurs maîtres, en en changeant tous les mois de nouveaux[5]. »

Il est temps, il est grand temps que l'Université imite les jésuites, qu'elle enferme en des collèges bien murés, bien verrouillés, son

1. Après le repas de midi.
2. Avec des bâtons et des armes.
3. En temps opportun.
4. Avant la construction du temple de Charenton, les protestants célébraient leur culte à Ablon-sur-Seine.
5. *La Pourmenade au Pre-au-Clercs*, Paris. 1622.

peuple indiscipliné. Elle comprend enfin cette nécessité. Le pouvoir se charge d'ailleurs de la lui rappeler. Un arrêt du 6 juillet 1623, rendu par le parlement, porte que « la cour fait itératives inhibitions et défences à tous escholiers, soubz quelque prétexte et occasion que ce soit, s'assembler, porter espées et autres armes deffendues, à peine de la vie : enjoinct aux principaulx de chascun collège de contenir en debvoir les escholiers demeurans auxdicts collèges, et de porter, par chacun desdicts principaulx, mesmes par les hostes qui logent iceulx escholiers, de six mois en six mois, les noms et surnoms desdicts escholiers, au recteur de ladicte Université, à peine de cent livres d'amende contre chascun contrevenant et de respondre en leur nom de ses escholiers, etc... » Sous Richelieu la pacification s'établit. A partir de l'avènement de Louis XIV, et même sous la Fronde, on n'entend plus parler des étudiants parisiens. Il paraît cependant que, même à la fin du xviiie siècle, les gens d'humeur paisible évitaient de traverser, aux heures de sortie des classes, les rues où se trouvaient des collèges, tant ils craignaient d'être bousculés par les bandes turbulentes qui se répandaient par la ville en courant et poussant de grands cris.

A partir aussi de cette époque, l'Université, qui, malgré l'édit de 1601, était restée inférieure à la Compagnie de Jésus, pendant toute la première moitié du xviie siècle, regagne le terrain perdu, lentement mais sûrement. Des maîtres éminents, sachant s'inspirer des méthodes de Port-Royal, des jésuites et de l'Oratoire, introduisent un esprit nouveau dans l'enseignement de leur corporation. Bientôt sont dépassés les jésuites, restés stationnaires dans leur inébranlable attachement à leurs *constitutions*; bientôt sont égalés les oratoriens, qui, d'ailleurs, ont toujours été, pour l'ancienne Université, des émules bien plutôt que des rivaux. Ces heureux changements sont dus à quelques hommes d'un vrai mérite, les Hermand, les Saint-Amour, les Hersan, les Coffin, les Duguet, et surtout à Rollin.

Nous n'avons pas ici à faire l'analyse du *Traité des études* de cet excellent homme. Qu'il nous suffise de répéter que ce livre « à jamais utile », selon l'expression de Voltaire, peut être considéré comme la « charte pédagogique » du xviie siècle; que la plus pure inspiration morale s'y marie au goût le plus fin; mais qu'on peut y regretter l'oubli de l'histoire de France et de la haute instruction scientifique.

Tel qu'il est, avec ses lacunes, mais avec ses parties vraiment supérieures, il a eu sur l'enseignement universitaire la plus salutaire

influence; il a définitivement replacé l'Université à la tête des corporations enseignantes, en introduisant d'heureux changements dans la
police de ses collèges. La fondation du collège des Quatre-Nations ou
de Mazarin[1], dont la splendeur accentuait le triste aspect des vieilles

1. Aujourd'hui le palais de l'Institut.

maisons de la montagne Sainte-Geneviève, la poussa dans cette voie en dépit d'elle-même. La nouvelle institution occupait, en face du Louvre, un palais magnifique, ayant coûté deux millions. Une splendide bibliothèque de 44 000 volumes était ouverte aux maîtres et aux étudiants; soixante bourses étaient destinées à des étudiants des quatre provinces ou nations d'Alsace, de Pignerol, de l'État ecclésiastique de Flandre et de Roussillon, et qui tous devaient être gentilshommes. Les écoliers étaient logés et nourris dans le collège, instruits dans la religion et les belles-lettres, et devaient apprendre l'équitation, l'escrime et la danse.

Tant de luxe et de magnificence effraya l'Université. Elle hésita longtemps à s'attacher le nouveau collège, et ne s'y résigna qu'en bannissant des programmes les arts d'agrément, que Mazarin y avait judicieusement inscrits. Sur ce point, rien ne peut vaincre, avant la Révolution, la défiance et la routine séculaires.

Pour lutter avec les séductions de la nouvelle institution, on en vient, petit à petit, à mieux traiter les élèves, à les promener plus souvent aux Champs-Élysées ou au bois de Boulogne, à les laisser sortir moins rarement dans leur famille, à les nourrir plus copieusement. Voici quel était, en 1764, le menu des repas servis au collège Louis-le-Grand :

Jours gras. — A chaque repas : un bouilli, une entrée, un dessert, une coquille[1] de vin. En plus, les dimanches et fêtes, un rôti et une salade.

Jours maigres. — A chaque repas : deux plats, dont un de poisson, une coquille de vin.

Ce menu était suffisant pour contenter l'appétit le plus exigeant.

Nous touchons à la fin de l'histoire de l'ancienne Université. Trois grands événements dominent cette histoire pendant le xviiie siècle : l'établissement de l'enseignement gratuit ; l'institution du concours général ; la fermeture des collèges des jésuites, qui entraîna la suppression des petits collèges de l'Université.

La gratuité fut, pour ainsi dire, instituée fortuitement. En 1719, l'Université demanda que ses messageries[2] fussent réunies à l'administration générale des postes du royaume, moyennant une rente de

---

1. C'est-à-dire environ 125 centilitres.
2. Voir ci-dessus, p. 46.

cent cinquante mille francs, « à charge par elle de faire gratuitement l'éducation de la jeunesse dans tous les collèges de plein exercice de Paris [1] ».

Cette requête fut favorablement accueillie. On fixa les droits de l'Université au vingt-huitième effectif du bail général des postes. Cette

COUR DE L'ANCIENNE SORBONNE.

rente, s'élevant progressivement dans la proportion du bail général, atteignait, en 1766, la valeur de 273 273 livres 15 sous 10 deniers. Le traitement des régents put être augmenté, mais il leur fut interdit d'exiger des honoraires de leurs écoliers.

Quant au concours général, il fut institué avec le produit d'un legs fait à l'Université par Louis Legendre, chanoine de Notre-Dame. Ce brave homme laissait un testament (1743) instituant des prix destinés aux personnes qui feraient les plus belles pièces de prose ou de vers, et les trois plus belles odes latines.

---

1. Les collèges de plein exercice étaient ceux dans lesquels on pouvait faire toutes ses classes, comme dans nos lycées actuels.

Certaines difficultés, soulevées par les héritiers du chanoine, ne permirent de procéder à la première distribution de ces prix qu'en 1747, le 23 août. Il n'y eut qu'une trentaine de lauréats.

Voici le procès-verbal de cette première solennité :

« Pour le plus grand bonheur de la religion et de toute la république des lettres, l'an 1747 de la rédemption des hommes, le trente-deuxième du règne de Louis XV, l'Université, mère bienfaisante des écoliers, fille aînée des rois, s'est réunie dans les classes de la Sorbonne sous le rectorat de l'Éminentissime D. D. Jean Cochet, pour la distribution solennelle des prix attribués aux lettres en vertu du sénatus-consulte du 8 mars 1746, instituée par la libéralité posthume du très illustre homme D. Louis Legendre, de son vivant chanoine de l'église parisienne. »

La première période du concours général va de 1747 à 1793. Cette année fut la dernière de la série. La distribution eut lieu dans la salle des Jacobins, sous la présidence du recteur Binet, en présence d'un grand nombre de citoyens et de citoyennes. Le citoyen Dufourny, ingénieur, président du département de la Seine, adressa aux lauréats une allocution qui se terminait ainsi :

« Enfants de la patrie, vous êtes les derniers qui aurez eu le malheur de ne développer vos talents qu'au milieu des préjugés. »

Les préjugés que flétrit le citoyen Dufourny ne furent cependant pas assez délétères pour corrompre le civisme des plus purs de la Révolution. Si nous consultons le palmarès, de 1747 à 1793, nous y trouvons les noms de la plupart des hommes qui allaient contribuer à fonder le nouvel état de choses.

Le palmarès était alors imprimé en latin. Nous y voyons, brillant dans les lettres :

Le poète André Chénier (Andreas Maria de Chénier), du collège de Navarre. Il remporta, en 1778, un premier prix en discours français et un accessit en version latine.

L'auteur du *Vieux Cordelier* (Lucius Simplicius Camilla Benedictus des Moulins).

Un ministre de Louis XVI (Carolus Alexander de Calonne).

Le poète-abbé Delille (Jacobus de Lisle), le plus heureux des lauréats. Au concours de 1754, Delille obtint en outre le prix d'éloquence latine, fondé par le libraire Coignard, et la plus haute récompense que décernait alors l'Université à ses anciens élèves. L'auteur des *Baisers* (Claudius-Josephus Doral).

ROLLIN AU COLLÈGE DE BEAUVAIS (D'APRÈS LA FRESQUE DE M. FRANÇOIS FLAMENG A LA NOUVELLE SORBONNE).

Le physicien Haüy (Justus Renotus Haüy).
Le conventionnel Hérault de Séchelles (Joannes Maria Hérault de Séchelles).

La Harpe, le critique, vainqueur sur toute la ligne (Joannes Franciscus de la Harpe).

Lavoisier (Antonius Laurentius Lavoisier), qui ne brille qu'en rhétorique.

L'historien de la Bastille, Linguet (Simon Nicolaus Henricus Linguet).

Et enfin, de 1771 à 1776, recueillant neuf prix ou accessits: Maximilianus Maria Isidorus de Robespierre.

On voit, par cette liste, que l'Université comptait parmi ses élèves l'élite de la nation. Après avoir feuilleté en son lieu les *palmarès* des jésuites, il n'est que juste d'ouvrir ceux de l'Université. Nous trouvons alors, au collège d'Harcourt, Boileau et Racine, Bossuet au collège de Navarre, Fénélon au Plessis, tant d'autres encore qui se distinguèrent dans les lettres, les sciences, les arts, l'administration, l'armée, la magistrature et l'Église! Quel beau livre d'or on pourrait faire avec ces noms illustres! Et, ce qu'il faut avant tout remarquer, c'est que les élèves de l'Université lui restaient attachés du fond du cœur. Les jésuites en pourraient-ils dire autant ? Combien de leurs anciens disciples ont voté contre eux dans la séance du parlement où ils furent supprimés ?

La Révolution ne pouvait être clémente à l'Université de Paris, cette vieille institution du passé. Elle la laissa subsister quelque temps, mais dépeuplée, mais ruinée, attendant le coup de la mort, parce qu'on n'avait rien pour la remplacer. On ne la supprima pas directement, mais on imposa aux professeurs ecclésiastiques l'obligation de prêter serment à la constitution civile du clergé. C'était se priver des services de la plupart des maîtres, qui étaient prêtres, mais n'exerçaient pas les fonctions du sacerdoce. L'Université succomba ainsi faute de professeurs, pendant la courte durée de l'Assemblée législative, en même temps que la monarchie française. Fille aînée des rois, elle ne put leur survivre. Il n'y eut ni commotion ni résistance. L'illustre compagnie mourut de vieillesse. Elle ne subsista plus que dans le souvenir de ses nombreux élèves, jusqu'au moment où une main puissante l'exhuma pour ainsi dire de sa tombe, et lui donna une nouvelle vie, en la chargeant de diriger l'éducation de toute la jeunesse française.

CHAPITRE XV

LES PRÉCURSEURS

La Révolution française reste incompréhensible à qui n'a pas vu les idées qui l'ont inspirée, naître, grandir et se répandre à travers le xviii⁰ siècle. De même, l'œuvre scolaire de la Révolution apparaît inexplicable à qui n'en a pas demandé les principes aux philosophes qui l'ont préparée, et surtout à Jean-Jacques Rousseau.

Les hommes de la Convention avaient médité les théories de l'*Émile* comme celles du *Contrat social*. Ce livre inégal, mais puissant, a nourri leurs discours et leurs rapports. Ils l'ont adopté en bloc. Nous voici donc forcés de nous arrêter devant le livre de Jean-Jacques, d'essayer d'en comprendre l'esprit, d'indiquer ce qu'il a de factice et ce qu'il contient d'éternellement vrai.

Nous n'avons pas à faire ici l'analyse détaillée de l'*Émile*, à discuter le grand principe si contestable : « Tout est bien sortant des mains de l'auteur de la nature, tout dégénère entre les mains de l'homme », la théorie de l'éducation négative ; les doctrines religieuses exposées dans la *Profession de foi du vicaire savoyard*. Ces considérations générales seraient déplacées dans cette étude, historique avant tout. « L'*Émile*, a-t-on dit, est le plus grand monument de la pensée humaine en ce qui concerne l'art de l'éducation. » Ce long traité témoigne à chaque page d'un ardent amour de l'humanité. La sollicitude de Rousseau pour l'enfance, son éloquent appel à la tendresse des mères oublieuses de leur premier devoir[1], la minutieuse énumération des

---

1. Tout le mérite de cet appel ne revient pas à Rousseau : deux ans avant la publication de l'*Émile*, un médecin de province, l'auteur d'un *Traité de l'éducation corporelle des enfants en bas âge*, Des Essarts, avait donné le même conseil.

soins qu'il faut donner aux petits enfants pour assurer leur existence et la libre croissance de leur faible corps, attestent la sensibilité passionnée d'un cœur profondément humain malgré ses accès de misanthropie. N'oublions pas, d'ailleurs, qu'à côté des utopies si souvent reprochées à Rousseau, il y a, dans l'*Émile*, non seulement des sentiments généreux, mais encore des vues justes, des préceptes si universellement appliqués aujourd'hui, que nous serions presque tentés de les accuser de banalité. Tout le monde reconnaît maintenant la nécessité et la salutaire influence de l'éducation physique ; il a fallu cependant près d'un siècle, pour que la gymnastique fût enseignée d'une façon sérieuse dans la plupart des établissements d'éducation.

La grande innovation de Rousseau, c'est, dans un traité d'éducation, d'avoir proclamé avant tout qu'il fallait former l'homme pour luimême, abstraction faite, autant que possible, de toutes les relations sociales ; d'avoir combiné toutes les parties de son système de façon à favoriser le développement intégral des organes, des penchants et des facultés individuels. Qu'importe la société, pourvu qu'Émile soit un homme ? Rousseau assure, d'ailleurs, qu'Émile, ainsi élevé, sera plus apte que personne à remplir tous ses devoirs envers ses semblables. Il y a de l'exagération dans les déductions que Jean-Jacques tire de son principe ; toutefois le principe est juste. De plus, il est nouveau, ou du moins il n'avait jamais été posé avec tant de conviction et d'autorité.

Qu'importent donc quelques erreurs qu'il est trop facile de signaler ! Jugeons l'*Émile* d'après les résultats qu'il a donnés. Ces résultats sont inappréciables. Bien d'autres, avant Rousseau, nous l'avons vu, avaient révélé les bienfaits de l'éducation raisonnée. Mais il appartenait à Rousseau de les proclamer avec assez d'autorité pour se faire écouter. Le succès de l'*Émile* fut aussi vif parmi les gens du monde que parmi les philosophes. La mode s'en mêla. On vit les belles dames de la cour et de la ville donner publiquement le sein à leurs enfants, les promener avec ostentation dans les lieux publics, aux Tuileries, au Luxembourg, au Cours-la-Reine. Le prénom d'Émile fit fureur, et, tandis qu'on persécutait ouvertement l'auteur de ce beau traité, les grands seigneurs s'engouaient de ses doctrines. La société, en un mot, se prenait d'enthousiasme pour son censeur, pour l'homme dont les attaques allaient tant contribuer au grand bouleversement de

1789. Mais ce n'est là que le moindre côté de ce grand événement. Tandis que les gens du monde applaudissaient, les penseurs discutaient ; pendant les vingt-cinq années qui suivirent la publication de l'*Émile*, il parut plus de traités sur l'éducation que dans toute la première partie du siècle. Les Émile rectifiés, les Anti-Émile se multiplièrent. Or, il n'appartient qu'aux seules grandes œuvres de faire penser les grands esprits. La question une fois posée, il importe peu qu'elle soit immédiatement résolue. La vérité finit par se faire jour grâce à l'expérience, ce critérium de théories. Le traité de Rousseau, aurait-il seulement contribué à attirer sur ce grand problème de l'éducation la pensée des Kant et des Pestalozzi, mériterait tout le bien qu'on en a dit, et davantage encore. Les utopies, les chimères, les paradoxes, sont nombreux dans l'*Émile* ; mais il y reste au moins autant de vérités, sans compter celles qu'il a fait découvrir.

Il n'est que juste de nommer les hommes qui, avant Rousseau ou dans son voisinage, avaient rêvé de transformer l'éducation publique et privée. Cette haute question a préoccupé tous les grands penseurs du xviiie siècle, — sauf Voltaire. L'exception est éclatante et singulière. En fait d'éducation, Voltaire, il faut l'avouer, — et cet aveu n'est pas à son honneur, — Voltaire, disons-nous, se révèle profondément incompétent et rétrograde. Rien de plus insignifiant que les quelques pages qu'on peut lire sur notre sujet dans le *Dictionnaire de philosophie*[1], rien de moins libéral que les opinions qu'il exprime en passant dans sa correspondance ou dans ses œuvres diverses. Au fond, il ne voyait dans l'instruction du peuple qu'une utopie dangereuse ; il n'avait pas assez de railleries à l'adresse de ceux qui se consacraient à cette grande tâche, et en particulier contre les frères de la doctrine chrétienne. Enfin, pour résumer sa théorie par un mot qu'on lui a souvent et justement reproché, il ne sentait pas la nécessité « d'avoir des laquais sachant lire ». C'est voir une grande question par de bien petits côtés.

Laissons donc Voltaire de côté, pour en venir à Condillac. Son *Cours d'études*, où il a appliqué les principes de sa philosophie sensualiste, est une œuvre considérable, malgré des erreurs qui le rendent impraticable. Comme Voltaire, comme tant d'autres, hélas! Condillac

1. A l'article Éducation, dialogue entre un conseiller et un ex-jésuite ; il y a encore de Voltaire un dialogue sans aucune portée intitulé *l'Éducation des filles*.

refusait aux pauvres gens le droit à l'instruction. « Il leur suffit,
disait-il, de subsister de leur travail ! » Il ne s'occupait que des princes,
des nobles, et par surcroît des bourgeois. Mais il a conçu son système
d'éducation d'après une étude approfondie des facultés humaines, et, par
suite, comme un développement régulier et organique de l'intelligence.

En outre, malgré les erreurs où l'a entraîné sa confiance trop
grande dans la raison des enfants, il a donné à l'histoire une place
d'honneur. Il a conseillé, comme le plus efficace des moyens d'éducation, la réflexion personnelle. « Les vraies connaissances, a-t-il
dit, sont dans la réflexion qui les acquiert, beaucoup plus que dans
la mémoire qui s'en charge; et on sait mieux les choses qu'on est
capable de retrouver, que celles dont on peut se ressouvenir. Il ne
suffit donc pas de donner des connaissances à un enfant : il faut
qu'il s'instruise en cherchant lui-même, et le grand point est de le
bien guider. S'il est conduit avec ordre, il se fera des idées exactes;
il en saisira la suite et la liaison : alors, maître de les parcourir, il
pourra les rapprocher des plus éloignées, et s'arrêter à son choix sur
celles qu'il voudra considérer. La réflexion peut toujours retrouver
les choses qu'elle a vues, parce qu'elle sait comment elle les a trouvées;
la mémoire ne retrouve pas de même celles qu'elle a apprises, parce
qu'elle ne sait pas comment elle apprend. » Voilà de la bonne pédagogie
parce qu'elle est pratique.

Quelques années après Condillac, Diderot fut amené à exposer ses
idées sur les questions d'éducation. Ces idées sont renfermées dans
deux ouvrages restés longtemps inédits et qui peuvent compter parmi
ses chefs-d'œuvre. L'un est la *Réfutation du livre d'Helvétius sur
l'homme* (1774), l'autre est le *Plan d'une Université*, tracé pour la
Russie sur l'invitation de la tsarine Catherine II (1776).

Comme le livre à propos duquel elle fut composée, la *Réfutation*
est un ouvrage de discussion théorique. Elle contient une philosophie
générale de l'éducation. Helvétius avait soutenu « que le génie est un
produit du hasard, et que les hommes illustres, Rousseau, par
exemple, peuvent être regardés comme des chefs-d'œuvre du hasard ».
De ce paradoxe, Helvétius tire cette conséquence que l'éducation est
toute-puissante, et peut produire des hommes de génie ou tout au
moins des hommes de talent. Pour cela il suffit d'observer par quels
moyens le hasard arrive à faire des grands hommes. A ce principe

Diderot répond : « Il en est des hasards d'Helvétius comme de l'étincelle, qui enflamme un tonneau d'esprit-de-vin, et qui s'éteint dans un baquet d'eau. » Ou bien encore : « Il y a des milliers de siècles que la rosée du ciel tombe sur des rochers sans les rendre féconds. Les terres ensemencées l'attendent pour produire, mais ce n'est pas elle qui les ensemence. Les accidents par eux-mêmes ne produisent rien, pas plus que la pioche des manœuvres qui fouille les mines de Golconde ne produit le diamant qu'elle en fait sortir. » On le voit, Diderot soutient ici la cause du bon sens, et il la soutient avec toute l'ingéniosité de sa verve, tout l'éclat de son imagination.

Dans le *Plan d'une Université*, Diderot descend de la théorie à la pratique. Il nous expose ses vues sur l'organisation idéale de l'instruction publique. Plus libéral qu'aucun de ses contemporains, que Voltaire, que Condillac, que Rousseau lui-même, il veut que le peuple soit instruit : « Depuis le premier ministre jusqu'au dernier paysan, il est bien que chacun sache lire, écrire et compter. » Diderot croit que l'enfant du peuple est, sinon mieux doué, du moins plus ardent à l'étude que le fils du seigneur ou du bourgeois. Dans un ouvrage adressé à la souveraine absolue de toutes les Russies, il osait écrire : « Le grief de la noblesse se réduit peut-être à dire qu'un paysan qui sait lire est plus malaisé à opprimer qu'un autre. » Mirabeau répétera plus tard la même idée, presque dans les mêmes termes : « Ceux qui veulent que le paysan ne sache ni lire ni écrire, se sont fait, sans doute, un patrimoine de son ignorance, et leurs motifs ne sont pas difficiles à apprécier. »

Diderot ne se contente pas de demander l'instruction pour le peuple ; il la demande obligatoire et gratuite. Il entend même que les enfants soient nourris à l'école aux frais de l'État. C'était aller loin. Le Pelletier de Saint-Fargeau, à la Convention, ne fera que reprendre la théorie de Diderot.

En face de Rousseau, de Condillac et de Diderot, qui sont, pour la seconde moitié du xviiie siècle, les grands théoriciens de l'éducation, il convient de citer deux magistrats, qui, à la même époque, étudièrent les réformes à introduire dans nos vieilles universités françaises. Ce sont La Chalotais, procureur général au parlement de Rennes, et Rolland d'Erceville, président au parlement de Paris. Tous les deux contribuèrent, pour une large part, à l'expulsion des jésuites. Tous les deux, après le départ de ces religieux, conçurent le projet d'établir en France un système national d'éducation, système profondément imprégné de l'esprit religieux, mais où l'État aurait joué un rôle prépondérant, grâce au droit d'inspection exercé avec suite et vigilance. Tous les deux appelèrent de leurs vœux la constitution d'une Université unique, dont le siège central eût été à Paris, mais ayant des succursales dans toutes les provinces. La Chalotais et Rolland diffèrent cependant d'opinion sur un point. Celui-ci, comme Diderot, demande l'instruction pour le peuple; celui-là, moins libéral, la repousse.

Mais, on ne saurait trop le répéter, La Chalotais ne fait que partager ici l'erreur de toute une époque. Ils sont rares, les clairvoyants, qui ont su, comme Diderot, comme le président Rolland, s'élever au-dessus des préjugés de leur temps, et poser, bien avant que leur siècle fût mûr pour les comprendre, les généreux principes que devait adopter la Révolution.

On le voit, pendant les trente ans qui précèdent la convocation des états généraux, les doctrines, sinon les institutions pédagogiques, accomplissent en France une évolution profonde. Rousseau, Condillac, Diderot, La Chalotais, Rolland d'Erceville, font le procès des anciens systèmes, et préparent l'avènement des nouveaux. L'influence de ces hommes éminents, de Rousseau surtout, se répand jusqu'à l'étranger. Lorsque Kant, le grand philosophe allemand, reçoit l'*Émile*, à Kœnigsberg, il le lit, paraît-il, avec une telle avidité, que la régularité de ses promenades quotidiennes en est un instant troublée. Il est ébloui, subjugué. Il se reprend ensuite, mais garde un véritable enthousiasme pour Jean-Jacques. « La première impression, écrit-il, qu'un lecteur qui ne lit point par vanité et pour perdre le temps emporte des écrits de Jean-Jacques Rousseau, c'est que cet écrivain unit, à une admirable pénétration de génie, une inspiration noble et une âme pleine de sensibilité, comme cela ne s'est jamais rencontré chez un autre écrivain, en aucun pays. L'impression qui suit immédiatement celle-là, c'est celle de l'étonnement, causé par les pensées extraordinaires et paradoxales qu'il développe. Je dois lire et relire Rousseau jusqu'à ce que la beauté de l'expression ne me trouble plus : c'est alors seulement que je puis disposer de ma raison pour le juger. » Même lorsqu'il le juge avec sa haute raison, Kant ne parvient jamais à se soustraire à la domination de Jean-Jacques. Dans son petit *Traité de pédagogie*, il le traduit parfois mot à mot. Mais il voit plus juste que Rousseau, lorsqu'il rejette le principe de la perfection originelle de l'homme. « C'est une question, dit-il, si l'homme est par sa nature moralement bon ou mauvais. Je réponds qu'il n'est ni l'un ni l'autre, car il n'est pas naturellement un être moral : il ne le devient que lorsqu'il élève sa raison jusqu'aux idées de *devoir* et de *loi*. Il ne saurait devenir moralement *bon* qu'au moyen de la *vertu*, c'est-à-dire d'une contrainte exercée sur lui-même, quoiqu'il puisse être *innocent* tout le temps que les passions sommeillent. » Ces quelques phrases sont l'expression de la vérité même. Elles sont la réfutation lumineuse du paradoxe inspirateur de Rousseau.

Kant n'est pas le seul, au delà du Rhin, qui se proclame le disciple du philosophe genevois. Basedow, Pestalozzi, Froebel, tous les réformateurs de l'enseignement primaire en Allemagne, s'inspirent du meilleur de son esprit, parfois aussi de ses utopies les plus contestables. Pestalozzi, le plus grand de tous, croit comme Rousseau à la bonté primitive de l'enfant; il s'efforce, comme lui, d'enlever tout caractère dogmatique à l'enseignement religieux, d'éveiller chez ses élèves un sentiment sincère et profond plutôt qu'une croyance positive; il introduit dans l'école le goût du travail manuel. Mais il est supérieur à Rousseau, en ce qu'il travaille pour le peuple avec l'ardeur et la persévérance d'un apôtre. Ses élèves ne sont pas de petits aristocrates, comme Émile, mais des orphelins, des mendiants, des abandonnés. En même temps qu'il cherche la théorie de l'éducation, il donne l'exemple par la pratique. Pendant soixante ans, il s'ingénie à renouveler les méthodes et les procédés; il se prodigue, il multiplie les fondations. Il se fait gloire de n'être qu'un maître d'école et, en effet, il est avant tout « maître d'école », mais au sens élevé de ce mot. C'est grâce à lui et à ses collaborateurs, que la Suisse et l'Allemagne ont connu les bienfaits de l'enseignement primaire, alors qu'en France on en était encore à décréter de beaux principes que les pouvoirs locaux appliquaient mal, faute d'expérience, ou n'appliquaient pas du tout, faute d'argent.

CHAPITRE XVI

LES PROJETS, LES ŒUVRES ET LES MÉTHODES

I

Anéantissement de l'organisation scolaire de l'ancien régime. — Plans de Mirabeau, de Talleyrand, de Condorcet, de Lanthenas, de Lakanal et de Lepelletier Saint-Fargeau.

On s'est souvent étonné que, de 1789 à 1800, les assemblées françaises, qui toutes furent animées d'un zèle si vif pour la cause de l'enseignement public, qui toutes ont laissé un système de législation et d'organisation pour l'instruction nationale, nous aient légué cependant si peu d'œuvres durables qu'un historien de la pédagogie, d'ailleurs souverainement injuste en cette circonstance, a pu dire, arrivé à ce chapitre de son livre : « On n'étudie pas le vide, on n'analyse pas le néant ! »

Cet étonnement nous paraît singulier, pour ne pas dire un peu naïf. Considérons, en effet, qu'il n'est pas, dans l'histoire de la France et du monde, de période plus agitée que celle où nous entrons maintenant. En douze ans, la France se transforme ; toutes les institutions du passé sont détruites ou transformées ; trois assemblées, illustres à des titres divers, la Constituante, la Législative, la Convention, voient se poser devant elles tous les problèmes de la politique et de l'administration ; on se bat (et quelles batailles !) sur toutes nos frontières et dans un tiers de nos départements ; des hommes, improvisés soudain législateurs, dans un pays où toutes les affaires avaient été traitées jusqu'alors dans les conseils du gouvernement, des hommes nouveaux, pour tout dire, sont appelés à trancher des questions nouvelles pour eux, dans la pratique sinon dans la spéculation ; et l'on voudrait que, dans ces conditions, en face de nécessités si pressantes, ces hommes aient, toujours et partout, montré la voie où l'on ne s'égare pas, trouvé la solution juste et définitive ! A notre tour nous nous étonnons, non

pas de la stérilité de l'œuvre révolutionnaire, mais plutôt de sa variété
féconde. Car enfin, dans cet amas de projets hâtifs, de lois et de décrets un peu confus, tous les régimes qui viendront après la pacification n'auront qu'à puiser, pour constituer pierre à pierre le vaste
édifice de l'Université du xixᵉ siècle. La Constituante, la Législative,
la Convention ont posé et défini tous les principes; Napoléon et ses
successeurs n'ont eu qu'à rassembler les matériaux laissés épars, non
par impuissance, mais parce que le temps et les moyens d'exécution
avaient manqué.

Le grand tort de la Révolution a été de détruire trop vite, et sans
savoir comment elle les remplacerait, les institutions scolaires de
l'ancien régime. Les députés de la Constituante ont pris trop à la lettre
les critiques des philosophes et des parlementaires contre les anciennes
Universités. En somme, la France monarchique avait produit de
grands hommes et fait de grandes choses. Dans ces collèges si décriés
avaient été élevés Descartes et Pascal, Boileau et Racine, Corneille
et Molière, Voltaire et Montesquieu, tous ces penseurs, tous ces
écrivains dont les œuvres forment encore notre plus beau patrimoine;
ce système d'éducation si dédaigné avait formé la langue, la littérature et le goût français. A qui fera-t-on croire qu'il méritait d'être
condamné en bloc, sans aucune forme de procès?

Cette condamnation fut prononcée cependant. Nous avons vu plus
haut comment périrent les Universités et en particulier celle de Paris,
combien fut lente et pénible l'agonie de ces institutions plusieurs fois
séculaires, qui avaient été, comme on l'a dit si justement, «les mères
nourricières du génie français ». Quelques décrets dédaigneux en
eurent facilement raison. La Constituante voulut faire table rase,
créer, ou plutôt improviser, par la voie législative, des méthodes, des
maîtres, des écoles. Elle abolit d'abord les privilèges pécuniaires des
Universités et des collèges; elle rendit la vie impossible aux professeurs, la plupart religieux ou prêtres, en les astreignant au serment
civique. La Législative alla plus loin : elle supprima toutes les corporations et congrégations régulières ou séculières, qui se vouaient à l'enseignement, déclara leurs biens acquis à la nation, à l'exception toutefois des collèges encore ouverts en 1789; la Convention n'admit
pas même cette exception; elle mit la main sur tous les biens formant
la dotation des bourses, des collèges et de tous les établissements

d'instruction publique, à l'exception de ceux jugés nécessaires pour les cours et pour l'habitation des professeurs et des élèves. Il est vrai que, par compensation, l'État assurait aux professeurs et instituteurs des traitements inscrits au budget national, et, par suite, les transformait en fonctionnaires publics. Ainsi s'imposait incidemment, et à propos d'une mesure fiscale, ce grand système moderne de l'état enseignant. Ainsi périssait définitivement l'antique organisation scolaire, si libérale, en somme, malgré ses origines religieuses, si pleine encore de sève et de vitalité.

Ce ne sont ni les projets ni les plans qui manquent dans l'œuvre scolaire de la Révolution. Nos trois grandes assemblées, la Constituante, la Législative, la Convention, ont essayé, chacune à son tour, d'organiser l'instruction. Une seule, la Convention, a fondé des œuvres durables et laissé un système général de législation.

Mais, avant d'étudier ces œuvres et ce système, examinons rapidement les principaux projets.

Le premier a pour auteur Mirabeau, Il est timide encore et garde quelque respect pour le passé. Il ne livre pas l'enseignement à l'État, il ne prononce pas sur la question de la gratuité et de l'obligation, il laisse vivre les Universités; mais il bouleverse complètement l'enseignement supérieur. Ce projet n'aboutit pas. Mirabeau mourut avant de l'avoir mis au point.

Plus savant et plus logique est le système imaginé par Talleyrand. Nous rencontrons ici le principe de la gratuité et la première idée de l'instruction civique et morale. Talleyrand veut une école primaire au chef-lieu de chaque canton (c'est bien peu!); une école professionnelle ou primaire supérieure au chef-lieu de chaque district ou arrondissement; un institut, c'est-à-dire un établissement d'enseignement secondaire, au chef-lieu de chaque département; enfin, un Institut unique d'enseignement supérieur à Paris, capitale de la France, à côté de l'administration centrale. Talleyrand ne nous dit pas comment les enfants feront pour se rendre au chef-lieu de chaque canton, ni comment il donnera quelque vie à l'enseignement supérieur en le centralisant dans un établissement modèle, mais unique, et par suite insuffisant, dans un pays comme la France.

La Législative nous fournit le projet fameux de Condorcet. C'est là qu'il faut surtout chercher, sous des appellations différentes, les éléments constitutifs de notre Université actuelle. Nos écoles primaires supérieures sont des écoles secondaires ; nos collèges et nos lycées, des instituts ; nos Facultés, des lycées. Au-dessus de ses écoles primaires et secondaires, de ses instituts et de ses lycées, Condorcet établit, pour les diriger, une Société nationale des sciences et des arts. Les écoles primaires sont établies non plus au canton, mais dans chaque village de quatre cents habitants ; les écoles secondaires dans chaque district et dans les villes comptant 4000 habitants ; les instituts sont au nombre de cent dix, un au moins par département ; les lycées au nombre de neuf, dans les centres les plus importants.

Aucune rétribution ne sera perçue ; tous les établissements seront gratuits. Il y aura des bourses données aux enfants les plus méritants, qui recevront le nom d'élèves de la patrie. L'enseignement religieux sera donné en dehors des écoles. Les jeunes gens des deux sexes recevront la même éducation, dans les mêmes établissements. Les mœurs y gagneront, paraît-il. « S'il arrivait, dit Condorcet, que l'instruction fût écoutée avec trop de distraction par les élèves occupés d'intérêts plus vifs et plus touchants, ce mal serait plus que compensé par l'émulation qu'inspirerait le désir de mériter l'estime de la personne aimée. » En vérité, Condorcet va un peu loin. Périsse l'émulation, s'il faut l'exciter à ce prix ! Blâmons-le, en outre, d'avoir fait trop grande la part de l'enseignement scientifique, d'avoir introduit dans les écoles primaires les principes de l'économie politique et du droit naturel, des leçons sur les lois anciennes et nouvelles, et de petites conférences sur les arts, toutes choses bien inutiles à des enfants de dix ou douze ans.

Lanthenas, à la Convention, reproduit, ou à peu près, le projet de Condorcet. Mais il ne s'occupe que des écoles primaires, car il estime que la République doit s'occuper avant tout de l'instruction du peuple. Le principe de son projet fut admis et voté en ces termes : « Les écoles primaires forment le premier degré d'instruction. On y enseignera les connaissances rigoureusement nécessaires à tous les citoyens. Les personnes chargées de l'enseignement dans les écoles s'appelleront instituteurs. »

L'organisation de l'enseignement primaire est encore la raison d'être du plan élaboré par Lakanal, avec l'aide de Sieyès et de Daunou. Nous voici en présence d'un projet qui a été loué bien souvent, et qui mérite en effet tous les éloges. Lakanal n'admet pas les écoles mixtes au delà du premier âge. Il établit une école de garçons et une école de filles par mille habitants, et veut que les candidats aux fonctions de l'enseignement subissent un examen préalable ; il crée un excellent système d'inspection exercé par un bureau qui réside au chef-lieu de chaque district ; il soumet tout son personnel à la direction suprême d'une commission centrale d'instruction publique, qui fixe les programmes, les règlements et la discipline ; il s'occupe sérieusement de l'éducation physique des enfants ; il fait enfin cette déclaration singulièrement libérale : « La loi ne peut porter atteinte au droit qu'ont les citoyens d'ouvrir des cours et des écoles particuliers et libres, sur toutes les parties de l'instruction, et de les désigner comme bon leur semble. » Lakanal n'exige même aucune garantie des instituteurs libres ; il ne semble pas craindre les abus qu'entraînera certainement son système de tolérance trop facile et trop large. La Convention, plus défiante, trouva que Lakanal avait désarmé l'État. Les jacobins l'accusèrent de garder des sentiments aristocrates. On ne discuta même pas ce projet, le plus pratique de ceux qu'enfanta la Révolution.

Le plan de Lepelletier de Saint-Fargeau, présenté et examiné après son assassinat, excita au contraire un enthousiasme universel. Cela ne veut pas dire qu'il ait quelque valeur. « Décrétons, dit Lepelletier, que tous les enfants, les filles comme les garçons, les filles de cinq à onze ans, les garçons de cinq à douze ans, seront élevés en commun, aux frais de l'État, et recevront, pendant six ou sept années, la même éducation. » Égalité complète entre les sexes : même nourriture, même costume. Personne ne pourra soustraire ses enfants à l'éducation républicaine : « Il faudra punir le père récalcitrant, le punir par la privation des droits civiques, et, de plus, le condamner à payer double impôt. »

Voici donc nos jeunes Français enfermés dans de grands collèges jusqu'à onze ou douze ans. On les traite durement ; on leur supprime le vin et la viande ; on les exerce au travail de la terre ; on les occupe à [répandre et à entasser des cailloux sur les routes ; on les astreint tour à tour aux occupations ménagères réservées auparavant à des domestiques dans les maisons d'éducation. Les programmes d'instruction sont d'ailleurs tout à fait sommaires. Tout respire ici l'imitation du régime que Lycurgue, au dire de Plutarque, avait

imposé aux jeunes Spartiates. On aurait pu mieux choisir. Mais Sparte
semblait alors le type idéal de la cité libre et républicaine. Comme Le
Pelletier, Saint-Just, dans ses *Institutions républicaines*, avait prononcé que les garçons — mais non pas les filles — appartiennent
à l'État depuis l'âge de cinq ans, qu'ils doivent être nourris au moyen
des ressources du budget national, nourris, frugalement d'ailleurs, de
raisins, de fruits, de légumes, de laitage, de pain et d'eau; que leur
costume doit être de toile dans toutes les saisons. C'est l'influence de

ÉCOLE MILITAIRE DE PARIS SOUS LOUIS XV.

Rousseau qui s'accentue de plus en plus. Tous les petits Français sont
des Émiles. Par bonheur pour eux, aucun de ces projets à la Spartiate ne reçut le moindre commencement d'exécution, même celui de
Romme, qui n'admettait pas d'autres instituteurs que ceux de l'État.

Ces projets réunis peuvent être considérés comme le code de la
pédagogie révolutionnaire. Nous avons ajouté qu'aucun d'eux n'a
abouti. Est-ce à dire pour cela que, pendant les dix ans qui ont suivi
l'avènement de la Convention, la France n'a pas eu un seul établissement d'enseignement, que les pères de famille n'ont pas su à qui
confier leurs enfants, chassés des collèges et des Universités? Rien ne

serait plus faux. Pendant ces dix ans, il y a eu des maîtres, des écoles et des écoliers. Nous allons essayer de les faire connaître.

II

Les instituteurs primaires sous la Révolution ; recrutement difficile. — Les livres scolaires : les Commandements du républicain. — La police des écoles : Règlement pour les écoles de Brest. — État de l'instruction dans les provinces à la fin du Directoire.

De l'an I à l'an III l'anarchie est complète. La Convention étudie les plans qui lui sont soumis ; elle n'a pas le temps de les mettre en pratique et d'élaborer un système de législation. Il serait impossible de dire exactement ce que fut, en fait, l'instruction publique sous le régime de la Terreur et même pendant les deux années qui suivirent. Mais, au sortir de cette période troublée, la Convention essaie de fonder des institutions nouvelles sur les débris des anciennes. Elle organise à la hâte toute une hiérarchie d'établissements publics d'enseignement.

Disons d'abord que ces écoles de divers degrés ne furent sérieusement organisées que par la loi du 3 brumaire an IV. Le titre I traite des écoles primaires ; le titre II, des écoles centrales ; le titre III établit plusieurs écoles spéciales dont la plupart ne furent jamais organisées ; le titre IV organise l'Institut national des sciences et des arts ; les titres V et VI sont relatifs aux récompenses nationales et aux fêtes. Cette loi du 3 brumaire est le statut de l'instruction publique jusqu'à la fin de la première république. A partir de sa promulgation, on vit s'ouvrir ou se rouvrir les écoles dans les villes et dans les campagnes, car, pendant deux ou trois ans, les études avaient été interrompues à peu près partout, faute d'instituteurs et d'écoliers.

Ce qui caractérise les nouveaux instituteurs, c'est qu'ils sont obligés de faire leurs preuves. Nul ne peut être nommé qu'après examen devant un jury d'instruction. Cette disposition était déjà contenue, d'ailleurs, dans la loi du 27 brumaire an III. Mais, il faut bien le dire, les candidats étaient rares, et on devait les attirer par de belles proclamations. Nous n'en voulons pour preuve que l'affiche suivante qui fut apposée, au cours de frimaire an III, dans les communes du Finistère [1].

Cet appel n'est-il pas écrit d'un style tout à fait engageant ? Mais ne

A U X

PATRIOTES FRANÇAIS,

DES DEUX SEXES.

LA loi du 27° brumaire, relative aux écoles primaires, vient d'ouvrir à la France une source féconde de prospérité et de bonheur.

Qu'il est vaste et sublime cet établissement qui doit porter les lumières jusques sous le chaume ! qu'elle est sainte cette institution qui doit régénérer les mœurs d'un grand peuple !

Vous tous patriotes des deux sexes, qui joignez à un sincère attachement pour la République, des talens, des lumières, et des mœurs pures, pressez-vous d'en porter le tribut dans ces écoles précieuses qui doivent former les générations actuelle et futures ; la voix de la Patrie vous y appelle ; la considération, la gloire et les récompenses nationales vous y attendent pour prix de vos travaux ; et croyez sur-tout qu'il n'est pas de talens au-dessus de fonctions aussi importantes.

Le Jury d'instruction du district de Quimperlé, invite tous ceux et celles qui voudront remplir, dans l'étendue de son territoire, les fonctions d'Insti-

tuteurs et d'Institutrices pour les écoles primaires, de se présenter au plutôt, munis d'un certificat de civisme, et d'un autre certificat de bonne vie et mœurs, délivré par le conseil général de la Commune de leur domicile, lequel attestera spécialement que le Candidat n'est point enclin à l'ivresse, sans ces préalables, on ne sera pas admis à l'examen.

Le Jury invite aussi tous les bons citoyens à lui désigner les sujets qui leur paroîtront propres à remplir ces places.

Arrêté en l'assemblée du Jury d'instruction, à Quimperlé, le 24 frimaire, l'an troisième de la République française, une et indivisible.

L. B. BOSC.

R. M. LEROUXEAUX.

V. J. DECOURBES.

A LORIENT, de l'Imprimerie de veuve Baudoin, rue du Port, 1794.

révèle-t-il pas quelle peine on avait à recruter des candidats ? Dans beaucoup de communes, les procès-verbaux des délibérations des conseils municipaux constatent que personne ne se présente pour

1. *Musée pédagogique*. Série départementale, Finistère.

remplir les fonctions d'instituteur. Aussi est-on forcé, parfois, de se contenter de candidats qui n'ont pas subi l'examen. Ces irréguliers sont tolérés par le jury d'instruction. A Ivry-la-Bataille, dans l'Eure, un procès-verbal du 6 vendémiaire an III, dressé dans le temple de l'Être suprême, porte « que la commune est depuis longtemps sans instituteur ; que les enfants sont laissés à l'oisiveté et que la commune est heureuse de trouver dans le sieur Massue une ressource qui fait toute sa sollicitude. Elle espère que sa qualité de militaire n'empêchera pas ledit Massue d'être nommé, parce que, sous le gouvernement républicain, il satisfera infiniment mieux, en raison de ses talents, au contingent que chacun doit à sa patrie [1]. » Ce sieur Massue était volontaire du détachement de cavalerie partant du dépôt général de Falaise. Il fut dispensé du service militaire, et obtint licence d'enseigner, quoique s'étant soustrait aux épreuves légales. Il fallait bien sacrifier les principes aux exigences du recrutement.

Mais pourquoi cette pénurie de candidats ? Et d'abord les instituteurs étaient peu payés. Après leur avoir alloué 1 000 francs d'appointements dans ses décrets théoriques, la Convention, dans la loi de brumaire an IV, se contentait de leur fournir un local, tant pour leur servir de logement, que pour recevoir les élèves, avec le jardin qui se trouverait attenant à ce local. D'argent, point ; à moins que le département ne juge plus convenable de leur allouer une somme annuelle pour leur tenir lieu du logement et du jardin susdits. Le pauvre magister n'avait d'autre ressource que la rétribution scolaire. Encore la municipalité pouvait-elle en exempter, pour cause d'indigence, un quart des enfants.

Avouons que, dans ces conditions, la carrière de l'enseignement n'avait rien de particulièrement séduisant. On s'expliquera d'autant mieux l'abstention des candidats, quand on saura que, comme tous les fonctionnaires, l'instituteur était placé sous la surveillance soupçonneuse du club de sa localité. Son patriotisme, son civisme, sa science étaient sans cesse mis en question. Il fallait ménager les enfants des hommes influents, et, par suite, se faire accuser d'injustice par les autres. Bref, les gens prudents se détournaient d'une profession peu lucrative, souvent dangereuse et fertile en tracasseries pour celui qui la choisissait.

---

1. *Musée pédagogique.* Série départementale, Eure.

Les écoliers étaient, paraît-il, plus rares encore que les maîtres. En dehors des raisons permanentes qui rendent encore tant de familles hostiles au principe de l'obligation, il faut bien dire que l'enseignement donné par les instituteurs officiels pouvait effrayer des gens qui regrettaient, au fond du cœur, les institutions religieuses du passé. On ne peut nier que la Convention, et, après elle, le Directoire, ont manqué de tact et d'habileté sous ce rapport. Dans beaucoup d'écoles, on avait remplacé la prière habituelle par le chant de la *Marseillaise*, à l'ouverture et à la clôture de la classe. Premier grief. On trouvait aussi, et cette accusation est beaucoup plus grave, que, sous prétexte d'instruction morale, on donnait aux enfants des leçons d'athéisme et de matérialisme. La Convention avait approuvé, et quelquefois même imprimé à ses frais, un grand nombre de livres scolaires où se trouvent parfois exprimés les plus étranges principes. Quelques-uns de ces livres, les moins nombreux d'ailleurs, sont véritablement odieux : le *Catéchisme historique et révolutionnaire*; les *Épîtres et Évangiles du républicain pour toutes les décades de l'année, à l'usage des jeunes sans-culottes*, par Henriquez, ouvrage primé par le conseil des Cinq-Cents; *Almanach du père Gérard*, par Collot d'Herbois. Les plus nombreux sont insignifiants ou ridicules, tel l'*Office des décades contenant les hymnes et les prières en usage dans les temples de la Raison*, par les citoyens Chénier, Dusaussois et Dulaurent. Nous en extrayons les Commandements du républicain.

> La république tu serviras
> Une, indivisible seulement.
>
> Aux fédéralistes tu feras
> La guerre éternellement.
>
> En bon soldat tu te rendras
> A ton service exactement.
>
> Pour tous les cultes, tu seras,
> Comme veut la loi, tolérant.
>
> Les beaux arts tu cultiveras,
> D'un État ils sont l'ornement.
>
> A la section tu te rendras,
> Convoqué légalement.
>
> Ta boutique tu fermeras,
> Chaque décadi strictement.

> La constitution tu suivras,
> Ainsi que tu en as fait serment.

> A ton poste tu périras,
> Si tu ne peux vivre librement.

Est-ce une parodie? On le croirait. C'est d'ailleurs inoffensif et même plein de bonnes intentions. Nous découvrons même un appel à a tolérance, dont il faut savoir gré aux auteurs. Le même jugement pourrait s'appliquer à l'*Alphabet des sans-culottes ou premiers éléments de l'éducation républicaine, dédié aux jeunes sans-culottes, par demandes et par réponses*. On peut y trouver à rire, mais non pas à s'indigner. Et par exemple :

D. — Qu'est-ce qu'un brave sans-culotte?
R. — C'est un brave dont l'âme ne peut être corrompue par l'or des despotes.
D. — Quelles sont les vertus des sans-culottes?
R. — Toutes.

Mais, encore une fois, il n'y a rien là qui puisse offenser la morale, sinon le bon sens. Et d'ailleurs, il ne paraît pas que ces livres spéciaux se soient beaucoup répandus dans les provinces. La Convention, plus tard le conseil des Cinq-Cents, les approuvaient, mais c'était le plus souvent une approbation toute platonique. Quand on les faisait imprimer, les exemplaires n'en étaient pas nombreux, et, pour la plupart, ne circulaient que dans les écoles de Paris. Il faut ajouter que les maîtres d'école de province, se rendant bien compte des scrupules et des répugnances des parents, ne se prêtaient pas beaucoup à la diffusion des livres à tendances trop accentuées. Quand ils les recevaient, ils ne s'en servaient pas toujours; quand on ne les leur envoyait pas du district, ils se gardaient bien de les réclamer. En somme, tout porte à croire qu'on continuait à se servir des vieux manuels classiques, abécédaires, grammaires et arithmétiques. La force d'inertie des populations et des instituteurs arrêtait le courant, peu tumultueux, d'ailleurs, des ouvrages ridicules ou dangereux.

On est trop porté, quand on étudie la période révolutionnaire, à ne tenir compte que de quelques situations et de quelques individus exceptionnels. Bien souvent, les lois draconiennes de la Convention étaient interprétées dans un sens libéral par les autorités locales. Nous avons sous les yeux le manuscrit original d'un excellent *Projet de règlement de police pour le régime intérieur des écoles primaires de* Brest [1]. La pièce est datée du 27 fructidor an IV. Elle est instructive, et, bien évidemment, rédigée par des gens modérés et compétents. En voici quelques articles :

« ART. 4. — La séance du matin sera remplie par les principes de l'écriture, la lecture des manuscrits, l'explication des caractères romains et des nouvelles mesures, les éléments de l'arithmétique et la morale républicaine.

« La séance du soir le sera par la lecture des langues française et latine et quelques notions de morale. »

Il faut noter que, d'après l'article 3, la séance du matin était destinée aux élèves les plus avancés, et celle du soir aux commençants.

Pour enseigner *la morale républicaine*, on ne se servait pas, semble-t-il, des livres bizarres dont nous parlions plus haut. La leçon consistait en un commentaire de la *Déclaration des droits et des devoirs de l'homme et du citoyen*. L'article 7 le dit explicitement :

« Les instituteurs, se mettant à la portée des élèves, leur expliqueront de la manière la plus claire la Déclaration des droits et des devoirs de l'homme et du citoyen. »

Il n'y a rien là qui puisse effrayer les consciences les plus timorées. Les membres du jury d'instruction de Brest, les citoyens Guillemant, Grillon et Geffroy, sont de braves gens, pratiques et de bon sens. Ils défendent aux instituteurs (article 12) d'employer les châtiments corporels :

1. *Musée pédagogique*. Série départementale, Finistère.

« Ils s'abstiendront d'user d'aucun mauvais traitement, tels que férule, etc. S'il arrivoit qu'un élève leur manquât de respect, ils en préviendront les parents; en cas de récidive, ils rendront compte à l'administration municipale qui jugera si celui dont ils se plaindront devra être suspendu ou exclu de l'école. »

Ce règlement (article 16) indique un souci éclairé de la santé des enfants: « S'il arrivoit que des enfants se trouvassent épilectiques (*sic*) ou attaqués de maladies contagieuses, il est enjoint aux instituteurs et institutrices de les renvoyer à leurs parents, jusqu'à parfaite guérison, constatée par un certificat d'officier de santé, désigné par l'administration municipale. »

Tout porte à croire que ce règlement, si simple, si sensé, n'a pas été une exception. Il nous repose des utopies spartiates de Le Pelletier de Saint-Fargeau. Il nous permet d'affirmer que toutes les municipalités françaises ne ressemblaient pas à celle de Lunéville, qui défendait aux instituteurs de diviser leurs élèves en deux classes, l'une pour ceux qui apprennent à lire, l'autre pour ceux qui lisent et écrivent, parce qu'on violait le grand principe d'égalité. En France, même aux époques les plus tourmentées, le bon sens a toujours le dernier mot. On s'est trop pressé, à notre avis, de condamner l'enseignement primaire de la Révolution, parce qu'on a trouvé quelques projets chimériques, quelques livres grotesques et quelques instituteurs peu recommandables.

Ces réserves faites, il serait puéril de ne pas convenir que la Révolution n'a pas pu fonder l'enseignement primaire en France. Sa puissance, comme l'a dit M. Compayré, a été moindre que sa volonté, et elle nous a laissé des principes plus que des institutions.

On a souvent cité, en effet, ces lignes tirées du *Voyage dans le Finistère en 1794 et 1795*, par l'antiquaire Cambry, et on les a généralisées avec un parti pris évident: « Je le déclare avec franchise, depuis ma tournée dans tant de communes, le mot instituteur est pour moi le synonyme d'ignorant et d'ivrogne. C'est au milieu des dénonciations qu'on a distribué des places dans des assemblées ensorcelées, où quatre individus savaient à peine lire. On a choisi les plus violents et les plus fourbes. Voilà, voilà les instituteurs établis pour rappeler les vertus, les talents, les mœurs dans ma patrie. » Nous avons bien de la peine à croire que cette appréciation soit exacte. Cambry n'est-il pas comme ce voyageur qui, débarquant en Angleterre et voyant une femme rousse, inscrivait gravement sur son carnet de voyage : « En Angleterre toutes les femmes sont rousses ». Les observateurs de ce genre ne sont malheureusement pas rares. Il est fâcheux que des esprits sensés accordent à leurs affirmations plus d'autorité qu'elles n'en méritent.

Et cependant, de toutes parts, les conseils généraux, en 1800 et en 1801, signalent le manque d'écoles ou leur abandon. « Il n'existe point d'écoles primaires dans la plupart des communes rurales, dit-on dans la Loire-Inférieure, dans la Vaucluse, dans la Gironde. Les écoles primaires sont tombées ou languissent, écrit-on, dans la Vienne. En Vendée, les écoles primaires sont nulles, dans les communes même où elles existent. Dans la Charente, les campagnes n'ont plus aucun moyen d'enseignement, aucun moyen même d'en établir. Quant aux maîtres, on déclare, dans le Pas-de-Calais et dans l'Hérault, qu'ils sont la plupart ineptes ou incapables. Ailleurs, on se plaint de la modicité de leur traitement et de leur peu d'influence ; mais surtout on s'élève contre l'enseignement qu'ils donnent, et l'opinion de beaucoup de conseils généraux est bien rendue

ÉLÈVE DE L'ÉCOLE DES ENFANTS DE MARS (CONVENTION).

par celui d'Ille-et-Vilaine, lorsqu'il dit : « L'instruction publique est « presque nulle dans toute la France, parce qu'on a voulu s'écarter « de la pratique confirmée par l'expérience. On ne parle ni de la « divinité ni des principes de la morale. On croit qu'il faut en revenir « à ce qui se faisait anciennement [1]. »

Les préfets tiennent un langage souvent analogue à celui des conseils généraux. De même les conseillers d'État envoyés en mission par le pouvoir central. « Les enfants des citoyens peu aisés, dit Fourcroy, ceux des habitants des campagnes, restent sans aucune ou presque aucune source d'instruction. Deux générations de l'enfance sont à peu près menacées de ne savoir ni lire, ni écrire, ni les premiers

1. *Dictionnaire pédagogique de l'instruction primaire*, 2ᵉ partie. p. 544 et 545.

éléments du calcul. C'est dire assez combien il est instant que le gouvernement prenne des mesures pour remédier à ce mal. » Ces mesures, on ne les prit que sous Louis-Philippe, en 1833, pendant le ministère Guizot.

III

Les fondations originales de la Révolution. — Les écoles centrales et l'école normale; leur échec. — L'école de Mars. — Les fêtes nationales. — Les jeunes héros : Barra et Viala.

La Révolution a-t-elle été plus heureuse dans ses créations pour l'enseignement secondaire ou supérieur? Ici encore, nous avons à constater plus d'un échec. Les écoles centrales, qui succédèrent à nos anciens collèges et qui devinrent nos lycées universitaires, n'obtinrent jamais la confiance des populations. On peut se demander pourquoi. Étaient-elles mal installées? Nullement : la plupart héritèrent des bâtiments et des dépendances des collèges supprimés. Se montra-t-on trop parcimonieux pour leur dotation? Point du tout : une somme ronde de 3 500 000 francs fut annuellement inscrite au budget pour leur entretien. Le personnel enseignant était-il au-dessous de sa tâche? Au contraire : les professeurs déployèrent un zèle qui méritait un meilleur succès. Peut-être l'échec des écoles centrales vint-il de ce que les familles ne comprirent jamais bien l'organisation de ces établissements, qui tenaient à la fois des anciens collèges et des écoles professionnelles, où chacun pouvait choisir pour ses enfants les cours qui lui semblaient utiles, en mesurer la dose et la durée; on était habitué à accepter des programmes tout faits, on s'effrayait à l'idée d'avoir à se substituer, dans une certaine mesure, aux législateurs et aux régents. « Quoi qu'il en soit, les écoles centrales ne purent jamais triompher, dit M. Duruy [1], de l'espèce de discrédit qui les frappa dès leur fondation. A part quelques brillantes exceptions comme Paris, Besançon, Toulouse et Montpellier, on peut dire qu'elles végétèrent. » On ne fréquentait guère que les classes de dessin et un peu celles de mathématiques. Les autres étaient délaissées, parce qu'elles étaient trop élémentaires, comme celles des langues anciennes et de belles-lettres, ou trop ambitieuses, comme celles de gram-

1. *L'Instruction publique et la Révolution.*

maire générale ou de législation. En réalité, les cours complets n'existèrent qu'à Paris, dans les trois écoles centrales du Panthéon (aujourd'hui lycée Henri IV), des Quatre-Nations (au palais Mazarin), de la rue Saint-Antoine (aujourd'hui lycée Charlemagne). La philosophie, les belles-lettres, la philologie, la législation trouvèrent là des professeurs éminents, dont la renommée et l'éloquence attiraient de nombreux auditeurs : La Harpe, Rœderer, Fontanes, Cabanis, Ginguené, Guéroult, Binet, Laromiguière, Daunou, Saussure, Cuvier, pour ne citer que les plus fameux. Avec de tels maîtres, le succès des écoles centrales de Paris était certain, et il fut en effet très vif. Mais ce qui est bien évident, c'est que les écoles centrales de Paris étaient de véritables établissements d'enseignement supérieur, où l'on écoutait des conférences bien plus qu'on assistait à des classes. La vraie formule de l'enseignement secondaire moderne restait encore à trouver.

Nous arrivons enfin aux œuvres originales qu'enfanta la Convention. Toutes appartiennent à l'ordre de l'enseignement supérieur. Ce sont : le Muséum (10 juin 1793) ; l'École polytechnique, ouverte sous le nom d'École centrale des travaux publics (11 mars 1794) ; l'École normale (30 octobre 1794) ; École de Mars (1er juin 1794) ; le Conservatoire des arts et métiers (29 septembre 1794) ; l'Institut national des sciences et des arts. L'année suivante, l'infatigable assemblée organisait le Bureau des longitudes, l'Institut national de musique. « Quel magnifique effort, dit M. Compayré, pour réparer les ruines que l'anarchie avait faites, ou pour combler les lacunes que l'ancien régime avait patiemment souffertes ! De ces créations multipliées, la plupart subsistent, fleurissent encore. » Il en est trois qui nous intéressent particulièrement, l'École polytechnique, l'École normale et l'École de Mars.

La fondation de l'École polytechnique est une véritable inspiration de génie. « Créer à Paris, dit M. Duruy, un vaste établissement destiné à former toute une pépinière d'ingénieurs civils et militaires ; donner pour maîtres à ces jeunes gens les plus illustres savants de l'époque, et, comme objectif à leurs études, non seulement les connaissances pratiques nécessaires à l'exercice de telle profession, mais encore une forte et complète éducation scientifique, tel fut le dessein que le Comité de salut public eut l'honneur de concevoir, et la Convention celui de réaliser sur le rapport de Fourcroy. Organisée par un décret du 7 vendémiaire an III, l'École centrale des travaux publics s'ouvrit le 10 frimaire suivant. Trois mois après, le 15 fructidor, elle prenait le nom d'École polytechnique. « L'originalité de cette création, a dit M. Despois dans le *Vandalisme révolutionnaire*, c'est d'avoir senti qu'avant de parquer les jeunes gens dans les spécialités particulières, il fallait, suivant l'expression d'Arago, leur enseigner les principes généraux des sciences, également indispensables aux ingénieurs civils et militaires. »

Cette idée si féconde appartient en effet bien en propre à la Révolution, et c'est elle incontestablement qui a fait le succès de l'institution. L'École polytechnique n'avait pas un an d'existence qu'elle était déjà célèbre dans toute l'Europe.

La Convention, du reste, n'y épargna rien : la jeune École fut littéralement comblée. Concours public ouvert dans les vingt-deux principales villes de la république pour l'examen des candidats, gratuité de l'enseignement, traitement de 1 200 francs par an aux élèves, tout fut mis en œuvre pour lui donner, dès l'origine, beaucoup de vogue et d'éclat. Ajoutons que les professeurs étaient Lagrange, Prony, Monge, Berthollet, Fourcroy, Chaptal, Vauquelin, Guyton de Morveau.

L'École normale, moins bien conçue, n'eut qu'une existence éphémère. Elle eut pour maîtres ceux de l'École polytechnique, et, de plus, La Harpe, Daubenton, Garat, Volney, Bernardin de Saint-Pierre ! Mais à qui s'adressait-elle ? Sans doute (on le croit généralement) elle avait pour mission de former les professeurs des Écoles centrales ? Il n'en est rien. Il s'agissait tout simplement de recruter des instituteurs pour les écoles primaires ; d'attirer des jeunes gens dont la première instruction se bornait, en général, à quelques notions de grammaire et d'arithmétique. On leur offrait, à ces humbles néophytes, des cours de grammaire générale (la manie du moment), des cours d'analyse de l'entendement humain. On les fit venir à Paris au nombre de quatorze cents. Mais on ne les astreignit à aucune fréquentation. Ils vinrent pourtant, pendant quelque temps, ne comprirent pas un mot aux leçons de leurs illustres maîtres, et cédèrent la place à des auditeurs libres qui goûtèrent fort, sans doute, ce début de leçon du vieux Daubenton : « Le lion, a dit Buffon, est le roi des animaux. Le lion, messieurs, n'est pas le roi des animaux ; il n'y a pas de roi dans la nature. » Probablement on applaudissait. Mais la Convention ne tarda pas à s'apercevoir qu'elle avait fait fausse route. Le député Thibaut demanda la suppression de la nouvelle école. Romme n'y voyait que « le charlatanisme organisé ». Une voix s'écria : « Les plus courtes folies sont les meilleures ! » L'École normale avait vécu.

Moins raisonnable encore, l'École de Mars dura pourtant jusqu'à six mois. On sait que l'*École militaire* de Paris avait été supprimée par Louis XVI, en 1787, et que l'Assemblée constituante avait détruit les divers collèges militaires de la province.

Le Comité de salut public crut possible de former, en quelques mois, par une éducation et des procédés sommaires, un grand nombre d'officiers de toutes armes, — et l'école révolutionnaire de Mars naquit.

Cette école, ou plutôt ce camp retranché, fut établie dans la plaine des Sablons. Quatre mille jeunes gens, choisis parmi les fils de sans-culottes, furent soumis au régime de la vie en commun et de la réclusion absolue, parqués dans une enceinte de palissades, dont les intervalles étaient garnis de chevaux de frise et de sentinelles. Les élèves n'étaient pas traités tendrement. « Notre régime alimentaire, a dit l'un d'eux [1], se composait de pain de munition qu'on nous fournit longtemps noir, malsain et indigeste, et, pendant longtemps encore, de lard rance provenant d'un convoi de vivres enlevé aux Prussiens, et dont l'armée avait refusé de se nourrir, tant la putréfaction de cette viande se décelait à l'odorat et au goût. Il est vrai que, le quintidi, on substituait de la chair fraîche à cet aliment délétère. Quant à notre boisson, elle consistait en eau acidulée de vinaigre ou corrigée d'un peu de réglisse. »

Ces jeunes affamés étaient initiés à tous les secrets de la théorie et de la pratique de l'art militaire. On leur enseignait la fraternité, l'amour de la patrie et la haine des rois. De vieux soudards, au dire du témoin oculaire que nous avons déjà cité, leur donnaient des leçons de civisme ; parfois, un membre de la Convention, venu de Paris, les haranguait « à l'ombre d'une statue colossale de la Liberté ». Parfois, mais rarement, l'École entière paradait dans les cortèges des fêtes nationales. A l'anniversaire du 10 Août, on vit les élèves attaquer, à la baïonnette et au son du canon, une redoute où siégeaient plusieurs

---

1. Langlois, *Souvenirs de l'École de Mars.*

mannequins bizarrement accoutrés, qui figuraient le pape, l'empereur d'Autriche, les rois de Prusse, d'Angleterre, d'Espagne, Pitt et Cobourg.

Dans ces occasions solennelles, les pauvres enfants portaient le costume grotesque dessiné par David, « la tunique à la polonaise avec deux nids d'hirondelles en guise d'épaulettes, le schako à plumet, le sabre à la romaine, rehaussé d'emblèmes révolutionnaires en cuivre ».

Mais il arriva qu'au 9 Thermidor l'École de Mars faillit prendre le parti de la Commune de Paris et d'Henriot. La Convention lui en garda une légitime rancune. Le 2 brumaire an III, un décret prononçait la dissolution de « cette armée de séides, réunie pour servir le tyran qui venait d'être anéanti ». Le tyran, c'était Robespierre, que l'École de Mars honorait comme son fondateur.

Il nous reste à parler d'une des plus étranges fondations scolaires de la Révolution, une de celles qui lui furent pourtant le plus chères dès ses débuts. Mirabeau, Talleyrand en avaient donné la première idée. Le comité d'instruction publique de la Convention la réalisa définitivement. Nous voulons parler des fêtes nationales. La première république en fit une espèce d'enseignement en action, parlant à l'imagination et au cœur de la jeunesse, et destiné à lui inspirer les plus purs sentiments du patriotisme, de la liberté, de l'égalité et de la fraternité. Daunou en parle en ces termes dans son rapport sur le projet de Condorcet : « Le plus vaste moyen d'instruction publique est dans l'établissement des fêtes nationales. Là se manifeste et s'anime la nature, dont les livres ne réfléchissent que d'obscures et faibles images, lorsqu'ils ne les présentent pas sous des aspects faux et corrupteurs… » Robespierre ne fait que répéter Daunou, dans son fameux discours sur le rapport des idées religieuses et morales avec les principes républicains. « Il est une sorte d'instruction qui doit être considérée comme une partie essentielle de l'éducation publique. Je veux parler des fêtes nationales. Rassemblez les hommes, vous les rendrez meilleurs ; car les hommes rassemblés chercheront à se plaire, et ils ne pourront se plaire que par les choses qui les rendent estimables. Donnez à leur réunion un grand motif moral et politique, et l'amour des choses honnêtes entrera avec le plaisir dans tous les cœurs ; car les hommes ne se voient pas sans plaisir ! » Voilà la pure doctrine. En somme, la Révolution a voulu importer en France les grandes solennités publiques de Grèce.

Parmi les fêtes qui marquaient chaque décadi de l'année révolutionnaire, il en était plusieurs où la jeunesse jouait un rôle important ou
prépondérant : celles de l'amour paternel, de la tendresse maternelle,
de la piété filiale, de l'enfance et de la jeunesse. Cette dernière avait
été choisie comme date périodique des distributions de prix.

Jusqu'à la fin du Directoire, les instituteurs et leurs élèves furent
tenus d'assister aux fêtes décadaires. « Citoyens, écrit le ministre de
l'intérieur aux administrateurs du Loir-et-Cher (25 germinal an VII),
j'apprends que les instituteurs d'Éprais et de Melay et celui de la
Chapelle n'ont pas paru à la fête du 2 pluviôse. Je vous invite à examiner pour quels motifs ces instituteurs ne se sont pas conformés aux
prescriptions de la loi du 13 fructidor qui leur enjoint d'assister aux
fêtes nationales, et à me faire part des mesures que vous aurez prises
dans cette circonstance. » Ainsi la réjouissance est obligatoire.

En général, le rôle des enfants dans les fêtes décadaires est toujours
le même. On les conduit au pied de l'autel de la Patrie : là, ils récitent
la Déclaration des droits de l'homme, répondent à quelques questions
sur le catéchisme républicain, et reçoivent l'accolade du président de
la fête. Souvent ils chantent des hymnes à la France ou à la liberté.
Parfois, ils sont admis à réciter des morceaux de morale et des vers
patriotiques. N'auraient-ils pas préféré une partie de barres ou de
quilles?

Nous les retrouvons, plus en vue, dans les fêtes nationales. Au premier anniversaire du 10 Août, si pompeusement ordonné par l'illustre
peintre David, ils s'avancent déjà dans le cortège, avec des corbeilles
pleines de roses dont ils jonchent le chemin. A la fête de l'Être suprême, ils paraissent avec une branche de chêne à la main; quelques-
uns, figurant « l'enfance ornée de violettes, et l'adolescence ornée de
myrtes », soutiennent le ruban tricolore qui entoure symboliquement
le groupe des membres de la Convention. Et c'est toujours la même
chose. Croit-on que les enfants aient pu tirer grand profit de ces pro-
cessions et de ces parades?

Au reste, les fêtes décadaires et nationales, toujours obligatoires
légalement, tombèrent dans un discrédit trop mérité par leur banalité
et leur monotonie. Avant même la dissolution de la Convention, un
de ses membres, qui signe Didier B... (probablement Didier Boissieu,
de l'Isère) faisait paraître un pamphlet, où il faisait justice de ce qu'il

appelait plaisamment la *festomanie*. « Tous vos projets, disait-il, donnent ce résultat : réunion de citoyens en plein air et dans les temples, triage des sexes, séparation des âges, lecture de lois ou d'actes publics, discours de morale lus ou improvisés, danses, chants, gymnastique. Ou bien cet autre résultat: gymnastique, chants, danses, morale lue ou improvisée, lecture de lois, réunion de citoyens avec ou sans triage. Qu'on me dise de bonne foi si l'on peut trouver dans toutes ces choses-là de quoi captiver l'âme la plus expansive, quand on y attacherait l'idée d'une ou plusieurs divinités? Sans cette idée cependant, adieu le charme de l'institution et l'institution elle-même. Dispensez-vous donc d'instituer des jours de danses et de chants. L'allégresse ne se commande pas. On dansera les jours de repos et les jours de travail ; on dansera après le travail ; on dansera tous les jours ; on chantera dès l'aurore et au coucher du soleil, à la ville et aux champs, sous l'ormeau et sous la guinguette, quand le bonheur et la paix seront nés de vos soins. »

Établissons maintenant le bilan scolaire de la Révolution. Rendons d'abord justice à des intentions élevées et généreuses, à un ardent amour pour les humbles et les déshérités. Ce devoir accompli, considérons les œuvres. L'enseignement primaire et l enseignement secondaire sont désorganisés, ou organisés simplement sur le papier. Mais quelques fondations magnifiques sont léguées au siècle qui va commencer : l'Institut, le Muséum, le Conservatoire des arts et métiers, l'École polytechnique. Puis, ce qui vaut mieux que toutes les fondations, ce qui compense toutes les lois, tous les projets, tous les décrets mal venus ou inappliqués, c'est un esprit nouveau qui s'est éveillé, en dépit de toutes les résistances, dans l'âme de la jeunesse. Les enfants de l'époque révolutionnaire ont fait de mauvaises études, cela se peut bien, mais ils ont appris à aimer la France et la liberté. Ils se pressent, en 1792, aux autels de la Patrie, si jeunes qu'on est parfois forcé de leur refuser la feuille de route. Ils forment, pleins d'ardeur et d'abnégation, les contingents de ces prodigieuses armées qui, jusqu'en 1814, vont parcourir l'Europe et donner à leur pays une gloire immortelle. Quand le canon ennemi leur permet de grandir, ils s'appellent Hoche, Marceau, Desaix ; quand ils tombent avant l'âge, ils se nomment Barra et Viala, enfants héroïques, écoliers dignes de servir de modèles à bien des maîtres.

Quand Joseph Barra s'engage en 1792, il n'a pas douze ans. Aucune privation ne l'effraye. Il fait prisonnier deux Vendéens. A l'affaire de Cholet, les royalistes le surprennent et l'entourent. « Crie vive le roi, et tu es sauvé ! — Vive la république ! » répond l'enfant. Et il tombe, frappé de vingt coups, pressant sur son cœur la cocarde tricolore ; et le commandant Desmares écrit à la Convention : « Aussi vertueux que courageux, Barra faisait passer à sa mère tout ce qu'il pouvait se procurer ; il la laisse avec plusieurs filles et son jeune frère infirme, sans aucune espèce de secours. Je supplie la Convention de ne pas laisser cette malheureuse dans l'horreur de l'indigence. » La Convention décida que la Patrie adoptait la mère de Barra. Le 10 prairial an II, cette pauvre femme fut admise avec deux de ses enfants aux honneurs de la séance, et elle prit place pour quelques instants à côté du président. On l'acclama. Un orateur lui adressa quelques paroles de consolation : « Non, tu n'as rien perdu, ton fils n'est pas mort ; il a reçu une nouvelle existence. Il est né à l'immortalité. »

Moins connu peut-être, Agricol Viala vaut son émule. Lui aussi n'a que treize ans. En pleine révolte des royalistes du Midi, une poignée de républicains défend le passage de la Durance. Il faut qu'un homme de bonne volonté coupe le câble qui retient à la rive le ponton sur lequel l'ennemi va franchir la rivière. C'est la mort certaine, et les plus braves ont un moment d'hésitation. Viala s'élance à l'improviste sous un feu terrible. De son petit mousquet, par bravade, il fait feu quatre fois sur les royalistes ; puis, de la hache, il attaque le poteau auquel est fixé le câble. Mais il tombe avant d'avoir réussi. Les royalistes s'élancent, et sauvages, ils s'acharnent sur le cadavre de l'enfant, le jettent dans la Durance.

Barra, Viala, le *Chant du Départ* a uni vos noms dans un vers fraternel. Vous êtes les vrais écoliers de la Révolution, ceux qui la justifient de toutes les utopies scolaires. Nous avons cité avec honneur les écoliers illustres de l'Université, des oratoriens, des jansénistes et des jésuites. Il était juste de montrer que, dans les armées républicaines, qui furent la véritable école de la Révolution, il y eut parfois des enfants qui valaient autant que des hommes, sinon par la science, au moins par le courage et l'abnégation.

V

LE XIXe SIÈCLE

CHAPITRE XVII

LES ÉCOLES PRIMAIRES

Vers la fin de son livre sur *les Origines de la France contemporaine*, M. Taine a donné une magistrale appréciation sur l'enseignement primaire à l'époque du premier empire. Il serait puéril de se substituer à l'illustre historien philosophe, et de paraphraser son jugement qui nous paraît définitif. Nous nous bornerons à le reproduire ici : « Napoléon, a dit Lamennais, ne connaissant le pouvoir
« que sous la forme du pouvoir le plus absolu, le despotisme mili-
« taire, essaya de partager la France en deux catégories : l'une
« composée de la masse du peuple, destinée à remplir les vastes
« cadres de son armée, et disposée, par l'abrutissement où il voulait
« la maintenir, à une obéissance passive, à un fanatique dévoue-
« ment; l'autre, plus élevée en raison de sa richesse, devant conduire
« la première selon les vues du chef qui les dominait également, et,
« pour cela, être formée elle-même dans des écoles où, en même
« temps qu'on la dressait à une soumission servile et, pour ainsi dire,
« mécanique, elle acquérait les connaissances relatives à l'art de la
« guerre et à une administration toute matérielle ; les liens de la
« vanité et de l'intérêt devaient ensuite l'attacher à sa personne et
« l'identifier, en quelque sorte, à son système de gouvernement. »
Atténuez d'un degré cette peinture trop sombre, et elle est vraie. Pour l'instruction primaire, aucune subvention de l'État, nul crédit inscrit au budget, aucune aide en argent, sauf 25 000 francs alloués, en 1812, aux novices des frères ignorantins, et dont ils ne touchent que 4 500 ; la seule marque de faveur accordée aux petites écoles est l'exemption

de la redevance universitaire. Avec leurs habitudes de logique fiscale, ses conseillers proposaient de l'exiger ici comme partout ailleurs ; en politique avisé, il juge que la perception en serait odieuse, il tient à ne rien perdre de sa popularité parmi les villageois et les petites gens ; c'est 200000 francs par an qu'il s'abstient de leur prendre ; mais, à l'endroit de l'instruction primaire, ses libéralités s'arrêtent là. Que les parents et les communes s'en chargent, en fassent les frais, cherchent et engagent l'instituteur, pourvoient eux-mêmes à un besoin qui est local, presque domestique ; le gouvernement, qui les convie à cette œuvre, ne leur en fournit que le cadre, c'est-à-dire un règlement, des prescriptions et des restrictions.

D'abord, autorisation du préfet, tuteur de la commune, qui, ayant invité la commune à fonder une école, lui a, par une circulaire, expédié toutes les instructions à cet effet, et qui maintenant intervient dans le contrat passé entre le conseil municipal et l'instituteur, pour en approuver ou en rectifier les clauses, nom du titulaire, durée de son engagement, heures et saisons de ses classes, matières de son enseignement, total et articles de son salaire en argent ou en nature, subvention scolaire payée par la commune, rétribution scolaire payée par les élèves, petits suppléments qui aident l'instituteur à vivre et qu'il touche pour remplir des offices accessoires, en qualité de greffier de la mairie, de préposé à l'horloge, de sacristain, sonneur de cloches, de chantre à l'église. — En même temps et par surcroît, autorisation du recteur : car la petite école, aussi bien que les moyennes ou les grandes, est incluse dans l'Université ; le nouveau maître devient membre du corps enseignant, il s'y lie et, attaché par serment, il en contracte les obligations et sujétions, il tombe sous la juridiction spéciale des autorités universitaires, il est inspecté, dirigé et régenté par elles, dans sa classe et hors de sa classe. — Dernière surveillance, encore plus pénétrante et plus active, qui, de près, incessamment et sur place, plane, par ordre et spontanément, sur toutes les petites écoles, je veux dire la surveillance ecclésiastique. Une circulaire du grand maître, M. de Fontanes, prie les évêques de se faire envoyer par MM. les curés de leur diocèse des notes détaillées sur les maîtres d'école de leurs paroisses ; « lorsque ces notes seront réunies, dit-il, vous voudrez bien me les faire adresser avec vos propres observations ; d'après ces indications, je confirmerai l'instituteur qui aura mérité votre suffrage, et il recevra le diplôme qui doit l'autoriser à continuer ses fonctions ; celui qui ne m'offrira pas les mêmes sûretés ne recevra point de diplôme, et j'aurai soin de le remplacer aussitôt par l'homme que vous aurez jugé le plus capable. »

Si Napoléon soumet ainsi ses petites écoles à la surveillance ecclésiastique, ce n'est pas seulement pour se concilier le clergé en lui donnant à conduire la majorité des âmes, toutes les âmes incultes, c'est aussi parce que, dans son propre intérêt, il ne veut pas que le peuple en masse pense par lui-même et raisonne trop. « Les inspecteurs d'académie, dit le décret de 1811, veilleront à ce que les maîtres des écoles primaires ne portent point leur enseignement au delà de la lecture, l'écriture et l'arithmétique. » Au delà de cette limite, si l'instituteur enseigne à quelques enfants les premiers éléments du latin ou de la géométrie, de la géographie ou de l'histoire, son école devient secondaire, elle est qualifiée de pension, ses élèves sont soumis à la rétribution universitaire, à la discipline militaire, à l'uniforme : bien mieux, elle ne peut subsister, elle est fermée d'office. Lire, écrire et faire les quatre règles, un paysan qui doit rester paysan n'a pas besoin d'en savoir davantage, et il n'a pas besoin d'en savoir tant pour être un bon soldat ; d'ailleurs, cela lui suffit et au delà pour devenir sous-officier et même officier : témoin ce capitaine Coignet dont nous avons les *Mémoires*, qui, afin d'être nommé sous-lieutenant, dut apprendre à écrire, et ne put jamais écrire qu'en grosses lettres à la manière des commençants.

Pour un enseignement si réduit, les meilleurs maîtres seraient les frères des écoles chrétiennes, et, contre l'avis de ses conseillers, Napoléon les soutient : « Si on les oblige, dit-il, à s'interdire par leur vœu toute autre connaissance que la lecture, l'écriture et les éléments de calcul, c'est pour les rendre plus propres à leur destination. En les comprenant dans l'Université, on les rattachera à l'ordre civil et l'on préviendra le danger de leur indépendance. Désormais ils n'ont plus pour chef un étranger ou un inconnu ». Le supérieur général de Rome a renoncé à toute inspection sur eux : « Il est convenu qu'ils auront en France un supérieur général qui résidera à Lyon. » Celui-ci, avec tous ses religieux, tombe sous la main du gouvernement et l'autorité du grand maître. Une telle corporation, quand on en tient la tête, est un instrument, le plus sûr, le plus exact, sur lequel on peut toujours

compter, et qui jamais n'opère à côté ou au delà de sa limite tracée.
Rien de plus commode pour Napoléon, qui, dans l'ordre civil, veut être
un pape, qui fonde son État, comme le pape son Église, sur la vieille
tradition romaine, qui, pour gouverner d'en haut, s'allie à l'autorité
ecclésiastique, qui, comme l'autorité catholique, a besoin d'exécutants

ÉCOLE MUTUELLE.

disciplinés, de manœuvres enrégimentés, et ne peut les trouver que
dans des corps organisés et spéciaux. A chaque recteur d'académie,
les inspecteurs généraux de l'Université donnent pour consigne les
instructions suivantes : « Partout où il se trouve des frères des écoles
chrétiennes ils seront, pour l'enseignement primaire, préférés à d'autres. »

Aussi bien, aux trois matières enseignées, il faut en joindre une
quatrième, que le législateur ne mentionne pas dans sa loi, mais que

Napoléon admet, que les recteurs et préfets recommandent ou
autorisent et qui presque toujours est inscrite dans le traité conclu
entre la commune et l'instituteur. Celui-ci, laïque ou frère ignorantin,
promet d'enseigner, outre « la lecture, l'écriture et le calcul décimal,
le catéchisme adopté pour l'empire ». En conséquence, aux approches
de la première communion et pendant deux ans au moins, il veille à
ce que ses élèves apprennent par cœur le texte consacré, et en classe
ils lui répètent ce texte tout haut, article par article ; de cette façon
son école devient une succursale de l'Église et, par suite, comme
l'Église, un instrument de règne. Car, dans le catéchisme adopté pour
l'empire, il est une phrase méditée, riche de sens et précise, où Napoléon a concentré la quintessence de sa doctrine politique et sociale,
et formulé la croyance impérative qu'il assigne pour but à l'éducation.
Cette phrase, les sept ou huit cent mille enfants des petites écoles la
récitent à l'instituteur, avant de la réciter au curé : « Nous devons en
particulier à Napoléon Iᵉʳ, notre empereur, l'amour, le respect,
l'obéissance, la fidélité, le service militaire, les tributs ordonnés pour
la conservation et la défense de l'empire et de son trône... Car il est
celui que Dieu a suscité, dans des circonstances difficiles, pour rétablir le culte public et la religion sainte de nos pères, et pour en être
le protecteur. »

Le résultat de cette belle doctrine impériale c'est que, pendant
douze ans, l'enseignement primaire ne fait aucun progrès, que les
écoles restent rares et souvent inférieures à ce qu'elles étaient sous
l'ancien régime. Au moins la Convention a remué des idées généreuses,
jeté, pour l'avenir, de fécondes semences ! Sous l'empire, les principes
sont étroits, les effets déplorables. L'administration reste indifférente
à la négligence des communes ; celles-ci, quand elles ont à cœur de
fournir aux enfants les moyens d'apprendre à lire et à écrire, ne trouvent pas de maîtres — ou n'en trouvent que d'indignes ou de nuls.
Rien de plus comique, mais rien de plus pitoyable, que cette lettre du
maire de la Madeleine, près Nonancourt, adressée au préfet de l'Eure.

« La Madeleine, le 16 avril 1809.

« Monsieur,

« A votre demande imprimée de renseignemens sur les instituteurs
primaires insérée dans votre correspondance imprimée nᵒ 341,

« J'ai l'honneur de répondre que nous n'avons point d'instituteur qui puisse porter cette dénomination.

« F... L..., originaire de Courville, au département d'Eure-et-Loir, âgé d'environ quarante-cinq ans, enseigne depuis l'an XII ce qu'il ne sçait point. Il est dans la misère et presque nu; on le souffre par une

LA SORTIE DE L'ÉCOLE (D'APRÈS CHARLET).

charité peut-être déplacée, et au défaut d'un homme honnête et instruit que nous désirerions bien rencontrer. Pour la moralité, il n'en a aucune, il est yvrogne consommé, il a une femme qu'il rend la plus malheureuse victime de sa gourmandise et de sa brutalité : enfin il possède tout ce qui constitue un mauvais sujet, et il n'a rien de ce qui convient à un instituteur primaire.

« Il ne reçoit aucun traitement de la commune, pas même son logement, parce qu'on a toujours désiré qu'il se retire, les rétributions qu'il perçoit des individus qui veulent bien lui sacrifier leurs enfants sont de gré à gré, il n'y a aucune taxe du conseil municipal.

« Il possède dans la commune une petite loge qu'il a fait construire avec les débris d'une maison que sa femme occupait à Marsilly-la-Campagne.

« Voilà les renseignemens que ma place me force à vous donner. S'il se présentait quelque sujet instruit et au dépourvu, je vous prie de penser à la Madeleine, la place d'instituteur ne serait pas mauvaise pour celui qui serait simple, décent et honnête.

« J'ai l'honneur d'être, etc.　　　　　　« X*** [1]. »

Ce sieur F... L... est un type d'instituteur primaire assez commun vers 1810. Faut-il s'en étonner ? Napoléon accaparait pour ses armées toutes les forces vives de la nation ; il ne restait, pour les fonctions civiles, au moins pour les humbles fonctions dont il s'agit ici, que la lie de la population des campagnes, moines et prêtres défroqués, élèves exclus des séminaires, clercs d'officiers ministériels que leurs patrons jugeaient incapables de recopier proprement un exploit ou une citation ! C'est dans ce milieu suspect que se recrutaient les candidats. Il faut plaindre les enfants que des parents naïfs confiaient à ces étranges éducateurs.

L'instruction populaire doit plus à Louis XVIII qu'à Napoléon. C'est sous le règne de l'avant-dernier des Bourbons que se posa la grande question de l'enseignement mutuel. On sait quel est le principe de ce système. Il consiste dans la réciprocité de l'enseignement, le plus capable servant de maître à celui qui l'est le moins.

Les libéraux soutenaient l'enseignement mutuel : les royalistes purs le réprouvaient. « Suivant l'opinion, a dit M. Gréard, on tenait pour ou contre, comme s'il se fût agi d'un article de la charte. » Louis XVIII, le sceptique Louis XVIII, n'avait pas d'éloignement pour la nouvelle méthode ; pour la favoriser il prélevait chaque année une dotation de 50 000 francs sur sa cassette. Un député demanda que cette somme fût doublée. Les *ultras* se récrièrent. Royer-Collard prononça, au cours des débats, de mémorables paroles : « Il y a, dit-il, des personnes d'ailleurs respectables, qui croient que l'ignorance est bonne, qu'elle dispose les classes inférieures au respect et à la soumission, qu'elle

1. *Musée pédagogique.* Série départementale, Eure.

les rend plus faciles à gouverner; en un mot qu'elle est un principe
d'ordre. » Et comme quelques voix à droite protestaient qu'on ne
disait pas cela : « Si je ne l'entends pas dire en ce moment, poursuivit
Royer-Collard, je l'ai souvent lu, et, quand j'entends ces choses ou
que je les lis, je suis tenté de me demander s'il y a deux espèces
humaines. » Présentée sous cette forme ironiquement méprisante, la
leçon porta ses fruits. La Chambre repoussa l'augmentation demandée,
mais elle maintint les 50 000 francs.

Donc, sous la restauration, l'enseignement primaire se présentait
sous les espèces de l'enseignement mutuel. De toutes les causes qui
contribuèrent à en vulgariser les pratiques, la plus influente fut le
mécanisme même de son organisation. « C'était, en effet, comme l'a si
bien dit M. Gréard[1], un spectacle saisissant, au premier aspect, que
ces longs et vastes vaisseaux qui contenaient une école entière,
comme les plus anciennes générations de nos maîtres se souviennent
encore d'en avoir vu à la halle aux Draps. Au milieu de la salle,
remplissant toute la largeur, des rangées de tables de quinze ou vingt
places chacune, portant à l'une de leurs extrémités, celle de droite, le
pupitre du moniteur et la planchette des modèles d'écriture, surmon-
tée elle-même d'une tige ou télégraphe, qui servait à assurer, par des
inscriptions d'une lecture facile, la régularité des mouvements ; sur
les côtés, tout le long des parois, des séries de demi-cercles autour
desquels se répartissaient les groupes ; devant chaque cercle, sur les
murs, à hauteur du regard, un tableau noir où se faisaient les
exercices de calcul, et auquel étaient suspendus les tableaux de lecture
et de grammaire, avec la baguette dont s'armait le moniteur pour
diriger la leçon ; au fond, sur une haute estrade, accessible par des
degrés et entourée d'une balustrade, la chaire du maître, qui, s'aidant
tour à tour du bâton ou du sifflet, réglait, comme un capitaine sur
le pont de son navire, toute la manœuvre de l'enseignement.

« Dans ce cadre solennel, tout se passait avec solennité. Les mouvements, transmis par le moniteur général avec une mimique expressive, étaient exécutés par la troupe des enfants avec une ponctuelle
exactitude. La préparation aux exercices avait sa tactique comme
l'exercice, et presque plus que l'exercice lui-même ; on passait des

____

1. *Éducation et instruction : Enseignement primaire.*

groupes aux bancs, de la lecture à l'écriture, de l'écriture au calcul, non seulement en ordre mais en mesure ; les moindres préliminaires comportaient une série d'attitudes très minutieusement ordonnées.

« Cette mise en scène ne satisfaisait pas seulement les yeux ; l'amour-propre des familles et des enfants y trouvait son compte. L'enseignement mutuel ne pouvait se soutenir qu'à la condition que l'autorité fût partagée en un grand nombre de mains. De là les diverses catégories de moniteurs et leur hiérarchie savante. Il y avait les moniteurs généraux, qui étaient le plus souvent au nombre de quatre, les moniteurs particuliers, dont le cadre était indéterminé, et, comme chaque exercice, écriture, lecture, arithmétique, avait son moniteur particulier, il était bien rare qu'un enfant intelligent ne fût pas appelé quelque part à tenir le bâton. Il y avait les moniteurs adjoints ou occasionnels, dont le rôle consistait à remplacer les moniteurs empêchés. Il y avait les conducteurs, qui étaient comme les sous-officiers des moniteurs. Il y avait enfin les tuteurs, c'est-à-dire les enfants attachés à tels ou tels de leurs camarades plus jeunes à titre de mentors. »

Tout cela était charmant, mais l'enseignement mutuel exigeait un grand nombre de moniteurs qu'il était malaisé de former; de plus, il développait chez ces enfants le goût de l'autorité et des distinctions honorifiques, et ce goût, en France, n'a pas besoin d'être développé. Ce système a toutefois rendu de grands services. Il attirait les élèves en grand nombre. Vers 1830, les écoles mutuelles possédaient une population scolaire de quatre millions de filles et de garçons. Elles n'ont cessé d'exister que vers la fin du second empire.

Le règne de Louis-Philippe a été témoin de leur apogée. C'est de ce règne que date vraiment l'organisation de l'enseignement primaire. La loi du 28 juin 1833 peut être considérée comme le statut fondamental de ce grand service public. Il était grand temps qu'on fît quelque chose. Les écoles réservées au peuple étaient à ce moment dans un état déplorable, attesté par la grande enquête que M. Guizot conduisit au cours de l'année 1834. Les délégués du ministre constatèrent des scandales qui nous paraissent, à distance, fantastiques. Ils virent des instituteurs qui étaient en même temps cabaretiers ou savetiers, d'autres qui, dans leur classe, faisaient la cuisine ou nourrissaient un pourceau ; des écoles installées dans des greniers sans feu, d'autres dans des caves où croupissaient des mares d'eau glacée, quelques-unes où l'obscurité était telle qu'on ne pouvait tailler une plume en plein jour; ils rencontrèrent des maîtres qui ne savaient pas écrire, qui confondaient la grammaire latine avec la grammaire française, qui se faisaient remplacer par leur femme pendant la saison de

TYPES D'ÉCOLIERS (D'APRÈS CHARLET).

la chasse, jusqu'à des usuriers et des assassins. Nous ne parlons pas des ivrognes et des débauchés ! Ce que savaient les élèves qui avaient passé par de telles mains, on le devine aisément. Peu de chose, ou, qui pis est, des choses fausses. Et ce n'était pas seulement dans les départements pauvres ou reculés qu'existait cette détresse. « A Paris, dit F. Cuvier[1], les instituteurs ne se procurent qu'avec beaucoup de

1. *Projet d'organisation de l'instruction primaire.*

peine les locaux nécessaires à leur établissement; le bruit que font
les écoliers, les désordres qu'ils entraînent toujours avec eux sont
tels qu'on ne les supporte que difficilement; et le propriétaire d'une
maison ne loge un instituteur chez lui que lorsqu'il ne trouve pas
d'autres locataires. Aussi, et nous souffrons de le dire, il n'est pas
rare de rencontrer des écoles dans ces maisons en ruines qu'on aban-
donne volontiers aux misérables et aux femmes de mauvaise vie. Il y
a plus, l'instituteur, poussé par une économie qu'il exerce constamment aux dépens de ses écoliers, plutôt qu'aux siens, prend toujours le logement le plus étroit et le moins cher, et place son
école au troisième et au quatrième et dans la chambre même de son
ménage. »

Oui, certes, il était grand temps qu'on tranchât dans le vif, qu'on
créât un personnel, des écoles et des méthodes. M. Guizot sentit cette
nécessité et ce sera son éternel honneur. C'est à partir de son ministère et grâce à sa loi, que l'enseignement primaire a pu se développer
sans interruption jusqu'à notre époque contemporaine.

N'oublions pas de signaler au passage et rapidement, car il faut
abréger, d'autres excellentes innovations de M. Guizot : les écoles
primaires supérieures, les cours d'adultes et les écoles normales.

L'idée de fonder, au-dessous, ou mieux à côté du collège, un genre
d'établissement qui fournît aux enfants des classes peu aisées, sans
être indigentes, une instruction plus brève, plus économique, mieux
appropriée surtout aux besoins réels de la vie sociale, mérite d'être
indiquée avec reconnaissance. Elle ne porta ses fruits que longtemps
après. N'importe! elle était féconde. Nous sommes à même de le constater tous les jours.

Les cours d'adultes se développèrent plus rapidement. En 1844,
M. Villemain comptait dans toute la France 3 090 cours fréquentés
par 68 508 élèves. Depuis, l'institution s'est toujours maintenue, et,
définitivement organisée en 1877, elle continue à rendre d'inappércia-
bles services.

Le principe des écoles normales n'est plus contesté de nos jours;
ces établissements essentiels sont aujourd'hui la base de notre enseignement primaire, auquel ils fournissent des maîtres capables de
répandre les bons principes et les bonnes méthodes parmi leurs collègues. On peut discuter, on discute encore aujourd'hui, sur l'étendue

de leur circonscription, sur les détails de leur organisation pédagogique et de leurs programmes. Leur utilité est évidente. M. Guizot ne les a pas inventées, mais il les a définitivement érigées en institutions publiques. Chaque jour, leurs services deviennent plus efficaces et plus nécessaires.

On ne saurait accuser le second empire d'avoir desservi la cause de l'enseignement populaire. Il a fait peu de choses pour elle, mais il ne l'a pas combattue et c'est déjà beaucoup, si l'on songe que sur bien des points, Napoléon III se piquait de suivre les traditions de son oncle. Sous son règne, le niveau moral des instituteurs a continué de s'élever, les études de s'améliorer, bref, l'instruction de se répandre de plus en plus dans les couches profondes de la population. Cependant, en 1867, à Paris même, M. Gréard constate d'étranges anomalies qui accusent un défaut radical dans l'organisation scolaire : « Certaines classes avaient, dit-il, un aspect de refuge... On y trouvait accumulés des enfants de tous les âges et qui n'avaient de commun qu'un même degré d'ignorance. La physionomie, l'attitude, tout trahissait en eux une misère morale profonde. L'expérience précoce qu'ils avaient faite de la vie rendait leur contact dangereux pour leurs camarades ; on les rassemblait pour les isoler. Le plus souvent aussi on désespérait de leur éducation, et l'on ne parvenait qu'à grand'peine à leur inculquer, avec les éléments de la lecture et de l'écriture, les principes de l'instruction morale et religieuse...

« De toutes les misères humaines, je n'en sais pas de plus touchantes que celles qui atteignent l'enfant. Trop souvent l'homme est responsable des malheurs qu'il subit, et il a toujours le moyen d'y remédier en travaillant. L'enfant est une victime innocente et impuissante. Quand, au cœur de l'hiver, dans les hauts quartiers de Paris, on voit s'acheminer vers l'école ces petits êtres chétifs, proprement tenus en général, car c'est une des règles de l'admission, mais grelottants sous un vêtement insuffisant, le teint hâve, et portant toutes les marques d'une faiblesse native, on ne peut penser sans tristesse à l'inégalité des conditions de la vie. »

Plus nous avançons dans notre siècle, plus ce sentiment de pitié pour les petits déshérités se propage et se manifeste par des œuvres. Il semble que la société veuille établir le règne de la justice compensatrice, — au moins pour l'enfance. Les écoles, ce paradis des enfants pauvres, se rapprochent de plus en plus de l'idéal désiré par les philosophes, chaque jour réalisé par les hommes de bonne volonté. Dans les villes, dans les campagnes, chacun prend cœur à la tâche, et, sans se lasser, s'efforce de la mener à bonne fin.

En ce qui touche l'enseignement primaire, Paris est véritablement un modèle incomparable. Notre grande ville, si injustement calomniée parfois, est une mère inépuisable pour ses enfants ; elle sait qu'elle a charge d'âmes. Elle ne demande rien à l'État : elle se suffit, et tient sa caisse toujours ouverte. Le traitement des instituteurs et des institutrices leur permet de vivre modestement mais dignement ; les écoles sont bien outillées, l'inspection est vigilante et point tracassière. La gratuité, bien entendu, est absolue partout. On fournit aux élèves le papier, l'encre, les plumes, les modèles d'écriture et de dessin, les cartes géographiques et tous les objets qui peuvent être utiles aux démonstrations des instituteurs. On ne saurait donner trop d'éloges au conseil municipal et lui témoigner trop de gratitude pour la largeur intelligente et libérale qu'il met à poursuivre la tâche entreprise. Il n'a rien refusé de ce qu'on lui a demandé ; il a prévu les exigences avant qu'elles fussent formulées. Il fait œuvre de patriotisme, il se montre démocrate au meilleur sens de ce mot.

« L'enseignement primaire distribué dans les salles d'asile et dans les écoles de Paris est excellent ; il donne à l'enfant des notions générales suffisantes, et le conduit même assez loin dans l'histoire, le calcul et la géographie. Dans les salles d'asile, où l'enfant peut séjourner de deux à six ans, l'instruction qu'il reçoit est fort embryonnaire ; elle lui apprend à démêler un peu l'écheveau de ses pensées, elle attire son attention sur les objets usuels, elle l'initie aux premiers principes de la lecture et de l'écriture, elle lui fait résoudre de très faciles problèmes qui ne dépassent pas la soustraction ; par la gymnastique cadencée qu'elle lui impose, elle l'amuse, rythme ses gestes et développe ses mouvements ; par les vers puérils qu'elle lui fait chanter sur des airs connus, elle met dans sa petite tête des vocables dont il demande l'explication, des préceptes de morale et d'hygiène quotidienne. Ne ferait-elle que le retenir et l'empêcher de courir dans les rues, elle lui rend un service signalé. Rien de plus divertissant que de voir ces bambins rangés à la file, les mains sur les épaules les uns des autres, marchant bruyamment en mesure, et chantant sur l'air des *Alsa-*

ciennes : *Nous nettoierons nos chaussures et nous laverons nos
mains,* ou de les regarder, lorsque, guidés par la baguette du moniteur,
ils braillent à tue-tête : *ba, bé, bi, bo, bu.* Parfois, lorsqu'ils reniflent
trop fréquemment, on interrompt la leçon et on leur dit : « Mouchez-
vous ! » Alors tous à la fois, ils tirent de leur poche une loque
informe et se mouchent avec un ensemble extraordinaire, puis ils se
remettent à crier de plus belle, *ba, bé, bi, bo, bu.* Il faut être là quand ils

UN ATELIER A L'ÉCOLE PROFESSIONNELLE DU MEUBLE A PARIS.

arrivent de la maison paternelle, le petit panier au bras, la mine fouettée
par le froid du matin. La directrice, la sous-maîtresse, une bonne, les
mènent près d'un grand lavoir de marbre, et leur donnent là des
soins de propreté dont ils n'ont que trop souvent besoin. Lorsqu'un
enfant se rend à l'asile, propret, débarbouillé, peigné, il affirme par
ce seul fait la moralité de sa famille.

« A l'école, c'est plus sérieux, on ne chante plus, on ne marche
plus en cadence : les enfants sont déjà de petits personnages pénétrés
de l'importance de leur rôle ; cela ne les empêche nullement de sauter
comme des cabris pendant les récréations lorsqu'il y a une cour, ce

qui ne se rencontre pas aussi souvent qu'on pourrait le désirer. Les classes sont de grandes salles, éclairées par des vitrages latéraux ; le maître est dans une chaire assez élevée et domine les écoliers, qui sont assis sur des bancs placés devant des tables munies d'encriers ; sur la muraille sont accrochés des tableaux noirs, des cartes géographiques, des tableaux d'histoire naturelle élémentaire. Dans un coin, voici la petite bibliothèque, sur laquelle on a placé une sphère terrestre ; plus loin une armoire contient tous les ustensiles qui peuvent servir à démontrer le système métrique, depuis le litre jusqu'à la chaîne d'arpentage. C'est complet et un maître intelligent peut tirer bon parti de cet outillage. On est silencieux, les devoirs sont bien faits, les dictées sont bonnes, l'orthographe est souvent irréprochable, et le corps d'écriture nettement formé. On profite de toute occasion pour inspirer aux enfants des idées de morale, de respect et de sobriété. Autant que l'école le permet, on mêle à l'enseignement une dose appréciale d'éducation. »

Ainsi parlait, en 1873, M. Maxime Du Camp. Nous nous plaisons, comme lui, à rendre hautement justice aux belles et bonnes choses qui ont été faites encore depuis l'époque où parurent ces lignes. M. Maxime Du Camp admirait, il y a quelque vingt ans, la générosité de la ville. Que dirait-il des cantines scolaires, de ces vastes réfectoires où l'enfant, qui jadis mangeait froid quelques aliments apportés dans un petit panier, ou traversait sous la pluie ou la neige tout un quartier de Paris pour retourner chez ses parents, l'enfant, disons-nous, trouve pour quelques sous, soupe, pain, viande et légumes chauds, simplement mais sainement préparés ? Que dirait-il de ces colonies scolaires où, tous les étés, les petits Parisiens (rappelez-vous le portrait que tout à l'heure M. Gréard faisait d'eux !) vont passer quelques semaines au grand air, se faire des muscles et se développer les poumons au souffle vivifiant de la brise marine ? — Que dirait-il de ces caisses des écoles, touchante et démocratique institution, qui viennent au secours des écoliers trop pauvres, qui fournissent des vêtements à ceux qui viendraient en classe en guenilles, et leur évitent les moqueries des camarades inconscients mais impitoyables ?

Est-ce tout ? Il nous reste à parler de l'enseignement primaire supérieur, aujourd'hui parvenu à son plein développement. On ne saurait trop admirer ces belles écoles, dont quelques-unes — Chaptal et

L'ACADÉMIE DE PARIS, LES SCIENCES ET LES LETTRES
(D'APRÈS LE TABLEAU DE BENJAMIN CONSTANT A LA NOUVELLE SORBONNE).

Turgot — sont célèbres dans toute l'Europe, et qui rendent de si grands services aux enfants de la classe moyenne, petits commerçants, employés, ouvriers aisés. « C'est là que ces enfants trouvent l'enseignement le mieux approprié à leurs besoins actuels et à leur carrière future, c'est-à-dire un enseignement général tendant à la pratique et ne s'y engageant pas, écartant avec la même rigueur, d'une part, les exercices classiques propres à l'enseignement des humanités, d'autre part, les exercices professionnels empruntés aux écoles d'arts et métiers et destinés à former les contremaîtres et les artisans [1]. »

Est-ce tout? Pas encore. A côté de l'enseignement primaire supérieur, tel que nous venons de le définir brièvement, il y a l'enseignement professionnel, il y a des écoles-ateliers, qui permettent aux familles de soustraire leurs enfants à la contagion funeste des véritables ateliers, où les travaux sont proportionnés aux forces de ceux qui les supportent, où le métier est enseigné non plus comme une occupation machinale, mais avec toutes les notions qui peuvent l'élever, l'expliquer, le perfectionner. Voici l'école Diderot, pour les apprentis des professions qui emploient le fer et le bois; voici l'école Boule, pour ceux qui veulent apprendre l'art national de l'ébénisterie; voici l'école Estienne où l'on va bien au delà des premières notions de la reliure, de la typographie et de la gravure; les écoles Germain Pilon et Bernard Palissy, où l'on forme les jeunes gens qui se destinent aux professions où les arts du dessin occupent une place prépondérante. Ces établissements ne sont pas encore sortis de la période des tâtonnements primitifs; mais, tels qu'ils sont, ils prospèrent, pour le plus grand honneur de ceux qui les ont organisés, pour le plus grand profit de ceux qui les fréquentent.

Quittons Paris, maintenant. Aujourd'hui la province rivalise avec la grande cité. Chacun de nos villages a son « palais scolaire ». Que d'autres froncent le sourcil et crient à l'imprudence et à la prodigalité! Tout ce qu'on fera pour l'enfance sera salué par nous comme un bienfait envers la France et l'humanité. La plupart de nos villes possèdent des établissements originaux, ingénieusement appropriés aux besoins de la région circonvoisine: Vierzon, Voiron, Armentières, Nantes ont leurs écoles nationales; Grenoble, son école Vaucanson; Limoges,

____

(1) M. Gréard, *Éducation et instruction.*

Saint-Étienne, Rouen, Lille, Le Havre, Reims, des écoles professionnelles appartenant à des types divers, vivantes, fréquentées, bienfai-
santes. C'est comme une émulation entre les provinces et les départements. Et nous allions oublier ces excellentes écoles industrielles
et commerciales, que le ministère du commerce continue d'organiser
avec tant de zèle et de tact, et qui complètent si heureusement
l'œuvre confiée à l'administration de l'instruction publique.

En voyant tant de progrès accomplis, il faut bien convenir que nous
entrons dans une ère nouvelle, et ceux-là seuls la redoutent qui,
selon le beau mot de Mirabeau, voulaient se faire « un patrimoine »
de l'ignorance du peuple.

« Une statistique, dressée en 1876 par les bureaux scolaires de
l'Amérique du Nord, plaçait en regard les États où l'instruction primaire était en retard et ceux où elle était en progrès; et ce tableau
répondait, avec une exactitude presque mathématique, au tableau du
mouvement du commerce et de l'industrie. La même concordance a
été relevée dans l'Allemagne du Nord et en Autriche. La science per-
fectionne chaque jour les procédés et les outillages du travail; ce sont
les instruments du progrès; mais ces instruments ne profitent qu'à
ceux qui savent les manier. Aux justifications morales et aux argu-
ments économiques se joignent les considérations politiques tirées des
conditions nouvelles de l'ordre social. « Le jour où la charte fut
donnée, disait Royer-Collard dès le commencement du dernier siècle,
l'instruction universelle fut promise, car elle fut nécessaire. » Observation profonde que, dans un récent rapport sur les écoles publiques des
États-Unis, l'évêque Fraser semblait commenter lorsqu'il disait : « Un
peuple ignorant peut être gouverné, mais un peuple instruit peut seul
se gouverner lui-même. On ne saurait donc accorder trop d'importance
à l'éducation des futurs citoyens, car de la valeur particulière des
électeurs dépend celle des législateurs. »

Telle est la conclusion de M. Gréard. Nous ne pouvons que l'adopter
sans y rien ajouter.

CHAPITRE XVIII

Profondément dédaigneux, nous l'avons vu, de l'instruction primaire, Napoléon a montré une véritable sollicitude pour l'enseignement classique. C'est lui qui a réparé les ruines accumulées par la Révolution : pour tout dire, il est le fondateur de l'Université.

La constitution définitive de ce grand corps n'a pas été trouvée du premier coup. On tâtonna pendant six ans avant de combiner l'organisation idéale. Une nécessité s'imposait : la transformation des écoles centrales, délaissées, dans la plupart des départements, au profit des établissements particuliers qui s'étaient ouverts sur tous les points de la France. Or le premier consul entendait s'emparer de l'enseignement public. Il fallait aviser, et se mettre en état de soutenir la concurrence. Les *prytanées* furent institués. Le premier fut installé dans les bâtiments du collège Louis-le-Grand ; d'autres furent bientôt fondés à Fontainebleau, à Saint-Cyr, à Saint-Germain, à Bruxelles et à Compiègne.

Qu'était-ce que les prytanées ? Des casernes à l'usage de la jeunesse. Qu'on en juge d'après quelques articles du titre III du règlement général (27 messidor an IX) :

« Art. 10. — La discipline est essentiellement militaire.

« Art. 11. — Le signal de tous les exercices sera donné au son du tambour.

« Art. 12 — Chaque division de vingt-cinq élèves formera une compagnie.

« Art. 14. — Chaque compagnie sera composée d'un sergent, de trois caporaux et de vingt et un fusiliers.

« Art. 15. — Les élèves porteront les distinctions de leur grade.

« Art. 16. — Il sera nommé un instructeur chargé d'apprendre aux élèves le maniement des armes et les manœuvres de l'infanterie.

« Art. 17. — Il sera établi un dépôt d'armes, dont la garde et la distribution seront confiées à l'instructeur, sous la surveillance du directeur et du chef de l'enseignement.

« ART. 36. — Les commandements pour le départ et l'arrivée se feront toujours selon les formes usitées pour la troupe de ligne. »

N'allez pas croire que les sergents et les caporaux fussent des dignitaires pour rire. Ils étaient investis d'une réelle autorité sur leurs condisciples.

« ART. 30. — Aussitôt que les élèves seront habillés, les gradés feront l'inspection des habits, pour voir s'ils sont propres et en bon état. Les caporaux feront leur rapport au sergent ; celui-ci au maître de quartier. »

Chaque prytanée comprenait deux premières catégories : celle des enfants au-dessous de douze ans, et celle des jeunes gens d'un âge plus avancé. Dans la première, l'instruction était commune. Elle embrassait les éléments littéraires (français et latin), le dessin et l'arithmétique. La seconde catégorie se partageait en deux subdivisions, l'une pour la carrière civile, l'autre pour la carrière militaire. La section civile suivait quatre classes : deux d'humanités, la troisième de rhétorique, et la quatrième de philosophie. La section militaire recevait une forte instruction scientifique, suivait des cours de fortification et apprenait la manœuvre de l'artillerie. L'allemand et l'anglais étaient enseignés aux deux sections.

Le prytanée de Compiègne avait un caractère spécial. Transféré à Châlons-sur-Marne en 1806, il est devenu le type de nos écoles d'arts et métiers. Au sortir de la division inférieure, les jeunes gens, tout en continuant à suivre les cours du prytanée, étaient placés en apprentissage chez des maîtres particuliers. Ils recevaient ainsi, pendant trois ans, une éducation professionnelle. Ensuite on les employait, soit dans les manufactures nationales, soit dans les ateliers de terre et de mer. Le régime intérieur, à Compiègne, dépassait en sévérité celui des autres prytanées. Le titre II du règlement est très instructif à cet égard :

« ART. 1er. — Les élèves seront accoutumés à se servir eux-mêmes, ils nettoieront leurs souliers, feront leurs lits, balayeront les dortoirs, leur salle d'étude et se serviront tour à tour au réfectoire.

« En conséquence il n'y aura dans le collège que les domestiques nécessaires au service de la cuisine, avec deux hommes de peine.

« Art. 2. — Pour vaquer à ces différentes fonctions, chaque division passera dans son dortoir à sept heures trois quarts du matin : un des élèves restera pour balayer la salle d'études et ira rejoindre le plus tôt possible sa division au dortoir pour faire son lit.

« Art. 3. — Trois élèves balayeront le dortoir après que tous les lits auront été faits. Les élèves rempliront successivement ces diverses fonctions. Les gradés, après avoir fait leur lit, hâteront ceux qui seraient en retard; ils surveilleront le balayage dont eux seuls sont exempts. »

Malgré la rigueur de leur règlement, si différent de celui des anciens collèges, les prytanées réussirent. La discipline militaire plaisait aux familles qui n'avaient jamais accepté le régime bénin des écoles centrales. Mais six prytanées pour tout le territoire français (la Belgique comprise!) c'était peu. La loi du 11 floréal an X décida la suppression progressive des écoles centrales et l'établissement des lycées et des écoles secondaires communales, c'est-à-dire des collèges communaux. Dans le cours des deux années qui suivirent la promulgation, quarante-six lycées, trois cent soixante-dix-huit écoles secondaires, trois cent soixante et une écoles privées s'ouvrirent dans les cent trente et un départements de la France consulaire. Les trois écoles centrales de Paris devinrent, sans changer de local, les lycées Napoléon, Charlemagne et Bonaparte. Le prytanée de Paris reçut le titre de lycée Impérial[1]. Les prytanées de Saint-Cyr et de Compiègne furent seuls conservés, l'un sous le nom d'École spéciale militaire, l'autre sous celui d'école des arts et métiers. Six mille quatre cents bourses furent fondées et entretenues par l'État, savoir : deux mille quatre cents attribuées par le gouvernement aux fils de citoyens qui avaient servi la république, quatre mille données après concours aux élèves des écoles secondaires.

On vivait d'ailleurs militairement, dans les lycées comme dans les prytanées. L'arrêté du 19 frimaire an XI reproduit la plupart des dispositions du règlement du 27 messidor an IX. Nous retrouverons les sergents et les caporaux et, en plus, un sergent-major « choisi parmi les élèves qui réuniront à l'avantage de l'âge et de la taille ceux de l'instruction et de la bonne conduite ». Nous retrouvons aussi l'officier

____

1. Sous la Restauration il est devenu ou redevenu le lycée Louis-le-Grand.

instructeur « chargé d'apprendre l'exercice aux élèves qui auront moins de douze ans, et à ceux qui auront atteint cet âge, le maniement des armes et l'école de peloton ». Cet officier était obligé de suivre les élèves à toutes les heures de la journée, pour commander leurs marches et leurs mouvements. De plus — accompagné du censeur et d'un maître de quartier — il marchait à la tête des lycéens lorsqu'ils sortaient en corps.

Autre innovation où se reconnaît encore le génie essentiellement militaire de Bonaparte. Pour la première fois, on voit les élèves d'un même établissement astreints à porter un uniforme ! Que dis-je, les élèves ? L'arrêté du 5 brumaire an II règle aussi le costume des membres du conseil d'administration, des professeurs et des maîtres d'études.

« Art. 1er. — Les trois membres du conseil d'administration des lycées porteront habit français complet noir, manteau noir jeté en arrière, avec collet et bordure de soie verte, cravate pendante en batiste blanche, chapeau français.

« Le proviseur aura de plus une broderie noire au collet et à la bordure de son manteau.

ÉLÈVE DE L'ÉCOLE DE
SAINT-CYR (1808).

« Art. 2. — Les professeurs porteront le même habit, manteau noir avec un collet vert, sans broderie, cravate et chapeau pareils à ceux des membres du conseil d'administration.

« Art. 3. — Les maîtres d'études seront vêtus en noir.

« Art. 4. — L'uniforme des élèves de lycée sera, ainsi que celui des élèves de prytanée, composé d'un habit, veste et culotte bleus, collets et parements bleu céleste ; chapeau rond jusqu'à quatorze ans, chapeau français après cet âge ; boutons jaunes en entier de métal, portant le mot *prytanée* ou *lycée* au milieu, et autour, en légende, le nom du lieu où sera le prytanée ou lycée.

« A Paris le bouton portera en outre le numéro du prytanée ou lycée. »

Le latin et les mathématiques étaient le fond de l'enseignement des lycées. La Révolution n'était point venue en vain, dit M. Compayré, puisqu'on réalisait ce qu'elle avait énergiquement réclamé : les sciences et les langues classiques étaient mises sur un pied d'égalité.

Voici donc les lycées et les collèges organisés. Entre temps, le 10 septembre 1803, on rétablit le concours général. Il faut cependant que le maître mette la dernière main à son œuvre. En 1806, les conseillers d'État Fourcroy, Beugnot et Bérenger viennent, au nom de l'empereur, présenter au Corps législatif une loi en trois articles ainsi conçus :

« ART. 1er. — Il sera formé, sous le nom d'*Université impériale*, un corps chargé exclusivement de l'enseignement et de l'éducation publics dans tout l'empire.

« ART. 2. — Les membres du corps enseignant contracteront des obligations civiles spéciales et temporaires.

« ART. 3. — L'organisation du corps enseignant sera présentée en forme de loi au Corps législatif à la session de 1810. »

Cette loi fut votée le 10 mai 1806, et, le 17 mars 1808, deux ans avant le terme prescrit, un simple décret impérial créa et organisa le grand établissement qu'on attendait depuis si longtemps.

Nous n'insisterons pas sur les détails de l'organisation de l'Université impériale qui subsiste encore à peu près intacte. Le décret divisait l'Université en académies, comprenant chacune des Facultés, des lycées, des collèges, des institutions, des pensions et des écoles primaires. Il y eut cinq Facultés : la théologie, le droit, la médecine, les sciences et les arts. Les grades furent conférés après des concours publics. La hiérarchie des fonctionnaires — depuis le grand maître jusqu'au maître d'études, en passant par les inspecteurs généraux et les recteurs — fut minutieusement établie. L'École normale fut fondée.

Les bases de l'enseignement devaient être les préceptes de la religion catholique, *la fidélité à la dynastie régnante*, l'obéissance aux statuts du corps enseignant, qui ont pour objet l'uniformité de l'instruction, et qui tendent à former pour l'État des citoyens attachés à leur religion, à leurs pères, à leur patrie et à leur famille.

Le costume commun de l'Université était l'habit noir avec une palme brodée en soie bleue sur la partie gauche de la poitrine. Il fut prescrit aux régents et professeurs de faire leurs leçons en robe d'étamine noire. Sur l'épaule gauche, on plaça la chausse, dont la couleur et la bordure variaient suivant la faculté et le grade. Les fonction-

naires de l'Université portèrent également la toque. Tous, depuis
l'appariteur jusqu'au grand maître, se distinguaient entre eux dans les
cérémonies par l'étoffe, la couleur et l'ornementation de ces divers
insignes.

Nous ne reviendrons pas sur le régime tout militaire de l'Univer-

ENTRÉE DE L'ÉCOLE SPÉCIALE MILITAIRE
DE SAINT-CYR.

sité. Il s'imposait même aux professeurs. Quand l'un d'eux avait commis quelque infraction aux règlements et mérité quelque blâme, il
était envoyé aux arrêts. Notons encore cependant, à propos du personnel enseignant, une prescription presque monacale. L'article 101
du décret portait « qu'à l'avenir, et après l'organisation complète de
l'Université, les proviseurs et censeurs des lycées, les principaux et
censeurs des collèges, ainsi que les maîtres d'études de ces collèges,

seraient astreints au célibat et à la vie commune... » mais que « les professeurs des lycées pourraient être mariés, et que, dans ce cas, ils logeraient hors du lycée ».

En s'étonnant de cette inexplicable obligation, Joseph de Maistre écrivait : « On veut un célibat, une subordination, un dévouement de toute la vie, sans motif religieux : l'obtiendra-t-on ? »

Ainsi donc, à partir de 1808, l'Université est debout et presque aussitôt elle prospère. Le grand maître Fontanes la dirige d'une main souple et ferme à la fois. Napoléon est content de l'instrument de domination qu'on lui a forgé. Aussi s'occupe-t-il sans cesse de sa création favorite. Il la dote richement. Il lui attribue tous les biens restés disponibles des anciennes Universités. Il projette de lui consacrer un édifice magnifique, sur le quai des Invalides, entre le pont d'Iéna et le pont de la Concorde, « une suite de bâtiments qui contiendra le palais du grand maître, l'École normale et des salles pour la distribution des prix, et à laquelle seront annexés de vastes jardins ». Il trouve qu'on lui forme de bons soldats, bien disciplinés, bien obéissants. Il ne conçoit même pas que quelques enfants puissent se sentir étouffés dans la vaste prison, très décorative, qu'il a bâtie pour la jeunesse de son empire. Il en est cependant qui regardent et qui jugent, qui rêvent un régime moins rigoureux, un enseignement plus libéral.

Tel notre grand Michelet, qui faisait ses études au lycée Charlemagne depuis 1811. En quelques lignes, dans son livre posthume, *Ma Jeunesse,* il apprécie l'Université et son fondateur : « En réalité, sous le règlement presque militaire qui lui était imposé, l'Université subissait une étonnante éclipse. Pour plaire au vrai grand maître — à l'empereur — qui haïssait ceux qu'il appelait les « idéologues », la philosophie était fort discréditée, sinon interdite. Lorsqu'en 1810 on la jugea digne des récompenses, et qu'elle vint humblement se faire couronner après le thème latin et la première année de grammaire, elle n'en fut que plus humiliée.

« Mais ce n'est pas seulement du côté de la philosophie que l'Université voyait se borner son horizon ; il en fut de même pour l'histoire. En 1805, au moment du triomphe d'Austerlitz, où l'empereur se sentit devenir dieu, il la laissa couronner au concours général. Puis, en 1807, après la sanglante bataille d'Eylau, qui faillit être pour lui un désastre, il la supprima.

« Dès lors, on n'enseigna guère plus d'autre histoire que celle de son règne, et, pour ainsi dire, à des heures marquées. Lorsqu'il épousa, en 1810, Marie-Louise, il fit enjoindre à tous les professeurs de rhétorique des lycées de Paris de concourir à un prix de latin qui devait célébrer ce grand événement.

« Pour cet exercice d'emphase et de flatterie, la rhétorique, qu'on appela d'abord « classe de belles-lettres », nom qui fait image, allait à merveille.

« L'empereur lui fit accueil, et Fontanes lui donna le sceptre. Celui qui le tenait en main planait comme un dieu au-dessus des autres professeurs. Cette école de déclamation allait à un homme intempérant en gestes et en paroles, avec des tons faux, criards et souvent vulgaires.

« Ce ne fut qu'au moment des ordonnances du 15 septembre 1818, que l'Université profita réellement du bénéfice de la chute de Napoléon. A vrai dire, elle n'avait fait sous l'empire

aucune résistance à ce qu'on appela plus tard le *système d'oppression*.

« Fontanes, ce vrai courtisan de tous les pouvoirs, eut beau dire, en 1814, qu'elle en avait gémi ; il eut beau protester de son zèle latent, comprimé, mais ardent pour la royauté, rien n'était plus faux. Ou bien il faudrait croire qu'elle avait fait de l'ancien régime, comme M. Jourdain de la prose, sans le savoir. »

Ce que Michelet enfant pensait tout bas, les ennemis de l'Université le proclament bien haut après la chute de Napoléon. Cependant Louis XVIII n'ose pas tout d'abord attaquer de front l'œuvre impériale. Il en reconnaît l'existence légale, mais il soustrait à sa juridiction les séminaires diocésains qui deviennent de véritables collèges ecclésiastiques. L'audace lui vient enfin, et, par une ordonnance du 17 février 1815, il supprime l'Université de France et la remplace par

dix-sept Universités locales à l'imitation de celles de l'ancien régime,
Mais cette ordonnance reste sans effet. Napoléon revient de l'île d'Elbe,
relève, par un décret du 30 mars 1815, l'institution qu'il avait fondée
et qui fut maintenue par la seconde Restauration.

Ce maintien ne fut pas prononcé sans contestations. Dès 1816, la
Chambre ultra-royaliste conçoit des craintes contre l'esprit révolutionnaire des membres de l'Université. Mais d'éloquents défenseurs
prennent la parole. Ils démontrent sans peine que l'œuvre napoléonienne
est un instrument parfaitement propre à continuer ses services entre
les mains de la nouvelle dynastie. « L'Université, dit Royer-Collard à
la tribune, n'est autre chose que le gouvernement appliqué à la
direction universelle de l'instruction publique, aux collèges des villes
comme à ceux de l'État, aux institutions particulières comme aux
collèges, aux écoles des campagnes comme aux Facultés de théologie,
de droit et de médecine. L'Université a été élevée sur cette base
fondamentale, que l'instruction et l'éducation publiques appartiennent
à l'État ; l'Université a donc le monopole de l'éducation, à peu près
comme les tribunaux ont le monopole de la justice, et l'armée celui
de la force publique. » Ces considérations prévalurent et l'Université
fut sauvée.

Mais, en la conservant, la Restauration la modifie à son usage avec une
prudente lenteur. Elle supprime les exercices militaires et multiplie les
exercices religieux. Pour appeler les enfants à l'étude et en classe,
au réfectoire et au dortoir, elle substitue la cloche au tambour. Elle
transforme tous les lycées en collèges : le lycée Impérial devient le
collège Louis-le-Grand, le lycée Napoléon le collège Henri IV, le
lycée Bonaparte le collège Bourbon [1].

Ce qui est plus grave, elle permet au clergé de s'introduire peu à
peu dans les établissements publics d'enseignement ; elle écoute ses
dénonciations et obéit à ses injonctions. « Tout un collège, dit M. Kilian [2],
fut licencié dans les premiers jours de la Restauration ; sept proviseurs,
six censeurs, trois économes, cinquante-sept professeurs, dix-huit
principaux, cent quatre régents et un très grand nombre de maîtres
d'études furent destitués, suspendus ou déplacés ; plus de trois cents
élèves boursiers furent renvoyés. Les nouveaux choix de l'Université

1. Aujourd'hui le lycée Condorcet.
2. *Tableau historique de l'enseignement secondaire en France.*

se portaient principalement sur les membres du clergé; dans les premiers mois de 1816, on comptait déjà plus de six cents ecclésiastiques en exercice dans les établissements d'instruction publique. Les pensionnats particuliers fixèrent plus particulièrement l'attention du gouvernement; ailleurs, il pouvait imposer les principes nouveaux qu'il voulait faire prédominer dans l'éducation publique, et modifier, en conséquence les opinions des directeurs et des maîtres ; ici, il fallait détruire l'existence même des établissements. Un comité spécial fut chargé de surveiller les institutions et pensions ; et, dans l'espace de deux années, près de quatre cents maîtres et répétiteurs furent destitués de leurs titres à Paris seulement. »

Nous devons cependant mettre à l'actif de la Restauration la fondation, en 1820, du collège Saint-Louis dans les locaux de l'ancien d'Harcourt, et l'introduction de l'enseignement de l'histoire dans les établissements publics (arrêté du 15 mai 1818). Mais ces heureuses mesures précèdent la nomination de l'abbé de Frayssinous, évêque d'Hermopolis, à la dignité de grand maître de l'Université. C'est lui qui ferme l'École normale supérieure (6 septembre 1822), qui permet aux jésuites de fonder des maisons d'éducation particulières et de s'introduire à petit bruit dans les collèges royaux. Sous son administration, l'Université devient une institution presque religieuse, et par suite elle échappe au contrôle de l'État.

Cette situation émeut enfin le gouvernement. Le successeur de M. de Frayssinous, M. de Vatimesnil, exclut les jésuites de l'enseignement public, et soumet leurs collèges particuliers à l'inspection des fonctionnaires royaux. Les libéraux applaudissent; l'Université reprend peu à peu son caractère normal d'institution laïque. Elle entre enfin dans la période moderne de son histoire. Elle va marcher à la tête de la fraction intelligente et éclairée du pays.

Nous n'avons pas l'intention de faire l'histoire de l'Université. A partir du règne de Louis-Philippe, des hommes éminents, l'honneur du pays, la dirigent ou professent dans ses chaires. Elle compte des ministres comme Guizot, Salvandy, Cousin, Villemain, Duruy, Jules Simon, Jules Ferry ; des maîtres comme Michelet, Jouffroy, Saint-Marc Girardin, Egger, Patin, Janet, Caro, Gréard, Mézières, Gaston Boissier, Lavisse. La liste serait trop longue, s'il fallait citer tous les noms illustres que contient le Livre d'or de l'Université. Elle connaît encore de dures époques, comme celle qui suivit le coup d'État de 1851. Le second empire place les membres du corps enseignant entre l'alternative de lui prêter serment ou de renoncer à leur fonction. Ce furent des temps difficiles pour ceux surtout qui étaient obligés de demander le pain quotidien à leur travail. On compta cependant les protestataires par centaines, et ceux mêmes qui plièrent devant les exigences du nouveau régime, mirent, dans leur adhésion, une réserve qui ne permet pas de les accuser de faiblesse ou de trahison envers les idées libérales, honneur de l'Université.

Passons donc rapidement sur cette seconde Université impériale. Ses annales sont ternes, son enseignement reste consciencieux, mais sans éclat, parce qu'il manque de liberté. Le plus populaire de nos maîtres, M. Lavisse, dans un discours prononcé, en 1888, à l'école alsacienne, a éloquemment indiqué les causes de cette déchéance momentanée de l'enseignement et de l'éducation publics. Il a montré l'histoire s'arrêtant par ordre au seuil de notre temps, la philosophie traitée en suspecte, reléguée dans une classe qu'on appelait logique, comme pour l'humilier : « On n'y voyait que de très rares élèves, ceux qui se destinaient à l'École normale. Les autres apprenaient dans des manuels les règles de syllogisme, la division de l'âme en facultés et de Dieu en attributs. Pauvre philosophie ! A quelle modestie elle était réduite ! A quelle pénitence elle était mise !

« Quant à l'éducation que nous recevions, je pourrais n'en pas parler. Nous ne recevions aucune éducation. Je ne me rappelle pas qu'une seule voix, si ce n'est la voix morte des vieux auteurs, m'ait adressé une exhortation morale, ni que personne ait fait appel à d'autres sentiments qu'à mon amour-propre. Nous étions soumis à un régime réglé de peines et de récompenses. La peine était souvent mal choisie ; la récompense ordinaire était l'exemption, sorte de rachat anticipé des fautes à venir. Quiconque avait des exemptions de reste avait, pour telle quantité, un prix. La sanction de la conduite était une opération de comptabilité.

« Aucun effort n'a été tenté pour mener vers le bien ma volonté ; je n'ai pas été exercé à la pratique de la liberté. Je ne me suis pas appartenu à moi-même une minute. Surveillé toujours, jamais seul avec moi, ce n'est pas là que j'ai pris le sentiment du devoir et de la responsabilité. Et si vous pouviez vous figurer par qui était alors représentée l'autorité ! Si vous saviez ce qu'était le maître d'étude d'autrefois, ce personnage qui, grâce à Dieu, a complètement disparu ! Vraiment, on dirait qu'on ait voulu former des générations incapables d'aimer l'autorité et de la respecter, la redoutant seulement quand elle est méchante, et rusant avec elle ; des générations incapables d'initiative, mais frondeuses, routinières, mais révolutionnaires.

« Avec une vraie tristesse, je me rappelle encore cette inertie du corps qui aggravait l'inertie morale, l'entassement dans les classes et les études, les cours où il n'y avait pas de place pour les jeux, le piétinement pendant les récréations ; les promenades lugubres deux par deux, sous l'œil ennuyé d'un gardien, qui n'était pas un compagnon, par les mêmes rues toujours. Heureusement un bon élève se soustrayait à cette peine ; il se faisait dispenser de promenade et accorder ce qu'on appelait la retenue volontaire. J'ai beaucoup usé de cette faveur. Je me mettais dans mon coin, et là, pendant que le maître d'étude, un homme de lettres, écrivait en vers, où le calembour était obligatoire, des « épitaphes anticipées » pour le *Tintamarre*, je travaillais : ou bien, la tête sur la main, je regardais le mur,

COLLÉGIEN (1830)

qui, du moins, lui, n'était personne, et je pensais aux bois, aux prairies, aux champs et à la douce maison paternelle. »

Ce triste tableau n'a rien d'exagéré. L'Université du second empire mérite tous les reproches que lui adressent M. Lavisse et bien d'autres encore. Cependant, à partir du ministère Duruy, un souffle vivifiant circule dans les lycées et les collèges ; une sorte de renaissance se produit. De grandes réformes, demandées et obtenues par l'opinion publique, permettent de présager la transformation qui va s'accomplir après l'année terrible. On peut prévoir l'avènement de l'Université moderne, de celle qui a élevé notre génération.

Celle-ci est la fille de la troisième république, qui a le droit de s'en montrer fière. Que d'utiles réformes accomplies depuis vingt ans !

La philosophie est devenue ce qu'elle doit être : la libre étude des facultés de l'esprit et des principes de la morale ; l'histoire a pu sortir de la sèche chronologie des rois, des batailles et des traités, pour expliquer le progrès des mœurs, des institutions, des arts et des idées ; la géographie, jadis aride nomenclature de noms et de chiffres, s'est transformée en un enseignement vivant, intimement lié à celui de l'histoire qu'elle explique et qu'elle commente ; les langues vivantes ont pris la place à laquelle elles ont droit à côté des langues classiques ; les méthodes se sont rajeunies comme les programmes. L'Université a su comprendre les besoins de la société moderne, et les générations qui vont maintenant affronter la lutte pour la vie auront été préparées par elle à tous les hasards du combat.

Il nous reste à parler de progrès plus humbles, qui ont été réalisés en ce siècle, au grand profit des habitants des collèges ; nous voulons parler des progrès matériels. Ils sont tels, qu'un élève du lycée Impérial de Napoléon qui entrerait au lycée Lakanal ou au lycée Janson de Sailly, croirait faire un rêve ou pénétrer dans un palais des *Mille et une Nuits*. Ne souriez pas ! Ceci est l'expression de la vérité même. Au surplus la comparaison est facile à ceux qui ont hanté les vieilles cours et les corridors sombres du vieux Louis-le-Grand ou de Saint-Louis.

Lorsqu'il créa son Université, Napoléon ne songea pas au confortable des élèves. On avait alors sur ce point des idées quelque peu spartiates. On s'inquiétait fort peu de l'aspect et même de la salubrité des locaux où l'on enfermait les enfants. Lycées et collèges s'installaient d'ailleurs dans les vieux bâtiments légués par l'ancien régime ; on formait vaguement le projet de les embellir et de les assainir (nous avons parlé des rêves de l'empereur à cet égard), mais l'argent, le temps manquaient, et l'on sentait l'opinion publique indulgente aux pires abus. De là à profiter de ces abus, il n'y a qu'un pas, et ce pas, le pouvoir n'hésita pas longtemps à le faire. Les collégiens vivaient donc dans de grandes maisons mal éclairées et mal aérées. On s'inquiétait peu de les chauffer et de les nourrir convenablement. C'est le règne classique du haricot. Cet état de choses se perpétue, sans améliorations sensibles, il faut bien le dire, jusqu'aux premières années du second empire. Sous le rapport de l'hygiène et de la police intérieure, le collégien de 1848 n'est pas plus heureux que son ancêtre de 1810. Il est mal habillé, mal lavé, mal peigné. Nos pères ont là-dessus des souvenirs très précis, à faire frémir nos jeunes sybarites, — sybarites par comparaison. Ce mépris de l'hygiène des élèves n'était pas d'ailleurs particulier à l'Université. Les collèges ecclésiastiques ne le cédaient en rien à ceux de l'État. Dans son *Louis Lambert*, Balzac nous a donné de bien intéressants détails sur la vie au collège de Vendôme [1] vers le milieu de l'empire. Là, paraît-il, le correcteur était encore un vivant souvenir, et la classique férule de cuir jouait encore son terrible rôle.

« Chez les enfants, la délicatesse de l'épiderme exige des soins minutieux, surtout en hiver, où, constamment emportés par mille causes, ils quittent la glaciale atmosphère d'une cour boueuse pour la chaude température des classes. Aussi, faute des attentions maternelles qui manquaient aux petits et aux minimes, étaient-ils dévorés d'engelures et de crevasses si douloureuses, que ces maux nécessitaient, pendant le déjeuner, un pansement particulier, mais très imparfait à cause du grand nombre de pieds, de mains, de talons endoloris. Donc, en hiver, plusieurs d'entre nous, les doigts et les pieds demi-morts, tout rongés de douleurs, étaient peu disposés à travailler parce qu'ils souffraient, et punis parce qu'ils ne travaillaient point. Trop souvent la dupe de nos maladies postiches, le Père ne tenait aucun compte de nos maux réels. Moyennant le prix de la pension, les enfants étaient entretenus aux frais du collège. L'administration avait continué de passer un marché pour la chaussure et l'habillement; de là cette inspection hebdomadaire de laquelle j'ai déjà parlé. Excellent pour l'administrateur, ce mode a toujours de tristes résultats pour l'administré. Malheur au petit qui contractait la mauvaise habitude d'éculer, de déchirer ses souliers, ou d'user prématurément leurs semelles, soit par un vice de marche, soit en les déchiquetant pendant les heures d'étude, pour obéir au besoin d'action

---

1. Le collège de Vendôme appartenait aux oratoriens.

qu'éprouvent les enfants ! Durant tout l'hiver, celui-là n'allait pas en
promenade sans de vives souffrances : d'abord la douleur de ses engelures se réveillait atroce autant qu'un accès de goutte ; puis les agrafes
ou les ficelles destinées à retenir les souliers partaient, ou les talons
éculés empêchaient la maudite chaussure d'adhérer au pied de l'enfant ;
il était alors forcé de la traîner péniblement en des chemins glacés ou
parfois de la disputer aux terres argileuses du Vendômois ; enfin l'eau,
la neige, y entraient souvent par une décousure inaperçue, par un
béquet mal mis : et le pied de se gonfler. Sur soixante enfants il ne
s'en rencontrait pas dix qui cheminassent sans quelque torture
particulière. »

Qu'en dites-vous, collégiens du jour ? Et cependant vous avez re-
marqué au passage un détail. Le collège de Vendôme était chauffé.
Balzac nous parle de la « chaude température des classes ». A Vannes,
au collège communal, en 1830, on était plus spartiate encore. Dans
un charmant article paru en 1886, dans la *Revue de Bretagne et
d'Anjou*, M. Jules Simon nous a initiés à la vie de cet établissement
original, où tous les élèves étaient externes et vivaient dans des
familles de la ville, moyennant une modique pension, à peu près
comme les *caméristes* du collège de Mauriac, dont nous avons plus
haut dépeint l'existence, d'après les *Mémoires* de Marmontel. Et
voici d'abord la description des classes où l'illustre académicien a fait
ses études :

« Elles occupaient le vaste rez-de-chaussée, le premier étage restant
inoccupé et désert. C'était une suite de salles immenses, éclairées d'un
côté sur la cour, de l'autre sur la campagne. On y accédait en descendant trois marches de pierre, disjointes par le temps. Elles étaient
dallées ; les murs étaient nus, lézardés, noirâtres. Au milieu de la
salle, un poteau mal équarri soutenait le plafond. Des bancs de bois
avec dossier couraient sur les quatre murs ; il n'y avait ni tables ni
pupitres ; on écrivait sur ses genoux, tout le milieu de la classe était
vide. La chaire du professeur était en face de la porte. On y montait
par un escalier ou plutôt par une échelle de huit à dix marches. Le
régent, car c'était le nom que l'on donnait à nos maîtres, paraissait
comme juché sur un tonneau. Il n'y avait, bien entendu, ni poêle ni
cheminée. Le froid, dans ces salles empierrées, situées en contre-bas,
au fond d'une cour, entièrement démeublées, immenses, avec leurs

six fenêtres mal jointes, était tellement intense qu'à certains jours
nous ne pouvions plus tenir nos plumes. Le maître frappait trois coups
sur son pupitre au beau milieu de nos exercices. Aussitôt nous nous
levions tous comme des frénétiques en poussant des cris perçants.
Nous nous prenions par la main, et nous dansions une ronde effrénée
autour du poteau. Au bout d'un quart d'heure, trois nouveaux coups
nous ramenaient à nos places. C'était un système de chauffage économique. Je crois qu'il n'était pas malsain. En tout cas, nous avions tous
une bonne santé et une grande ardeur.

La neige était si épaisse dans la cour
que les premiers qui nous frayaient le
chemin en avaient par-dessus les genoux.

« On dispute à présent pour savoir
si on en supprimera pas dans les collèges
l'enseignement du latin. Si on avait pris,
en 1830, une pareille résolution, et qu'on
l'eût appliquée au collège de Vannes, je
ne sais pas à quoi nous aurions passé le
temps. Nos régents, qui presque tous
étaient prêtres, savaient parfaitement le
latin. Ils savaient peut-être aussi, tant
bien que mal, un peu de théologie. Je
puis attester qu'ils ne savaient pas autre
chose. On nous donna, en 1829, un régent
de physique. On n'avait plus entendu
parler de ce genre d'études au collège

COLLÉGIEN (1892).

de Vannes depuis 1789. M. Merpaut, qu'on chargea de cet enseignement, était comme le collège ; il n'avait jamais entendu parler de cela. Il acheta un vieil exemplaire de la *Physique* de
l'abbé Nollet. « Je ne le comprends pas, nous dit-il, mais nous le
« lirons ensemble, et peut-être en nous aidant mutuellement parvien-
« drons-nous à savoir ce qu'il veut dire. » Nous n'y parvînmes pas. Nous
mîmes au pillage deux armoires contenant quelques instruments de
physique surannés, et beaucoup de substances diverses. Nous mettions
un grand zèle à mélanger ces fioles l'une après l'autre sous les yeux
de M. Merpaut, pour voir ce qui en résulterait. Nous finîmes par jouer
aux palets pendant la classe avec les disques d'une pile de Volta. Je

dois dire, pour rendre hommage à la vérité, que M. Merpaut avait un
jeu très brillant. Le professeur de rhétorique, notre voisin, se plaignit
du tapage. M. Merpaut fut magnifique : « Allez dire à votre maître
« que nous sommes ici pour étudier les lois de la nature, et que nous
« lui laissons pleine liberté de faire tout ce qu'il voudra des lois de la
« rhétorique. »

« Voilà comment on enseignait la physique et la chimie dans la
classe de M. Merpaut. Dans les autres classes, on n'enseignait ni la
littérature, ni l'art d'écrire, ni les sciences pures, ni les sciences appliquées, ni l'histoire, ni la géographie, ni la philosophie, ni la rhétorique.
On enseignait supérieurement le latin. On ne se contentait pas de
nous le faire écrire et traduire, on nous le faisait parler. C'était
notamment la langue courante dans la classe de philosophie. Le principal du collège n'en employait pas d'autre dans ses communications
officielles avec nous. »

Suivent de bien amusants détails sur la division des élèves en
Romains et en Carthaginois, commandés, les premiers par un
Imperator, les seconds, par un *Cæsar*; sur les provocations que s'adres-
saient les deux camps ; sur les victoires que leur décernaient les
régents à la fin de chaque semaine. « Vous jugerez de tout le reste,
conclut M. Jules Simon, par cet échantillon, car je ne veux pas
vous ennuyer des détails de la méthode. Elle est connue ; elle venait
en droite ligne des jésuites. Je n'espère pas la ressusciter, et je n'en ai,
veuillez m'en croire, aucune envie. Après notre année de logique,
que, vous autres modernes, vous appelez l'année de philosophie,
nous avions souvent grand'peine à être reçus bacheliers ; j'ai vu des
empereurs revenir bredouilles. On nous regardait dans l'académie
de Rennes comme des gens qui avaient sommeillé pendant un siècle ;
et il m'est arrivé plus d'une fois de dire : j'ai fait mes études il y a cent
cinquante ans. Aussi, quelles études ! La première découverte que
je fis en entrant à l'École normale, c'est que je ne savais rien au
monde, excepté un peu de latin. »

A Paris, sans doute, on vivait d'une vie un peu moins rustique,
mais qui rappelait de très loin seulement les délices de Capoue. Les
classes, les études, les dortoirs, les réfectoires, parfois glacés, parfois
surchauffés, avaient cet aspect maussade et monacal qu'ils gardaient
encore il y a quelques années à peine dans les vieux bâtiments du

lycée Louis-le-Grand. Nous nous souvenons encore des grands poêles de fonte placés dans le bas des classes, près du professeur, qui grillaient les élèves placés aux premiers bancs, et laissaient dans une température sibérienne les malheureux relégués aux extrémités. Et quelles tristes cours de récréation, enfermées entre quatre murs, plantées de quelques marronniers poudreux, autour desquels on tournait comme l'écureuil dans sa cage !

Il faut dire, à l'honneur des collèges de province, qu'ils ont en

LE PARC DU LYCÉE MICHELET, A VANVES.

général laissé à leurs habitants de meilleurs souvenirs que ceux de Paris. Balzac et M. Jules Simon ne parlent pas sans une émotion secrète des vieux murs de Vendôme et de Vannes. M. Lavisse [1], qui fit ses premières classes au collège de Laon, rend hommage, lui aussi, à cette paisible institution.

« Donnons aussi au vieux collège le témoignage de notre gratitude.

« Mon Dieu ! il n'était pas beau. La grande porte austère s'ouvrait sur une cour étroite, entourée de bâtiments tristes. Les salles d'études avaient, aux fenêtres, des barreaux et des grilles.

« Le réfectoire était sombre. La cuisine qu'on y mangeait n'était

1. Discours prononcé, le 2 juin 1880, au premier banquet de l'Association amicale des anciens élèves du collège et du lycée de Laon.

point pour des gourmets. Nous avons passé au collège des heures qui
nous ont paru longues, bien longues. Et pourtant, moi, qui n'aime
pas l'internement de l'enfance et qui souhaite que l'on adoucisse par
tous les moyens ce mal nécessaire, moi, qui étais tourmenté par la
nostalgie de la maison natale, au point que je m'endormais (je n'ai
jamais conté à personne cette superstition) la figure tournée du côté de
chez nous, je garde du vieux collège un affectueux souvenir.

« A Paris, plus tard, j'ai connu, comme écolier, la vraie prison. Ici
je ne me sentais pas trop renfermé. La porte de la cour s'ouvrait à
tout moment sur la rue ; il n'y passait pas grand monde, mais enfin,
c'était la rue. Le mur de la grande cour, du côté de la promenade,
n'était pas très élevé ; l'hiver, nous y adossions des tas de neige, d'où
nous interpellions les passants. Puis les externes avaient beau avoir
leur étude à part, ils nous apportaient l'air extérieur, les nouvelles de
la ville, les cancans sur le principal et les professeurs, choses de
haut goût pour les écoliers.

« Nous connaissions de nom et de vue les notables de Laon, le
préfet, le maire, l'archidiacre, le président du tribunal qui condam-
nait toujours, et disait au condamné, après avoir prononcé le jugement :
« Quand vous aurez fini votre peine, vous retournerez dans votre
« pays ; nous avons à Laon assez de mauvais sujets sans vous. » En
promenade, nous soulevions souvent nos képis. Je me rappelle qu'un
de nos maîtres d'étude (il s'appelait Poquérus et il avait une casquette
de cuir) nous disait souvent : « Saluez ce monsieur qui va passer » ;
et il nous nommait le monsieur.

« Les promenades étaient charmantes. Je les ai bien regrettées plus
tard, à Paris, où j'avais, pour toute distraction, la promenade des
boulevards de la Bastille à la Madeleine, avec retour par la rue de
Rivoli, et qui alternait avec la promenade de la rue de Rivoli, avec
retour par les boulevards.

« Ici, quand nous faisions le tour des remparts, nous avions, en
longeant le vieux mur, le grand air et l'immense horizon, les routes
qui fuyaient, les villages épars et le sentiment de liberté que donne
l'espace. Encore n'était-ce pas la promenade favorite.

« Vous rappelez-vous nos courses dans le bois d'Ardon, nos parties
de *voleur* dans les sables des Blancs-Monts, et comme nous dégrin-
golions, au départ, le long des grimpettes ? La mère Gâteau nous

suivait, la pauvre vieille, avec un grand panier à chaque bras. De
temps en temps nous nous arrêtions à une auberge. Nous étions les
clients de *Sta Viator*[1], heureux de comprendre cette enseigne savante.
Je ne sais plus au juste dans quel village nous trouvions du cidre en

cruchon, qui était, ma foi, un peu raide, et nous émoustillait la cer-
velle.

« Notre vieux collège faisait donc sa part à la gaieté, et je l'en re-
mercie de tout cœur. »

Cependant, à partir de 1851, le lycéen connaît un régime un peu
plus paternel. Le second empire commence ses réformes par un
changement de costume. Sous la Restauration et la monarchie de Juillet
les élèves de l'Université se promenaient par les rues, coiffés du
chapeau haut de forme, sanglés dans un habit à basques qui leur donnait un air vieillot, bien saisi par les caricaturistes du temps. Napoléon III, s'inspirant des traditions de son oncle, veut leur donner
une allure plus militaire. Il invente l'incommode tunique et le képi ;
il étale sur tout l'uniforme les lisérés rouges et les boutons de cuivre

1. Arrête-toi, voyageur.

estampés, sans compter les palmes d'or du collet, les macarons et les
galons d'or du képi. En voici pour quarante ans. C'est en 1890 seulement que le gouvernement actuel s'avise de permettre aux lycéens un
vêtement moins brodé peut-être, mais plus commode, plus chaud en
hiver, moins lourd en été. Encore un progrès qui en vaut un autre,
et ce n'est pas le seul.

Le second empire, heureusement pour sa mémoire, a plus à son
actif qu'une transformation de costume. On lui doit la fondation du lycée
de Vanves, c'est-à-dire le transfèrement des jeunes enfants qui s'étio-
laient entre les sombres murs de Louis-le-Grand, dans un château
magnifique et, ce qui vaut mieux, plein de lumière, d'eaux jaillis-
santes et d'ombrages. C'est là un véritable bienfait, une heureuse
initiative, dont il faut faire honneur au ministre qui l'a encouragée et
à M. Julien, le vénérable proviseur qui l'a fait adopter.

Cette initiative a porté ses fruits. Vanves, aujourd'hui, n'est plus une
exception. Le lycée Lakanal, entre Sceaux et Bourg-la-Reine, épar-
pille ses constructions originales dans un massif de verdure, au milieu
d'un riant paysage. Le lycée Janson de Sailly, au centre d'un des
plus riches quartiers de Paris, semble plutôt un palais qu'un de ces
établissements jadis appelés par Montaigne « une geaule de jeunesse
captive ». Des portiques grandioses traversent les cours, des plantes
exotiques se balancent entre les arcades. Plus modestes, mais non
moins avenants les lycées Buffon, Voltaire et Carnot retiennent la
jeunesse dans de vastes salles aux claires peintures, où de vastes
vitrages laissent pénétrer la lumière à flots. Louis-le-Grand est
en train de devenir l'un des monuments de la montagne Sainte-
Geneviève. Montaigne, le petit collège de Louis-le-Grand, élève ses
blanches murailles en face des vastes pelouses de l'ancienne pépinière du jardin du Luxembourg ; Rollin, jadis installé dans de sombres
bâtisses, se développe majestueusement entre de magnifiques boulevards. Seuls Charlemagne et Saint-Louis ont gardé le sombre aspect
des maisons d'autrefois. Car Henri IV, leur contemporain, plein de
souvenirs artistiques du vieux temps, a toujours connu les bienfai-
sants effluves de l'air pur, perché qu'il est au faîte du vieux quartier
Latin.

Il n'est pas jusqu'aux lycées de province, qui n'aient maintenant
leur maison de campagne où les élèves vont s'ébattre le jeudi et le

dimanche. Celle d'Orléans est un véritable domaine, qui rappelle, par ses charmilles et ses quinconces touffus, la sereine tranquillité du Grand-Trianon de Versailles.

Dans ces nouveaux lycées, si hospitaliers, vit une génération exubérante et joyeuse. Les jeux, les exercices corporels ont été remis en honneur. Au lieu du murmure des conversations particulières, on

COUR D'HONNEUR DU LYCÉE JANSON DE SAILLY.

entend, pendant les récréations, des cris incommodes peut-être pour les voisins, mais qui réjouissent le cœur de ceux qui aiment véritablement l'enfance et la jeunesse. Nos nouveaux lycées s'enorgueillissent de leurs victoires dans les luttes de l'escrime ou de la course, comme des nominations remportées à la Sorbonne. Il y a là, peut-être, un engouement exagéré. Mais nous sommes Français, c'est-à-dire gens avisés et de bon sens, et, dans quelques années, nous sentirons qu'il ne faut pas cultiver les muscles aux dépens de l'intelligence.

CHAPITRE XIX

« Avant la Révolution, a dit M. Liard [1], on ne distinguait pas entre ce que nous appelons aujourd'hui l'enseignement secondaire et l'enseignement supérieur. Toute l'instruction se donnait à l'Université : l'instruction préparatoire, latin, grec, rhétorique, philosophie et éléments des sciences à la Faculté des arts ; l'instruction professionnelle, théologie, droit et médecine, aux Facultés de théologie, de droit et de médecine.

« Cristallisées dans cette forme depuis des siècles, il n'y avait en elles aucune place pour un haut enseignement des lettres et des sciences, encore moins pour les recherches savantes. Aussi toute la science du xviiie siècle fut-elle faite en dehors d'elles.

« Ce fut la principale raison de leur décadence et plus tard de leur suppression. Sans doute, avec la Révolution, elles auraient été atteintes, comme le furent toutes les autres institutions de l'ancien régime, dans leur constitution et dans leurs privilèges, mais peut-être n'auraient-elles pas disparu sans leur torpeur scientifique et sans leur antagonisme à l'esprit de la science, où le nouvel esprit public ne devait pas tarder à voir un dissentiment irréductible avec le nouvel état politique et social.

« La Révolution supprima les Universités, mais elle ne songea pas à supprimer l'enseignement supérieur. Il n'y a qu'à examiner les projets de Talleyrand et de Condorcet pour se convaincre qu'elle a eu des vues grandes et libérales. Mais, au lieu de concevoir l'enseignement supérieur sous la forme de Facultés groupées sous un titre quelconque, elle créa de grands établissements indépendants, consacrés chacun à un ordre de sciences et y travaillant en toute liberté. Tel fut le principe qui lui inspira de transformer l'ancien Jardin du Roi en un Muséum étendu et enrichi pour les sciences de la nature, d'organiser

1. *Universités et Facultés.*

le Bureau des longitudes pour l'astronomie, le Conservatoire des arts et métiers pour les sciences appliquées, un certain nombre d'écoles spéciales pour la préparation aux carrières scientifiques (École polytechnique), au professorat (École normale). Chose remarquable, elle respecta le collège de France, elle le développa tel que l'avait compris François Ier. Il lui parut que, pour les hautes études spéculatives, ce grand établissement représenterait avec autorité la science en progrès. L'unité de la culture scientifique et littéraire serait garantie par l'Institut, investi d'une suprême direction intellectuelle, chargé non seulement d'enrichir la science, mais de l'administrer, véritable ministère des sciences et des lettres.

« L'empire, après les hésitations du directoire et du consulat, acheva de réorganiser les écoles professionnelles, de médecine et de droit, et sous le nom de Facultés des sciences et des lettres, restaura les anciennes Facultés des

arts, chargées de former des professeurs, souvent rabaissées à la mission secondaire d'instruire des régents et de délivrer des grades. De sorte que vingt-cinq ans après 1789, l'état de l'enseignement supérieur était, avec des développements plus grands, plus de vie et d'activité apparentes, surtout pour quelques établissements mieux dotés que les autres, une imitation de ce que la Révolution avait cru détruire à jamais. On comptait de nombreuses Universités, mais stériles, sans instruments d'étude et sans clientèle assurée, où l'enseignement supérieur, quand il existait, n'était qu'un court intermède entre les sessions d'examen. »

Arrive la Restauration. Un instant elle eut l'idée, nous l'avons vu, d'organiser des Universités régionales, non pas dans le but de créer en province des centres vivants d'activité intellectuelle, mais dans l'intention de briser l'Université impériale, qu'elle supposait imbue de l'esprit révolutionnaire, parce qu'elle était l'œuvre de Napoléon. Mais on lui démontra sans peine que l'Université impériale deviendrait sans regret l'Université royale, et changerait de sentiment comme d'épithète. On se contenta donc de la mutiler en supprimant des Facultés. Celles qui subsistèrent furent tolérées et subies, parce qu'on ne savait comment les remplacer. Mais souvent la politique, surtout à la Sorbonne, s'y faisait sentir avec brutalité aux hommes et aux institutions.

La Restauration, qui n'a rien fait pour l'enseignement supérieur, le vit cependant briller d'un fulgurant éclat. Les cours de la Sorbonne, soutenus et excités par l'opposition, deviennent tout à coup, avec Guizot, Cousin, Michelet et Villemain, une des manifestations les plus retentissantes de l'esprit français. D'où vient ce succès ? Il faut, croyons-nous, en chercher les causes dans les sentiments qui animaient la jeune génération au moment où disparaît l'empire.

Cette génération, qui devait devenir l'auditoire enthousiaste de nos grands orateurs universitaires, était née, avait été élevée dans d'étranges conditions, que, dans sa *Confession d'un enfant du siècle*, Alfred de Musset a résumées avec une éloquence souvent déclamatoire mais saisissante. « Pendant les guerres de l'empire, tandis que les maris et les frères étaient en Allemagne, les mères inquiètes avaient mis au monde une génération ardente, pâle et nerveuse. Conçus entre deux batailles, élevés dans les collèges au roulement des tambours, des milliers d'enfants se regardaient entre eux d'un œil sombre en essayant leurs muscles chétifs. De temps en temps, leurs pères ensanglantés apparaissaient, les soulevaient sur leurs poitrines chamarrées d'or, puis les posaient à terre et remontaient à cheval. Un seul homme était alors la vie en Europe ; le reste des êtres tâchait de se remplir les poumons de l'air qu'il respirait. Chaque année, la France faisait présent à cet homme de trois cent mille jeunes gens. C'était l'impôt payé à César, et, s'il n'avait eu ce troupeau derrière lui, il ne pouvait suivre sa fortune. C'était l'escorte qu'il lui fallait pour qu'il pût traverser le monde, et s'en aller tomber dans une petite vallée d'une île déserte, sous un saule pleureur. » — L'empire s'écroule. Les jeunes gens nés de 1795 à 1800 viennent de sortir ou sortent des collèges. — « Alors s'assit sur un monde en ruines une jeunesse soucieuse. Tous ces enfants avaient des gouttes d'un sang brûlant qui avait inondé la terre ; ils étaient nés au sein de la

ÉCOLE DE MÉDECINE DE PARIS.

guerre, pour la guerre. Ils avaient rêvé pendant quinze ans des neiges de Moscou et du soleil des Pyramides. Ils n'étaient pas sortis de leurs villes ; mais on leur avait dit que par chaque barrière de ces villes on allait à une capitale de l'Europe. Ils avaient dans la tête tout un monde ; ils regardaient la terre, le ciel, les rues et les chemins ; tout cela était vide, et les cloches de leurs paroisses résonnaient seules dans le lointain... Les uns di-

saient : « Ce qui a causé la chute de l'empire, c'est que le peuple
« n'en voulait plus : » — les autres : « Le peuple voulait le roi ; — non,
« la liberté ; — non, la raison ; — non, la religion ; — non, la cons-
« titution anglaise ; — non, l'absolutisme. » Un dernier ajouta : « Non,
« rien de tout cela, mais le repos. » Trois éléments partageaient donc
la vie qui s'offrait alors aux jeunes gens : derrière eux, un passé à
jamais détruit, s'agitant encore sur ses ruines avec tous les fossiles
des siècles de l'absolutisme ; devant eux, l'aurore d'un immense horizon, les premières clartés de l'avenir ; et, entre ces deux mondes,
quelque chose de semblable à l'Océan qui sépare le vieux continent de
la jeune Amérique, je ne sais quoi de vague et de flottant ; une mer
houleuse et pleine de naufrages, traversée de temps en temps par
quelque blanche voile lointaine ou par quelque navire soufflant une
lourde vapeur ; le siècle présent, en un mot, qui sépare le passé de
l'avenir, qui n'est ni l'un ni l'autre, et qui ressemble à tous deux à la
fois, où l'on ne sait, à chaque pas que l'on fait, si l'on marche sur une
semence ou sur des débris. Voilà dans quel chaos il fallait choisir
alors ; voilà ce qui se présentait à des enfants pleins de force et
d'audace, fils de l'empire et petits-fils de la Révolution. »

Ne pouvant plus prétendre aux avancements rapides de la carrière
militaire, la jeunesse se retourna vers les études libérales. Les Facultés
se remplirent. Nous assistons à la naissance de l'étudiant moderne, de
cet étudiant si populaire, si remuant, si ardent aux nouveautés, que
l'on va rencontrer à la tête de toutes les révolutions politiques et littéraires. Comme au moyen âge, comme au temps d'Abailard et de
Gerson, le vieux quartier Latin s'emplit du bruit des discussions, du
tapage d'une jeunesse exubérante et joyeuse. Chacun suit ses cours
particuliers, à la Faculté de médecine ou à l'école de droit, mais tout
le monde se retrouve à la Sorbonne, quand montent en chaire Guizot,
Cousin et Villemain. Ceux-là sont les vrais maîtres de la jeunesse. Le
pouvoir les redoute : on dirait qu'une révolution nouvelle va sortir
de la salle où ils parlent, excitée par leur éloquence puissante ou
enflammée.

Mais le duc de Berry est tué par Louvel. L'année 1820 voit commencer une réaction violente. Laissera-t-on parler Guizot, Cousin et
Villemain ? Laissera-t-on aux étudiants leur centre d'attraction et de
ralliement ? Permettra-t-on aux idées libérales d'avoir leurs représen-

tants officiels, soldés par le gouvernement qui les craint? Dans les conseils du gouvernement la question fut agitée et l'on se décida à frapper. « Villemain [1] trouva grâce, à cause de certains souvenirs de 1815, et parce que son cours roulait uniquement sur la littérature. On n'osa pas du premier coup toucher à Guizot, qui était notoirement un homme de gouvernement, rattaché par des liens étroits à Royer-

VESTIBULE DU GRAND AMPHITHÉÂTRE DE LA NOUVELLE SORBONNE.

Collard et ancien secrétaire général de la justice. Cousin était plus jeune, sans relations de famille, il n'était que suppléant. Quoique appartenant au fond, par goût et par principes, aux idées conservatrices, il faisait volontiers parade de son libéralisme, qui était réel ; il ne fuyait pas les discussions religieuses ; il avait eu, sur la Révolution, des paroles intempérantes, grand attrait pour passionner et captiver la jeunesse libérale ; il était la personnification la plus éclatante de la jeune Université et de l'École normale : on lui ôta la parole. Deux

1. Jules Simon, *Victor Cousin.*

ans après, la réaction ne faisant que grandir, Guizot dut descendre de
sa chaire, ce qui fut un grand événement politique, et l'occasion d'une
scission profonde dans les rangs de l'ancienne droite libérale. Guizot et
Royer-Collard entrèrent dans l'opposition. Du grand triumvirat de la
Sorbonne, il ne resta que Villemain, mais Villemain averti par les
coups qu'on frappait autour de lui, diminué par son isolement, et ayant
eu toute sa vie peu de goût pour le martyre. L'École normale fut
supprimée. »

Ne pouvant plus faire en public de l'opposition politique, les étudiants se mettent à faire de l'opposition littéraire. Ils restent libéraux
et deviennent romantiques ; association d'opinions qui nous semble à
distance toute naturelle, mais qui déconcerta les contemporains, car
les jeunes poètes de la nouvelle école avaient des origines royalistes
et les chefs du parti libéral étaient classiques comme Baour-Lormian
ou Népomucène Lemercier. Mais les étudiants étaient logiques avant
tout. Ils bernèrent l'Académie récalcitrante comme une simple
Chambre des pairs. Ils affichèrent leurs opinions par une mise et une
tenue excentriques. L'étudiant se promena dans son quartier avec de
longues pipes, des pantalons bouffants et des chapeaux pointus à larges
bords ; il arbora la barbe et les cheveux des fiers Sicambres. Il en-
vahit le Théâtre-Français à la première de l'*Henry III* de Dumas ;
il le transforma en champ de bataille à la première d'*Hernani*. Cette
soirée du 25 février 1830 appartient à l'histoire du quartier Latin,
qui se transporta en masse au Palais-Royal.

Les difficultés avaient commencé avec les répétitions. Quant à la
représentation, ce fut une mêlée, une des plus orageuses dont les
annales du théâtre aient gardé le souvenir ! Cette fois, il y avait réellement une école romantique qui avait un chef, et le chef avait publié
deux ans auparavant le manifeste de l'école. On savait qu'on allait
assister à la mise en œuvre des théories nouvelles. De plus, l'auteur
avait irrité, blessé profondément les représentants des doctrines
classiques. Enfin, il avait introduit dans la salle, six heures avant la
représentation, une escouade de jeunes romantiques prêts à tout
pour soutenir la pièce. On remarquait parmi eux deux jeunes gens
qui portaient, chose inouïe alors, une barbe luxuriante. C'étaient
Devéria et Pétrus Borel. Les autres secouaient des crinières méro-
vingiennes. Au milieu d'eux apparaissait, éblouissant et placide, un

jeune homme paré, en guise de gilet, d'un pourpoint vénitien en soie
écarlate et d'un pantalon vert d'eau avec une large bande de velours
noir : c'était Théophile Gautier. Dès le premier vers :

> ... C'est bien à l'escalier

> Dérobé...

la tempête éclata. Elle ne cessa qu'à la fin. Les romantiques ne
toléraient pas la moindre marque d'improbation, surtout quand elle

ÉCOLE DE DROIT A PARIS

venait d'un spectateur auquel il manquait quelques cheveux. Des
cris sauvages retentissaient ; on demandait la tête du siffleur : « A la
guillotine, les genoux ! » Un malheureux ayant osé blâmer l'hé-
mistiche :

> ... Vieillard stupide, il l'aime !

fut presque étranglé par un romantique. Et le romantique avait mal
entendu : *Vieil as de pique*, voilà ce qu'il défendait !... Mais on n'en
finirait pas si l'on voulait conter tous les incidents qui marquèrent
cette soirée, et le retour triomphal des étudiants vers leurs réduits
de la rue de la Harpe et de la rue Saint-Jacques !

Quelques mois plus tard, ils prennent part à des luttes plus sérieuses.
Ils se distinguent parmi les combattants des « Trois Glorieuses » . Les
polytechniciens, ce jour-là, qui ne se mêlent pas, et pour cause, à la

vie journalière du quartier, sont à la tête de leurs camarades. La jeunesse des écoles paye un tribut honorable, mais sanglant, aux idées généreuses qu'elle défend. Elle a des morts inscrits sur la colonne de Juillet.

Cependant le gouvernement, dont l'avènement est en partie son œuvre, ne lui témoigne pas sa reconnaissance pas de grandes fondations. Guizot voulut renouveler l'enseignement supérieur. Il ne trouva pas d'auxiliaires. « Je ne rencontrai pas, dit-il, de forte opinion publique qui me pressât d'accomplir dans le haut enseignement quelque œuvre générale et nouvelle, en fait d'instruction supérieure : le public, à cette époque, ne souhaitait et ne craignait à peu près rien ; il n'était préoccupé, à cet égard, d'aucune grande idée, d'aucun impatient désir… Le haut enseignement, tel qu'il était constitué et donné, suffisait aux besoins pratiques de la société, qui le considérait avec un mélange de satisfaction et d'indifférence. » Il faut pourtant remercier le gouvernement de Juillet d'avoir augmenté sa dotation de deux millions environ.

Petit à petit, la jeunesse s'était ralliée au nouveau parti d'opposition, sourdement républicain. Après Guizot, après Cousin, un autre professeur devient un dieu, Michelet. Le grand historien était depuis quelques années maître de conférences à l'École normale. De 1833 à 1836, il avait suppléé Guizot à la Sorbonne. En 1838, il devint professeur au Collège de France. En 1843, au moment de la lutte de l'Université et du parti ultramontain, il abandonna brusquement le sujet qu'il était en train de traiter et annonça un cours sur les jésuites. « Ce fut, dit M. Jules Simon, un grand hourvari dans le quartier des Écoles : Michelet va ferrailler contre les jésuites ! Michelet et Quinet, car, sans aucun concert entre eux, ils choisissaient tous les deux le même sujet en même temps ; un sujet qui, d'ailleurs, ne rentrait ni dans les attributions de l'un ni dans celles de l'autre. Le choisirent-ils ? Il serait plus exact de dire que la jeunesse des écoles, la majorité de cette jeunesse, le leur imposa. »

Le succès de Michelet fut immense. Ses ennemis y concoururent en voulant étouffer sa parole. Chaque leçon était une bataille. La grande majorité était pour lui, d'autant plus enthousiaste que ses applaudissements étaient une riposte. On en vint à ne plus entendre le professeur au milieu de ce tumulte. Michelet prit le parti de développer ses notes, de les communiquer aux journaux, qui les accueillirent avidement.

Il s'est toujours félicité d'avoir fait cette campagne, la campagne du Collège de France, comme il l'appelait. « Dans les cinq années qui ont précédé la révolution de 1848, disait-il, j'ai démontré l'impossibilité de la royauté et la nécessité de la république ; la nécessité d'une réforme sociale et d'une réforme faite en commun par les hommes d'études et par le peuple. »

A peu près en même temps que Michelet, et en opposition avec lui, un autre homme passionnait la jeunesse de l'époque : c'était l'abbé Lacordaire qui préludait au collège Stanislas à ses grandes conférences de Notre-Dame : « La chapelle où M. Lacordaire faisait ses conférences, a raconté M. Jules Simon, ne contenait pas plus de quatre cents personnes. On ne recevait que des jeunes gens. A une heure tout était plein. On s'asseyait où on pouvait ; le plus grand nombre restait debout. Il y avait des amis ardents et des adversaires. Tout le monde était anxieux et respectueux. Personne n'aurait eu l'idée de venir là comme à une distraction mondaine. Lacordaire entrait par une petite porte donnant sur la sacristie, sans être

ÉLÈVE DE L'ÉCOLE SPÉCIALE
MILITAIRE DE SAINT-CYR.

annoncé ni accompagné ; il était maigre alors ; il avait la figure expressive, des yeux brillants, un air à la fois ardent et recueilli. Sans sa soutane noire on l'aurait pris pour un de nous. Il ne portait pas de surplis. Il se mettait à genoux, où il trouvait à s'agenouiller, et montait en chaire après quelques instants. Il improvisait. C'était la religion qui parlait. C'était aussi la jeunesse, la jeunesse de son temps. Ses pensées, ses sentiments, ses passions, ses préjugés même étaient les nôtres, mais dominés, réglés par la foi et par l'amour de Dieu. Sa pensée répondait directement à la pensée de chacun de nous, suscitant chez ceux-ci la révolte, chez ceux-là, une admiration sans bornes ; pour personne, il n'était à côté ou en dehors de la question. Quand il

descendait de la chaire, on se hâtait de sortir, et les discussions
commençaient ardentes, passionnées avant même qu'on fût dehors. »

Le quartier Latin, comme bien on pense, ne demeura pas indif-
férent à la révolution de 1848. Comme en 1830, il combattit le
le bon-combat, acclama Lamartine, Ledru-Rollin et Cavaignac. Mais
à cette date s'arrêtent les manifestations de la vie politique au vieux
quartier Latin. Avec le second empire, peu tolérant de sa nature,
l'étudiant prend des allures pacifiques. On discute encore dans les
cafés, dans les clubs, et aussi dans les divers cercles des étudiants en
droit ; on ne descend plus dans la rue, au moins pendant quinze ans.
C'est seulement à la fin du règne, quand les signes précurseurs de la
chute commencent à frapper tous les yeux, que la jeunesse studieuse
se décide à laisser voir ses sentiments libéraux. A cette époque,
Gambetta la soulève de sa grande éloquence ; elle s'ameute à propos
du procès Baudin et du meurtre de Victor Noir.

A chacun ses responsabilités. Comme la monarchie de Juillet, le
second empire n'avait rien fait pour se gagner les cœurs de ces
jeunes gens qui venaient à Paris, à Montpellier ou à Toulouse chercher des grades plutôt que de la science. Et d'ailleurs, M. Guizot aurait
pu redire à ce moment les paroles que nous citions tout à l'heure.
L'opinion avait peu de souci du haut enseignement, et elle se contentait des licenciés en droit et des docteurs en médecine qu'il fournis-
sait. Les besoins pratiques avaient satisfaction, et la science, malgré
de grands noms, de grands travaux et souvent d'admirables décou-
vertes, n'excitait que rarement l'intérêt de la foule et celui du pouvoir.
Le budget des Facultés s'accrut durant cette période de deux millions
environ, mais la plus grosse part de cette somme fut absorbée par
la création de nouvelles Facultés, inutiles, toutes taillées sur l'étroit
patron de celles qui végétaient déjà.

« Misère des bâtiments, insuffisance des crédits, détresse des
laboratoires, absence des premiers instruments de travail, torpeur
des institutions, et, trop souvent, avec beaucoup de talent, langueur
chez les hommes, voilà en quels termes peut se résumer la situation
des Facultés à la fin du second empire. »

A ces lignes pessimistes de M. Liard ajoutons cet aperçu satirique
emprunté à M. Lavisse :

« J'ai connu le temps où les Facultés de province étaient des lieux de refuge et de retraite pour les professeurs de lycée fatigués, malades ou incapables de tenir leur classe. Vous ne savez pas faire la discipline, disait le directeur du personnel de l'enseignement secondaire; écrivez donc une thèse, vous entrerez dans l'enseignement supérieur. Même conseil était donné à ceux qui avaient mal à la gorge. »

ÉCOLE CENTRALE DES ARTS ET MANUFACTURES.

En 1873, M. Jules Simon peut encore tenir ce langage à la réunion des Sociétés savantes : « Si nous en avions eu le temps, j'aurais tenu à vous faire visiter, après la séance, nos établissements scientifiques de Paris. Je ne parle pas de l'École supérieure de pharmacie ; j'aurais eu quelque inquiétude à vous y conduire, car, cette semaine même, nous venons d'être obligés de l'étayer. Je ne parle pas de l'École de médecine, ni surtout de l'École pratique que je ne veux plus montrer à personne. Sans sortir de la Sorbonne, j'aurais pu me borner à vous montrer les laboratoires de la Faculté des sciences dans les locaux

qui servaient autrefois à loger des étudiants ou des petits ménages.
Toutes ces pièces étroites, mal éclairées, dont nous avons su tirer
parti, l'ancienne chambre à coucher, le petit salon, la cuisine, sont
nos salles d'études ! Encore ne nous appartiennent-elles pas ! C'est la
ville de Paris qui nous les prête ; et si demain elle nous donnait congé,
notre enseignement s'arrêterait. »

Et si encore les professeurs avaient eu un public ! Ils en avaient
bien aux Facultés de droit et de médecine, car enfin il faut toujours
des notaires, des avocats et des médecins. Ce sont des professions qui
mènent à quelque chose. Mais aux Facultés des lettres

et des sciences c'était le désert. Le désert ? Hélas !
non. Il fallait parler l'hiver devant quelques pauvres
diables qui trouvaient bon de profiter des calori-
fères : « Qui n'a vu dans ce temps, dit M. Liard, à
la Sorbonne, ces auditeurs permanents, ces cons-
tantes, comme on les appelait, qui passaient avec
une suprême indifférence d'un cours de littérature
à un cours de théologie, à une leçon de physique,
cherchant d'une Faculté à l'autre un lieu couvert et
chaud ? » Mieux eût valu la solitude.

Parfois un cours retentissant attirait la foule ;
parfois aussi un professeur manquant de popularité
devait se retirer devant des tempêtes de coups de
sifflet. Les meilleurs maîtres étaient exposés aux plus piteuses mé-
saventures. « Je n'oublierai jamais, a dit M. Liard, celle qui
m'advint il y a quinze ans, à mes débuts à la Faculté de Bordeaux.
Suivant l'usage du lieu, je dus faire mon cours le soir à huit heures.
L'hiver, tout alla bien ; les auditeurs étaient nombreux et semblaient
attentifs. Au printemps, ils ne diminuèrent pas trop. Mais avec l'été
presque tous disparurent. Et voici pour quelle cause : avec l'été reparaissait dans la rue la retraite militaire. Elle passait devant la Faculté,
une fois la leçon commencée. A peine clairons et tambours réson-
naient-ils au loin, que l'auditoire sortait à la file, suivait la musique
et ne reparaissait plus. A peine restait-il quelques fidèles. Pour ceux-
là, l'année suivante, pour ceux-là seuls, je fis mon cours toujours à
huit heures, mais à huit heures du matin. »

Aujourd'hui tout a bien changé. Le quartier Latin s'est transformé

de 1873 à 1904. Et voici d'abord la nouvelle Sorbonne, maintenant achevée, enchâssant la chapelle de Richelieu d'un écrin de bâtiments magnifiques, plus luxueuse en ses locaux d'apparat que bien des palais royaux. Voici la Faculté de médecine, avec ses annexes, clinique et école pratique, aménagées en harmonie avec les plus récents progrès de la science ; voici l'École de pharmacie, entourée de spacieux jardins, élégante et lumineuse. L'École de droit possède maintenant de vastes locaux ; elle a depuis longtemps sa bibliothèque, ouverte au jeune public du matin au soir. Le Muséum a vu de monumen-
tales galeries remplacer les bâtiments mesquins
qui faisaient face au grand parterre central, des
serres aériennes s'élever à la place de celles
que les Allemands avaient honteusement bom-
bardées.

Dans ces constructions magnifiques, dans
toutes ces constructions, se presse une véritable
foule, avide de science et d'art. Par l'institution
des bourses de licence et d'agrégation, les professeurs de la Sorbonne, de toutes les Universités
de France, ont maintenant un public exact et
nombreux, ardent au travail. Enfin, dernier
progrès, grâce aux efforts persévérants de
M. Lavisse, une grande Association des étudiants s'est fondée, où les maîtres et les élèves
fraternisent cordialement. Elle a son local et sa bibliothèque ; peut-être aura-t-elle bientôt son hôtel. Laissons l'initiateur définir lui-même son œuvre favorite dans son discours à l'Association de Paris :

« Vous avez établi votre Société sur une base très large, en faisant appel, non seulement aux étudiants de toutes les Facultés, mais aux élèves de toutes les grandes Écoles, même à ceux qui, moins heureux que vous, vivent derrière les grilles de la vingtième année. Vous avez ainsi constitué par en bas une vraie *Université* de Paris. Qui sait si les mots *Université de Paris* que vous avez hardiment écrits en tête de votre *Bulletin* ne sont pas un heureux présage pour l'avenir ? Peut-être annoncent-ils qu'Écoles et Facultés seront rapprochées un jour, pour le plus grand profit de la science et de l'intelligence françaises. S'il en est ainsi, vous pouvez dire, messieurs les jeunes gens,

que vous avez frayé la route à l'avenir comme il convient à la jeunesse.

« Soyez loués aussi de la persévérance que vous avez mise à vaincre les difficultés nombreuses et de sortes diverses que vous avez rencontrées. L'étudiant parisien est habitué à vivre seul. Quand il arrive au quartier, muni de son diplôme de bachelier, qui passe pour un certificat de science universelle, — s'il fut jamais un faux certificat, c'est bien celui-là, — il ne pense plus qu'à se préparer à la profession qu'il a choisie. Il goûte la douceur de n'être plus enfermé. L'isolement même et l'individualisme lui paraissent être, après la communauté de l'internat, la marque de sa liberté. Il garde les relations commencées au collège et au pays : cela lui suffit, et il se confine sans regret dans ce cercle étroit. Il fallait donc l'arracher à sa solitude. » Et l'orateur de vanter la propagande amicale et continue qui a été faite, le choix des insignes de l'Association, l'à-propos des manifestations. Il parle avec émotion de l'offre faite par les internes des hôpitaux de visiter gratuitement leurs camarades malades. Il insiste surtout sur les heureux effets qu'auront, pour la diffusion des idées, les rapports connus entre jeunes gens se livrant à des occupations différentes, jadis considérées comme rivales. « Cette diversité même est le caractère propre de votre Association, et il importe que vous ne le laissiez jamais s'altérer. Vous êtes déjà divisés en sections correspondant aux diverses Facultés et Écoles. Vous avez jugé que cela était nécessaire pour assurer, dans votre comité, la représentation de tous les groupes et même pour faciliter votre recrutement. Je crois que vous avez eu raison. Mais veillez à ce que vos sections ne se mettent pas à vivre sur elles-mêmes. Mêlez toujours vos personnes, vos aptitudes, vos connaissances, vos vocations. C'est la meilleure façon de vous prémunir contre l'esprit d'une seule étude et d'une seule profession, qui est toujours un petit esprit, et d'éveiller en vous la plus féconde des qualités intellectuelles, qui est la curiosité. Quiconque n'est pas curieux dans ce temps-ci n'est pas de ce temps-ci. Il faut avoir au moins assez de lumière de tout pour pouvoir suivre en témoin intelligent les grands travaux contemporains de toutes les sciences. Si vous échangez entre vous des notions sur vos études, sur les méthodes, sur les événements scientifiques qui viennent de se produire, vous nous aiderez aussi dans notre tâche qui est de vous donner la culture générale qui est si pratiquement utile dans tous les métiers, et qui prépare droit à une profession

que je vous recommande, si vous en cherchez une qui ne soit pas
encombrée : la profession d'homme. »

L'Association de l'Université de Paris n'est pas la seule aujourd'hui.
Nancy, Lyon, Montpellier, Toulouse ont les leurs qui fraternisent chacune avec leur devancière. C'est un vaste réseau qui va s'étendre sur
toute la France intelligente et studieuse. Chaque année, des fêtes
réunissent ces jeunes gens qui s'invitent et s'accueillent avec une

ÉLÈVES DU VAISSEAU-ÉCOLE, LE « BORDA ».

généreuse cordialité. Les fêtes de Montpellier et de Nancy sont déjà
célèbres, et telle est la force d'attraction du génie français, qu'on a
pu voir, dans nos réunions nationales, les étudiants étrangers boire,
en compagnie des nôtres, le vin d'honneur à la santé de la France !

Mais il est temps d'en venir aux étudiants qui, selon le joli mot de
M. Lavisse, vivent derrière les grilles de la vingtième année. Ils sont
nombreux ceux-là, et aucuns disent qu'ils représentent l'élite intellectuelle de notre jeunesse.

En tête se place notre grande École polytechnique, dont les élèves
se considèrent comme citoyens du quartier Latin. Ne les voyons-nous

pas, le mercredi et le dimanche, descendre les pentes de la Montagne-Sainte-Geneviève, pour se répandre parmi leurs camarades restés libres ! Ce sont des laborieux entre tous et ce n'est pas sans peine qu'ils ont obtenu le droit de porter l'élégant uniforme qui les distingue. Ce sont aussi des patriotes. Paris les a vus marcher à sa défense en 1815, au moment de l'invasion des alliés ; ils ont aussi payé leur tribut à la patrie pendant l'année terrible. Ils sollicitèrent alors l'honneur de s'enrôler et, malgré leur jeunesse, il fallut bien céder à leur courageuse insistance.

Moins parisien, le bataillon de Saint-Cyr n'est pas moins populaire. Il faut voir l'enthousiasme qui l'accueille lorsqu'il défile chaque année, le 14 juillet, sur la pelouse de Longchamp. La foule acclame les futurs officiers de l'armée nationale. Eux aussi ont de glorieuses annales. Pendant l'admirable campagne de France on les vit retarder la marche des ennemis à Montereau et à Nemours. Ils *furent* jadis des libéraux. La Restauration les tint pour suspects. On leur adresse aujourd'hui un tout autre reproche, au moins à quelques-uns d'entre eux. Qu'importe ? Nous savons tous qu'au jour du danger ils donneront sans marchander leur sang à la patrie.

Égale à l'École polytechnique par la science et le labeur, l'École normale supérieure ne jouit pas de la même faveur dans le grand public. Elle laisse les masses indifférentes. Nulle École cependant n'a un passé plus glorieux. Elle fut fondée en même temps que l'Université impériale, et le premier normalien de la première promotion fut Victor Cousin. La Restauration la supprima. Louis-Philippe la rétablit. Devenu ministre, Victor Cousin lui imprima une impulsion vigoureuse. La république de 1848 donna aux normaliens un uniforme militaire, la tunique, l'épée, le bicorne : la célèbre promotion qui comptait dans ses rangs les About, les Sarcey, les Prévost-Paradol, les Taine, les Weiss, porta sans conviction ces engins guerriers. Cela dura une année, puis les palmes universitaires remplacèrent avec avantage cet appareil trop belliqueux pour de futurs professeurs. « L'École normale est bien logée dans les bâtiments de la rue d'Ulm. Tout y est grand, salles, couloirs, escaliers ; jardins autour et jardins au milieu. On voit qu'ici on pouvait tailler en plein drap. La bibliothèque est splendide ; tous les élèves de l'École y pourraient tenir ensemble, et les livres sont si nombreux qu'on a dû consacrer des salles spéciales à l'histoire, et un local séparé aux sciences. Le laboratoire de physique est des mieux agencé; la réserve est une sorte de musée contenant les instruments de physique les plus complets et les plus rares [1]. » Bien des hommes éminents ont, depuis Cousin, administré ce bel établissement. Aucun d'eux n'y a laissé de plus durables traces que M. Bersot. Elle va subir bientôt une transformation radicale qui ne pourra être appréciée que par ses résultats.

L'École centrale des arts et manufactures se considère comme la rivale de l'École polytechnique, ce en quoi elle a tort, car rien ne res-

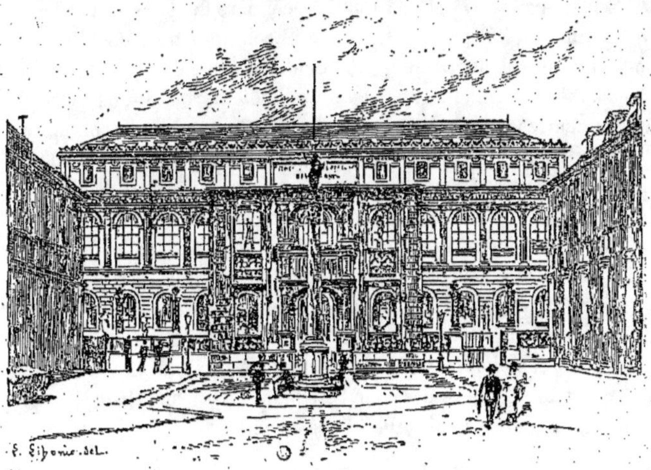

COUR DE L'ÉCOLE DES BEAUX-ARTS A PARIS.

semble moins qu'un central à un polytechnicien. Sur la rive gauche, on fait de la théorie transcendante; sur la rive droite, on fait de la théorie et de l'application. Ici, on prépare les grands industriels, les directeurs des grandes usines; là, des sujets capables pour tous les grands services de l'État. Les polytechniciens affirment que leur concours d'admission est plus difficile, les *centraux* que leur examen de sortie est plus hasardeux. Disons que cette rivalité n'intéresse que les intéressés. Pour nous, qui nous piquons d'impartialité, nous trouvons qu'en fait les uns valent bien les autres, qu'ils rendent des services,

1. Mortimer d'Ocagne, *les Grandes Écoles de France*.

[illegible] tous égaux, tant l'instruction que la polytechnique [illegible]
[illegible] de l'École [illegible] vers la polytechnique ou le génie [illegible].

Et puis l'École polytechnique n'est-elle pas, pour les esprits d'élite,
la pépinière de ces deux grands établissements, l'École des mines et
l'École des ponts et chaussées, pour lesquels il y a tant d'appelés et si
peu d'élus!

Il faut bien clore cette liste trop longue déjà peut-être; que de belles
et utiles institutions notre énumération a laissées de côté! Parmi les
Écoles militaires, Fontainebleau, Saumur, Saint-Maixent, Versailles,
et cette École navale de Brest, le *Borda*, pépinière de notre admirable
marine; parmi les établissements civils, l'École forestière de Nancy,
l'École d'agriculture de Grignon, les Écoles d'Athènes et de Rome,
réservées aux plus brillants sujets de notre École normale supérieure,
l'École des chartes, les écoles supérieures de Commerce, l'École des
langues orientales, l'École des sciences morales et politiques, l'École
coloniale, tant d'autres encore que nous devons oublier, faute de place.
Arrêtons-nous cependant, un instant encore, en face de l'École des
beaux-arts, si originale, si parisienne, qui a remplacé dans les locaux
du quai Malaquais — ancien couvent des Petits-Augustins, — le magnifique et à jamais regrettable musée des monuments français.

Oui, tout cela est bien vivant; tout cela donne, pour l'avenir, une
chaude et généreuse impression. Si l'on peut mesurer la vitalité d'un
pays à son ardeur désintéressée pour l'étude, disons-le bien haut, il y a
encore de beaux jours promis à la France de demain.

CHALET DE L'ÉCOLE FORESTIÈRE DE NANCY.

TABLE DES MATIÈRES

IV. — LA RÉVOLUTION.

V. — LE XIXe SIÈCLE.